ADVANCED FINANCIAL ACCOUNTING

国家特色专业

普通高等学校会计应用型规划教材

高级财务会计学

张兴亮 王筱萍 夏江华 徐攀 编著

东北财经大学出版社
Dongbei University of Finance & Economics Press
大连

图书在版编目（CIP）数据

高级财务会计学 / 张兴亮等编著 .—大连：东北财经大学出版社，2016.1
（普通高等学校会计应用型规划教材）
ISBN 978 - 7 - 5654 - 2165 - 5

Ⅰ. 高… Ⅱ. 张… Ⅲ. 财务会计 - 高等学校 - 教材 Ⅳ. F234.4

中国版本图书馆 CIP 数据核字（2015）第 288531 号

东北财经大学出版社出版
（大连市黑石礁尖山街 217 号 邮政编码 116025）
教学支持：（0411）84710309
营 销 部：（0411）84710711
总 编 室：（0411）84710523
网 址：http：//www.dufep.cn
读者信箱：dufep@dufe.edu.cn
大连日升彩色印刷有限公司印刷 东北财经大学出版社发行

幅面尺寸：185mm×260mm 字数：286 千字 印张：13 1/4 插页：1
2016 年 1 月第 1 版 2016 年 1 月第 1 次印刷

责任编辑：王 莹 王天华 责任校对：孙 萍 那 欣
封面设计：冀贵收 版式设计：钟福建

定价：32.00 元

前言

随着经济的发展，企业的经营业务日趋多样化、复杂化，新的商业模式不断出现，这对会计学科来说，既是挑战，也是机遇。1991年起我国着手进行企业会计准则建设，2006年开始又进行了企业会计准则国际趋同的相关改革，至目前为止已出台了1项基本准则和41项具体准则。这些企业会计准则是目前各高校会计学专业、财务管理专业以及审计学专业开设的专业课程的主要内容。其中，在财务会计四大基本前提下，相关会计业务的内容划归为“中级财务会计学”课程，而将一些不符合财务会计四大基本前提的相关业务以及一些较为复杂的业务划归为“高级财务会计学”课程。

“高级财务会计学”课程在会计学等相关专业的人才培养过程中起着举足轻重的作用，它既是对“会计学原理”“中级财务会计学”课程的总结和升华，又是“会计理论”课程的铺垫性课程，是提高学生综合专业素质和综合能力的一门关键性课程。其重要性主要体现在以下几个特点上：一是前沿性。本课程涉及财务会计学最前沿的内容，通过对这些前沿性的、高难度的课程内容的学习，提高学生处理会计业务的能力。二是综合性。本课程的目的在于培养学生综合运用知识的能力，特别是培养学生解决生疏问题的能力，有助于学生在以后的工作中独立解决问题。三是思想性。本课程有助于培养学生学会灵活运用书面知识的能力，特别注重对会计学基本思想的传授，是一门提高学生专业素养的课程。

编写一本有特色的高级财务会计学教材是实现人才培养目标的保证。目前，国内有关高级财务会计学的教材很多，这些教材涵盖的内容也不尽相同，各有特点。我们认为，高级财务会计学教材不仅要符合会计学等相关专业的人才培养目标，也要符合各高校的定位。目前，地方应用型本科院校占本科院校的比例很大，这些高校目前正面临着向应用技术大学转型的问题，人才培养将更注重应用、实用的特色，因此，在本教材的编写过程中，我们没有过多地介绍与我国企业会计准则不一致的相关会计理论，而是更注重对具体会计业务的解释，对于一些目前还处于探索阶段的相关业务，如破产与清算、物价变动会计，本教材没有将其囊括进来。同时，为了保持交易或事项会计处理的权威性，本教材的相关内容与最新的企业会计准则的内容一致。另外，“高级财务会计学”课程的内容还要注重与“中级财务会计学”课程的衔接问题。基于以上原则，我们将本教材的内容确定为外币折算等八个章节，教学内容之间有非常紧密的联系。本教材的主要内容及其与“会计学原理”“中级财务会计学”等课程内容之间的联系如下：

第一章“外币折算”，主要内容为中国境内的企业在发生外币交易时如何处理。具体有两种方法：一是外币统账制；二是外币分账制。前者相当于两笔交易观，后者相当于一笔交易观。本章内容要用到“中级财务会计学”课程所学的资产处置会计处理原理以及资产后续计量的会计处理原理。本章的另一个内容是中国境内企业如何将境外子公司的报表折算成以人民币为记账本位反映的报表，与第七章相关内容有联系。

第二章“或有事项”，主要内容为或有事项的分类、预计负债的确认与计量。本章内容需要用到“会计学原理”课程所讲的资产和负债的定义，对于理解会计目标的含义有帮助；与“中级财务会计学”课程中的所得税会计有联系；同时也是本教材第四章和第六章相关内容的基础。

第三章“会计政策、会计估计变更和前期差错更正”，主要内容为会计政策、会计估计变更的判断及两者的区别，会计政策变更和重要前期差错的追溯重述法。学习本章内容，需要理解其中重要的概念——累积影响数。本章重点内容是调整分录的编制，这一内容的基本原理是“会计学原理”课程的错账更正。本章内容也是本教材第六章及第七章相关内容的基础。

第四章“资产负债表日后事项”，主要内容为调整事项与非调整事项的区别、调整事项的会计处理方法，以及报告期财务报表如何调整。本章内容所用的会计处理原理与第三章基本一致，学习本章内容有助于进一步理解会计目标。

第五章“租赁”，主要内容为融资租赁的判断标准，以及融资租赁中承租人与出租人的会计处理。本章内容涉及一个重要的会计处理方法——用实际利率法对未确认融资费用和未实现融资收益进行分摊，这一方法是对“中级财务会计学”课程中相关内容的延伸。本章内容也与“财务管理”课程中的相关内容有紧密联系，学习本章内容对于理解“中级财务会计”与“财务管理”课程之间的关系有重要帮助。

第六章“企业合并”，主要内容为同一控制下控股合并和吸收合并的会计处理、非同一控制下控股合并与吸收合并的会计处理，这两种情况下的会计处理方法分别称为权益结合法和购买法。本章内容与“中级财务会计学”课程中的长期股权投资有十分紧密的联系，也是本教材第七章和第八章相关内容的基础。

第七章“合并财务报表：控制权取得日后的合并财务报表”，主要内容为同一控制下和非同一控制下企业合并在合并日及合并日后的合并财务报表如何编制。学习本章内容，要重点理解合并财务报表的编制程序。本章内容与“中级财务会计学”课程中的长期股权投资有紧密联系，也与本教材第六章相关内容紧密联系。

第八章“合并财务报表：公司间交易的抵销”，主要内容为编制合并财务报表过程中企业集团内部商品交易的抵销，包括母子公司以及子公司之间内部交易的抵销。本章所需要编制的调整分录与抵销分录与本教材第三章、第四章中相关调整分录的编写原理一致。

嘉兴学院会计学专业是具有百年办学历史的嘉兴学院（前身是浙江经济高等专科学

校）的传统优势专业，2007年被确立为浙江省重点建设专业，2010年被立项为国家特色专业建设点，2012年被立项为浙江省“十二五”优势专业。嘉兴学院对于会计学专业教材的编写十分支持，并将本教材立项为重点建设教材。

本教材由嘉兴学院会计学教研室张兴亮、王筱萍、夏江华和徐攀编著。各章节的具体分工如下：第一章和第二章由徐攀编著，第三章和第四章由王筱萍编著，第五章和第六章由张兴亮编著，第七章和第八章由夏江华编著。

由于作者水平有限，并且高级财务会计学涉及的相关内容也在发展变化之中，因此书中难免出现错误、疏漏和不当之处，敬请读者批评指正！

作 者

2015年9月

目　录

第一章 外币折算

本章全面论述了记账本位币的确定、外币交易的会计处理和外币财务报表的折算。在学习和理解本章内容时，应当关注：

（1）记账本位币的确定。记账本位币是指企业经营所处的主要经济环境中的货币，企业应当综合多种因素确定记账本位币。企业记账本位币一经确定，不得随意变更，除非企业经营所处的主要经济环境发生重大变化。

（2）外币交易的会计处理。外币交易应当在初始确认时采用交易日的即期汇率或即期汇率的近似汇率将外币金额折算为记账本位币金额；期末，应分别外币货币性项目和外币非货币性项目进行处理。

（3）外币财务报表折算。境外经营财务报表折算时所产生的外币财务报表折算差额应当在资产负债表中其他综合收益项目内列示。

学习本章内容时应当认真阅读《企业会计准则第19号——外币折算》及相关指南和解释。

第一节 记账本位币的确定

一、记账本位币的定义

记账本位币，是指企业经营所处的主要经济环境中的货币。主要经济环境，通常是指企业主要产生和支出现金的环境，使用该环境中的货币最能反映企业的主要交易的经济结果。例如，我国大多数企业主要产生和支出现金的环境在国内，因此，一般以人民币作为记账本位币。

二、企业记账本位币的确定

《中华人民共和国会计法》（以下简称《会计法》）规定，业务收支以人民币以外的货币为主的单位，可以选定其中一种货币作为记账本位币，但是编报的财务会计报告应当折算为人民币。企业记账本位币的选定，应当考虑下列因素：

1.从日常活动收入的角度看，所选择的货币能够对企业商品和劳务销售价格起主要作用，通常以该货币进行商品和劳务销售价格的计价和结算。

2.从日常活动支出的角度看，所选择的货币能够对商品和劳务所需人工、材料和其他费用产生主要影响，通常以该货币进行这些费用的计价和结算。

3.融资活动获得的资金以及保存从经营活动中收取款项时所使用的货币，即视融资活动获得的资金在其生产经营活动中的重要性，或者企业通常留存销售收入的货币而定。

【例1-1】国内A外商投资企业（本题简称“A企业”）超过80%的营业收入来自向各国的出口，其商品销售价格一般以美元结算，主要受美元的影响，因此，从影响商品和劳务销售价格的角度看，A企业应选择美元作为记账本位币。

如果A企业除厂房设施、25%的人工成本在国内以人民币采购，生产所需原材料、机器设备及75%以上的人工成本都来自于美国投资者以美元在国际市场的采购，则可进一步确定A企业的记账本位币是美元。

如果A企业的人工成本、原材料及相应的厂房设施、机器设备等95%以上在国内采购并以人民币计价，则难以确定A企业的记账本位币，需要考虑第三项因素。如果A企业取得的美元营业收入在汇回国内时可随时换成人民币存款，且A企业对所有以美元结算的资金往来的外币风险都进行了套期保值，则A企业应当选定人民币为其记账本位币。

在确定企业的记账本位币时，上述因素的重要程度因企业具体情况不同而不同，需要企业管理当局根据实际情况进行判断。一般情况下，综合考虑前两项即可确定企业的记账本位币，第三项为参考因素，视其对企业收支现金的影响程度而定。在综合考虑前两项因素仍不能确定企业记账本位币的情况下，第三项因素对企业记账本位币的确定起重要作用。

需要强调的是，企业管理当局根据实际情况确定的记账本位币只有一种，该货币一经确定，不得改变，除非与确定记账本位币相关的企业经营所处的主要经济环境发生重大变化。

三、境外经营记账本位币的确定

（一）境外经营的含义

境外经营通常是指企业在境外的子公司、合营企业、联营企业或者分支机构。当企业在境内的子公司、合营企业、联营企业或者分支机构选定的记账本位币不同于企业的记账本位币时，也应当视同境外经营。

区分某实体是否为该企业的境外经营的关键有两项：一是该实体与企业的关系，是否为企业的子公司、合营企业、联营企业或分支机构；二是该实体的记账本位币是否与企业记账本位币相同。而不是以该实体是否在企业所在地的境外作为标准。

（二）境外经营记账本位币的确定

境外经营也是一个企业，在确定其记账本位币时也应当考虑企业选择确定记账本位币需要考虑的上述因素。同时，由于境外经营是企业的子公司、合营企业、联营企业或者分支机构，因此，境外经营记账本位币的选择还应当考虑该境外经营与企业的关系。

1.境外经营对其所从事的活动是否拥有很强的自主性。如果境外经营所从事的活动是视同企业经营活动的延伸，该境外经营应当选择与企业记账本位币相同的货币作为记账本位币，如果境外经营所从事的活动拥有极大的自主性，应根据所处的主要经济环境选择记账本位币。

2.境外经营活动中与企业的交易是否在境外经营活动中占有较大比重。如果境外经营与企业的交易在境外经营活动中所占的比例较高，境外经营应当选择与企业记账本位币相同的货币作为记账本位币；反之，应根据所处的主要经济环境选择记账本位币。

3.境外经营活动产生的现金流量是否直接影响企业的现金流量、是否可以随时汇回。如果境外经营活动产生的现金流量直接影响企业的现金流量，并可随时汇回，境外经营应当选择与企业记账本位币相同的货币作为记账本位币；反之，应根据所处的主要经济环境选择记账本位币。

4.境外经营活动产生的现金流量是否足以偿还其现有债务和可预期的债务。如果境外经营活动产生的现金流量在企业不提供资金的情况下，难以偿还其现有债务和正常情况下可预期的债务，境外经营应当选择与企业记账本位币相同的货币作为记账本位币；反之，应根据所处的主要经济环境选择记账本位币。

四、记账本位币变更的会计处理

企业因经营所处的主要经济环境发生重大变化，确需变更记账本位币的，应当采用变更当日的即期汇率将所有项目折算为变更后的记账本位币，折算后的金额作为新的记账本位币的历史成本。由于采用同一即期汇率进行折算，因此，不会产生汇兑差额。当然，企业需要提供确凿的证据证明企业经营所处的主要经济环境确实发生了重大变化，并应当在附注中披露变更的理由。

企业记账本位币发生变更的，其比较财务报表应当以可比当日的即期汇率折算所有资产负债表和利润表项目。

第二节 外币交易的会计处理

一、外币交易的核算程序

外币交易的记账方法有外币统账制和外币分账制两种。外币统账制是指企业在发生外币交易时，即折算为记账本位币入账。外币分账制是指企业在日常核算时分别币种记账，资产负债表日，分别货币性项目和非货币性项目进行调整：货币性项目按资产负债表日即期汇率折算，非货币性项目按交易日即期汇率折算；产生的汇兑差额计入当期损益。从我国目前的情况看，绝大多数企业采用外币统账制，只有银行等少数金融企业由于外币交易频繁，涉及外币币种较多，可以采用分账制记账方法进行日常核算。无论是采用分账制记账方法，还是采用统账制记账方法，只是账务处理程序不同，但产生的结果应当相同，即计算出的汇兑差额相同；相应的会计处理也相同，即均计入当期损益。

本节主要介绍外币统账制下的账户设置及其会计核算的基本程序。

（一）账户设置

外币统账制方法下，对外币交易的核算不单独设置科目，对外币交易金额因汇率变动而产生的差额可在“财务费用”科目下设置二级科目“汇兑差额”反映。该科目借方反映因汇率变动而产生的汇兑损失，贷方反映因汇率变动而产生的汇兑收益。期末余额结转入“本年利润”科目后一般无余额。

（二）会计核算的基本程序

企业发生外币交易时，其会计核算的基本程序为：

1.将外币金额按照交易日的即期汇率或即期汇率的近似汇率折算为记账本位币金额，按照折算后的记账本位币金额登记有关账户；在登记有关记账本位币账户的同时，按照外币金额登记相应的外币账户。

2.期末，将所有外币货币性项目的外币余额，按照期末即期汇率折算为记账本位币金额，并与原记账本位币金额相比较，其差额记入“财务费用——汇兑差额”科目。

3.结算外币货币性项目时，将其外币结算金额按照当日即期汇率折算为记账本位币金额，并与原记账本位币金额相比较，其差额记入“财务费用——汇兑差额”科目。

二、即期汇率和即期汇率的近似汇率

（一）即期汇率的选择

汇率是指两种货币相兑换的比率，是一种货币单位用另一种货币单位所表示的价格。我们通常在银行见到的汇率有三种表示方式：买入价、卖出价和中间价。买入价指银行买入其他货币的价格，卖出价指银行出售其他货币的价格，中间价是银行买入价与卖出价的平均价，银行的卖出价一般高于买入价，以获取其中的差价。

无论买入价还是卖出价均是立即交付的结算价格，都是即期汇率。即期汇率是相对于远期汇率而言的。远期汇率是在未来某一日交付时的结算价格。为方便核算，企业会计准则中企业用于记账的即期汇率一般指当日中国人民银行公布的人民币汇率的中间价。但是，在企业发生单纯的货币兑换交易或涉及货币兑换的交易时，仅用中间价不能反映货币买卖的损失，需要使用买入价或卖出价折算。

企业发生的外币交易只涉及人民币与美元、欧元、日元、港元等之间折算的，可直接采用中国人民银行每日公布的人民币汇率的中间价作为即期汇率进行折算；企业发生的外币交易涉及人民币与其他货币之间折算的，应按照国家外汇管理局公布的各种货币对美元折算率采用套算的方法进行折算，发生的外币交易涉及人民币以外的货币之间折算的，可直接采用国家外汇管理局公布的各种货币对美元折算率进行折算。

（二）即期汇率的近似汇率

当汇率变动不大时，为简化核算，企业在外币交易日或外币报表的某些项目进行折算时，也可以选择即期汇率的近似汇率折算。即期汇率的近似汇率是“按照系统合理的方法确定的、与交易发生日即期汇率近似的汇率”，通常是指当期平均汇率或加权平均汇率等。加权平均汇率需要采用外币交易的外币金额作为权重进行计算。

确定即期汇率的近似汇率的方法应在前后各期保持一致。如果汇率波动使得采用即期汇率的近似汇率折算不适当时，应当采用交易发生日的即期汇率折算。至于何时不适当，需要企业根据汇率变动情况及计算近似汇率的方法等进行判断。

三、外币交易的会计处理

外币是企业记账本位币以外的货币。外币交易是指企业发生以外币计价或者结算的交易。包括：

(1) 买入或者卖出以外币计价的商品或者劳务。例如，以人民币为记账本位币的国内A公司向国外B公司销售商品，货款以美元结算；A公司购买S公司发行的H股股票，A公司从境外以美元购买固定资产或生产用原材料等。

(2) 借入或者借出外币资金。例如，以人民币为记账本位币的甲公司从中国银行借入欧元，经批准向海外发行美元债券等。

(3) 其他以外币计价或者结算的交易。指除了上述 (1)、(2) 外，以记账本位币以外的货币计价或结算的其他交易。例如，接受外币现金捐赠等。

(一) 初始确认

企业发生外币交易的，应在初始确认时采用交易日的即期汇率或即期汇率的近似汇率将外币金额折算为记账本位币金额。这里的即期汇率可以是外汇牌价的买入价或卖出价，也可以是中间价，在与银行不进行货币兑换的情况下，一般以中间价作为即期汇率。

【例1-2】乙股份有限公司的记账本位币为人民币，对外币交易采用交易日的即期汇率折算。20×4年3月3日，从境外丙公司购入不需要安装的设备一台，设备价款为250 000美元，购入该设备当日的即期汇率为1美元=7.60元人民币，适用的增值税税率为17%，款项尚未支付，增值税以银行存款支付。有关会计分录如下：

借：固定资产——机器设备（250 000×7.60）	1 900 000	
应交税费——应交增值税（进项税额）	323 000	
贷：应付账款——丙公司（美元）		1 900 000
银行存款		323 000

企业收到投资者以外币投入的资本，无论是否有合同约定汇率，均不采用合同约定汇率和即期汇率的近似汇率折算，而是采用交易日即期汇率折算，这样，外币投入资本与相应的货币性项目的记账本位币金额相等，不产生外币资本折算差额。

【例1-3】乙股份有限公司以人民币为记账本位币，对外币交易采用交易日的即期汇率折算。20×4年6月1日，将50 000美元到银行兑换为人民币，银行当日的美元买入价为1美元=7.55元人民币，中间价为1美元=7.60元人民币。

本例中，企业与银行发生货币兑换，兑换所用汇率为银行的买入价或卖出价，而通常记账所用的即期汇率为中间价，由于汇率变动而产生的汇兑差额计入当期财务费用。有关会计分录如下：

借：银行存款——人民币（50 000×7.55）	377 500	
财务费用——汇兑差额	2 500	
贷：银行存款——美元（50 000×7.60）		380 000

(二) 期末调整或结算

期末，企业应当分别外币货币性项目和外币非货币性项目进行处理。

1. 货币性项目

货币性项目是企业持有的货币和将以固定或可确定金额的货币收取的资产或者偿付的负债。货币性项目分为货币性资产和货币性负债，货币性资产包括现金、银行存款、应收账款、其他应收款、长期应收款等，货币性负债包括应付账款、其他应付款、短期借款、应付债券、长期借款、长期应付款等。

期末或结算货币性项目时，应以当日即期汇率折算外币货币性项目，该项目因当日即期汇率不同于该项目初始入账时或前一期末即期汇率而产生的汇率差额计入当期损益。

2.非货币性项目

非货币性项目是货币性项目以外的项目，如预付账款、预收账款、存货、长期股权投资、交易性金融资产（股票、基金）、固定资产、无形资产等。

（1）对于以历史成本计量的外币非货币性项目，已在交易发生日按当日即期汇率折算，资产负债表日不应改变其原记账本位币金额，不产生汇兑差额。

（2）对于以成本与可变现净值孰低计量的存货，如果其可变现净值以外币确定，则在确定存货的期末价值时，应先将可变现净值折算为记账本位币，再与以记账本位币反映的存货成本进行比较。

【例1-4】P上市公司以人民币为记账本位币。20×4年11月2日，从英国W公司采购国内市场尚无的A商品10 000件，每件价格为1 000英镑，当日即期汇率为1英镑=15.00元人民币。20×4年12月31日，尚有1 000件A商品未销售出去，国内市场仍无A商品供应，A商品在国际市场的价格降至900英镑。12月31日的即期汇率是1英镑=15.50元人民币。假定不考虑增值税等相关税费。

本例中，由于存货在资产负债表日采用成本与可变现净值孰低计量，因此，在以外币购入存货并且该存货在资产负债表日获得可变现净值以外币反映时，计提存货跌价准备应当考虑汇率变动的影响。因此，该公司应作为会计分录如下：

11月2日，购入A商品：

借：库存商品——A（10 000×1 000×15.00）　　150 000 000

　　贷：银行存款——英镑　　150 000 000

12月31日，计提存货跌价准备：

借：资产减值损失　　1 050 000

　　贷：存货跌价准备　　1 050 000

1 000×1 000×15.00－1 000×900×15.50 = 1 050 000（元人民币）

（3）对于以公允价值计量的股票、基金等非货币性项目，如果期末的公允价值以外币反映，则应当先将该外币按照公允价值确定当日的即期汇率折算为记账本位币金额，再与原记账本位币金额进行比较，其差额作为公允价值变动损益，记入当期损益。

【例1-5】国内甲公司的记账本位币为人民币。20×4年12月10日以每股1.5美元的价格购入乙公司B股10 000股作为交易性金融资产，当日汇率为1美元=7.60元人民币，款项已付。20×4年12月31日，由于市价变动，当月购入的乙公司B股的市价变为每股1美元，当日汇率为1美元=7.65元人民币。假定不考虑相关税费的影响。

20×4年12月10日，该公司应对上述交易应作以下处理：

借：交易性金融资产（1.5×10 000×7.60）　　114 000

贷：银行存款——美元　　114 000

根据《企业会计准则第22号——金融工具确认和计量》，交易性金融资产以公允价值计量。由于该项交易性金融资产是以外币计价，在资产负债表日，不仅应考虑美元市价的变动，还应一并考虑美元与人民币之间汇率变动的影响，上述交易性金融资产在资产负债表日的金额为76 500元人民币（1×10 000×7.65），与原账面价值114 000元人民币的差额为37 500元人民币，计入公允价值变动损益。相应的会计分录为：

借：公允价值变动损益　　37 500

贷：交易性金融资产　　37 500

其中37 500元人民币既包含甲公司所购乙公司B股股票公允价值变动的影响，又包含人民币与美元之间汇率变动的影响。

20×5年1月10日，甲公司将所购乙公司B股股票按当日市价每股1.2美元全部售出，所得价款为12 000美元，按当日汇率1美元 = 7.70元人民币折算为人民币金额为92 400元（1.2×10 000×7.70），与其原账面价值人民币金额76 500元的差额为15 900元人民币，对于汇率的变动和股票市价的变动不进行区分，均作为投资收益进行处理。因此，售出当日，甲公司应作会计分录为：

借：银行存款——美元（1.2×10 000×7.70）　　92 400

贷：交易性金融资产（114 000−37 500）　　76 500

投资收益　　15 900

第三节　外币财务报表折算

在将企业的境外经营通过合并、权益法核算等纳入到企业的财务报表中时，需要将企业境外经营的财务报表折算为以企业记账本位币反映的财务报表，这一过程就是外币财务报表的折算。可见，境外经营及其记账本位币的确定是进行财务报表折算的关键。有关境外经营及其记账本位币的确定见本章第一节。

一、境外经营财务报表的折算

（一）折算方法

在对企业境外经营财务报表进行折算前，应当调整境外经营的会计期间和会计政策，使之与企业会计期间和会计政策相一致，根据调整后会计政策及会计期间编制相应货币（记账本位币以外的货币）的财务报表，再按照以下方法对境外经营财务报表进行折算：

1.资产负债表中的资产和负债项目，采用资产负债表日的即期汇率折算，所有者权益项目除“未分配利润”项目外，其他项目采用发生时的即期汇率折算。

2.利润表中的收入和费用项目，采用交易发生日的即期汇率或即期汇率的近似汇率折算。

3.产生的外币财务报表折算差额，在编制合并会计报表时，应在合并资产负债表中所有者权益项目下单独作为“外币报表折算差额”项目列示。

比较财务报表的折算比照上述规定处理。

【例1-6】国内甲公司的记账本位币为人民币，该公司在境外有一子公司乙公司，乙公司确定的记账本位币为美元。根据合同约定，甲公司拥有乙公司70%的股权，并能够对乙公司的财务和经营政策施加重大影响。甲公司采用当期平均汇率折算乙公司利润表项目。乙公司的有关资料如下：

20×4年12月31日的汇率为1美元=7.70元人民币，20×4年的平均汇率为1美元=7.60元人民币，实收资本、资本公积发生日的即期汇率为1美元=8.00元人民币，20×3年12月31日的股本为500万美元，折算为人民币为4 000万元；累计盈余公积为50万美元，折算为人民币为405万元，累计未分配利润为120万美元，折算为人民币为972万元，甲、乙公司均在年末提取盈余公积，乙公司当年提取的盈余公积为70万美元。

乙公司财务报表折算见表1-1、表1-2和表1-3。

表1-1　　**利润表**

20×4年度　　单位：万元

项目	期末数(美元)	折算汇率	折算为人民币金额
一、营业收入	2 000	7.6	15 200
减:营业成本	1 500	7.6	11 400
营业税金及附加	40	7.6	304
管理费用	100	7.6	760
财务费用	10	7.6	76
加:投资收益	30	7.6	228
二、营业利润	380	—	2 888
加:营业外收入	40	7.6	304
减:营业外支出	20	7.6	152
三、利润总额	400	—	3 040
减:所得税费用	120	7.6	912
四、净利润	280	—	2 128
五、每股收益			
六、其他综合收益			
七、综合收益总额			

表 1-2

所有者权益变动表

20×4年度

单位：万元

	实收资本			盈余公积			未分配利润		其他综合收益	所有者权益合计
	美元	折算汇率	人民币	美元	折算汇率	人民币	美元	人民币		人民币
一、本年年初余额	500	8	4 000	50		405	120	972		5 377
二、本年增减变动金额										
（一）净利润							280	2 128		2 128
（二）其他综合收益										-190
其中：外币报表折算差额									-190	-190
（三）利润分配										
提取盈余公积				70	7.6	532	-70	-532		0
三、本年年末余额	500	8	4 000	120		937	330	2 568	-190	7 315

表 1-3

资产负债表

20×4年12月31日

单位：万元

资 产	期末数（美元）	折算汇率	折算为人民币金额	负债和所有者权益	期末数（美元）	折算汇率	折算为人民币金额
流动资产：				流动负债：			
货币资金	190	7.7	1 463	短期借款	45	7.7	346.5
应收账款	190	7.7	1 463	应付账款	285	7.7	2 194.5
存货	240	7.7	1 848	其他流动负债	110	7.7	847
其他流动资产	200	7.7	1 540	流动负债合计	440	—	3 388
流动资产合计	670	—	6 314	非流动负债：			
非流动资产：				长期借款	140	7.7	1 078
长期应收款	120	7.7	924	应付债券	80	7.7	616
固定资产	550	7.7	4 235	其他非流动负债	90	7.7	693
在建工程	80	7.7	616	非流动负债合计	310	—	2 387
无形资产	100	7.7	770	负债合计	750		5 775
其他非流动资产	30	7.7	231	所有者权益			
非流动资产合计	830	—	6 776	实收资本	500	8	4 000
				盈余公积	120		937
				未分配利润	330		2 568
				外币报表折算差额			-190
				所有者权益合计	950		7 315
资产总计	1 700		13 090	负债和所有者权益总计	1 700		13 090

当期计提的盈余公积采用当期平均汇率折算，期初盈余公积为以前年度计提的盈余公积按相应年度平均汇率折算后金额的累计，期初未分配利润记账本位币金额为以前年度未分配利润记账本位币金额的累计。

外币报表折算差额为以记账本位币反映的净资产减去以记账本位币反映的实收资本、累计盈余公积及累计未分配利润后的余额。

（二）特殊项目的处理

1. 少数股东应分担的外币报表折算差额。在企业境外经营为其子公司的情况下，企业在编制合并财务报表时，应按少数股东在境外经营所有者权益中所享有的份额计算少数股东应分担的外币报表折算差额，并入少数股东权益列示于合并资产负债表。

2. 实质上构成对境外经营净投资的外币货币性项目产生的汇兑差额的处理。母公司含有实质上构成对子公司（境外经营）净投资的外币货币性项目的情况下，在编制合并财务报表时，应分别以下两种情况编制抵销分录：

（1）实质上构成对子公司净投资的外币货币性项目以母公司或子公司的记账本位币反映，则应在抵销长期应收应付项目的同时，将其产生的汇兑差额转入“其他综合收益”项目。即，借记或贷记“财务费用——汇兑差额”科目，贷记或借记“其他综合收益”。

（2）实质上构成对子公司净投资的外币货币性项目以母、子公司的记账本位币以外的货币反映，则应将母、子公司此项外币货币性项目产生的汇兑差额相互抵销，差额转入“其他综合收益”。

如果合并财务报表中各子公司之间也存在实质上构成对另一子公司（境外经营）净投资的外币货币性项目，在编制合并财务报表时应比照上述情况编制相应的抵销分录。

二、境外经营的处置

企业可能通过出售、清算、返还股本或放弃全部或部分权益等方式处置其在境外经营中的利益。在包含境外经营的财务报表中，将已列入其他综合收益的外币报表折算差额中与该境外经营相关部分，自所有者权益项目中转入处置当期损益；如果是部分处置境外经营，应当按处置的比例计算处置部分的外币报表折算差额，转入处置当期损益。

【章末练习】

1. 国内甲公司的记账本位币为人民币。20×4年12月5日以每股4欧元的价格购入A公司10 000股作为交易性金融资产，当日汇率为1欧元=7.6元人民币，款项已经支付，20×4年12月31日，当月购入的A公司股票市价变为每股4.2欧元，当日汇率为1欧元=7.4元人民币，假定不考虑相关税费的影响，根据以上资料，计算甲公司期末应计入当期损益的金额。

2. 甲股份有限公司（本题简称“甲公司”）外币业务采用当日市场汇率进行折算，按季核算汇兑差额。20×4年3月31日有关外币账户余额见表1-4：

表1-4　　20×4年3月31日甲公司有关外币账户余额

项 目	外币金额(万美元)	折算汇率	折算人民币金额(万元)
银行存款(借方)	400	8.26	3 304
应收账款(借方)	300	8.26	2 478
长期借款(贷方)	2 000	8.26	16 520
应付利息(贷方)(上述长期借款产生)	30	8.26	247.8

长期借款1 000万美元，系20×2年10月借入的外币专门借款，用于某生产线的建设，借款期限为24个月，年利率为6%，按季计提利息，每年1月和7月支付半年的利息。至20×4年3月31日，该生产线正处于建造过程之中，已使用外币借款800万美元，预计将于20×4年12月完工。3月31日的市场汇率为1美元=8.26元人民币。

20×4年4月至6月，甲公司发生如下外币业务（假定不考虑增值税等相关税费）：

（1）4月1日，为建造该生产线进口一套设备，并以外币银行存款100万美元支付设备购置价款。设备于当月投入安装。当日市场汇率为1美元=8.24元人民币。

（2）4月20日，将50万美元兑换为人民币，当日银行美元买入价为1美元=8.20元人民币，卖出价为1美元=8.30元人民币。兑换所得人民币已存入银行。当日市场汇率为1美元=8.25元人民币。

（3）5月1日，以外币银行存款向外国公司支付生产线安装费用100万美元。当日市场汇率为1美元=8.25元人民币。

（4）5月15日，收到第一季度发生的应收账款100万美元。当日市场汇率为1美元=8.26元人民币。

（5）6月30日，计提外币专门借款利息。假定外币专门借款应计利息通过“应付利息”科目核算。当日市场汇率为1美元=8.27元人民币。

要求：

（1）编制20×4年第二季度外币业务的会计分录。

（2）计算20×4年第二季度计入在建工程和当期损益的汇兑差额。

（3）编制与期末汇兑差额相关的会计分录。

3. 甲股份有限公司的记账本位币为人民币，对外币交易采用交易日的即期汇率折算。

（1）20×4年3月1日向乙公司出口销售商品10 000件，销售合同规定的销售价格为每件200欧元，当日的即期汇率为1欧元=6.92元人民币。假设不考虑相关税费，货款尚未收到。

（2）20×4年3月15日，甲股份有限公司仍未收到乙公司发来的销售货款，当日的即期汇率为1欧元= 6.87元人民币。

（3）20×4年3月26日收到上述货款，兑换成人民币后直接存入银行，当日银行欧元的卖出价为1欧元=6.9元人民币，买入价为1欧元=6.8元人民币，中间价为1欧元=6.85元人民币。

（4）20×4年4月3日因外币支付需要，从银行购入9 000美元，银行当日的美元卖出价为1欧元=6.35元人民币，买入价为1美元=6.2元人民币，当日的中间价为1美元=6.28元人民币。

（5）20×4年6月10日以每股2欧元的价格购入乙公司B股5 000股作为可供出售金融资产，当日即期汇率为1欧元=6.84元人民币，款项已付。20×4年6月30日，由于市价变动，当月购入的乙公司B股的市价变为每股1欧元，当日即期汇率为1欧元=6.86元人民币，假定不考虑相关税费的影响。

要求：请分别编制上述所有外币交易业务的会计分录。

第二章 或有事项

本章全面论述了或有事项的概念及特征、预计负债的确认和计量。在学习和理解本章内容时，应当关注：

（1）或有事项的概念和特征。或有事项是指过去的交易或者事项形成的，其结果须由某些未来事项的发生或不发生才能决定的不确定事项。

（2）或有负债和或有资产。或有事项的结果可能会产生预计负债、或有负债或者或有资产等。其中，预计负债属于负债的范畴，一般符合负债的确认条件而应予确认；或有负债和或有资产不符合负债或资产的定义和确认条件，企业不应当确认负债和资产，而应当按照或有事项准则的规定进行相应的披露。

（3）预计负债的确认和计量。与或有事项相关的义务同时满足三个条件的，应当确认为预计负债：该义务是企业承担的现时义务；履行该义务很可能导致经济利益流出企业；该义务的金额能够可靠地计量。预计负债应当按照履行相关现时义务所需支出的最佳估计数进行初始计量。

学习本章内容时应当认真阅读《企业会计准则第13号——或有事项》及相关指南和解释。

第一节 或有事项概述

一、或有事项的概念和特征

企业在经营活动中有时会面临一些具有较大不确定性的经济事项，这些不确定事项对企业的财务状况和经营成果可能会产生较大的影响，其最终结果须由某些未来事项的发生或不发生加以决定。比如，企业售出一批商品并对商品提供售后担保，承诺在商品发生质量问题时由企业无偿提供修理服务。销售商品并提供售后担保是企业过去发生的交易，由此形成的未来修理服务构成一项不确定事项，修理服务的费用是否会发生以及发生金额是多少将取决于未来是否发生修理请求以及修理工作量、费用等的大小。按照权责发生制原则，企业不能等到客户提出修理请求时，才确认因提供担保而发生的义务，而应当在资产负债表日对这一不确定事项做出判断，以决定是否在当期确认承担的修理义务。这种不确定事项在会计上被称为或有事项。

或有事项，是指过去的交易或者事项形成的，其结果须由某些未来事项的发生或不发生才能决定的不确定事项。常见的或有事项包括：未决诉讼或未决仲裁、债务担保、产品质量保证（含产品安全保证）、亏损合同、重组义务、承诺、环境污染整治等。

或有事项具有以下特征：

第一，或有事项是因过去的交易或者事项形成的。或有事项作为一种不确定事项，是因企业过去的交易或者事项形成的。因过去的交易或者事项形成，是指或有事项的现存状况是过去交易或者事项引起的客观存在。例如，未决诉讼是企业因过去的经济行为导致起诉其他单位或被其他单位起诉，是现存的一种状况，而不是未来将要发生的事项。又如，产品质量保证是企业对已售出商品或已提供劳务的质量提供的保证，不是为尚未出售商品或尚未提供劳务的质量提供的保证。基于这一特征，未来可能发生的自然灾害、交通事故、经营亏损等事项，都不属于或有事项。

第二，或有事项的结果具有不确定性。首先，或有事项的结果是否发生具有不确定性。例如，企业为其他单位提供债务担保，如果被担保方到期无力还款，担保方将负连带责任，担保所引起的可能发生的连带责任构成或有事项。但是，担保方在债务到期时是否一定承担和履行连带责任，需要根据被担保方能否按时还款决定，其结果在担保协议达成时具有不确定性。又如，有些未决诉讼，被起诉的一方是否会败诉，在案件审理过程中是难以确定的，需要根据法院判决情况加以确定。其次，或有事项的结果预计将会发生，但发生的具体时间或金额具有不确定性。例如，某企业因生产排污治理不力并对周围环境造成污染而被起诉，如无特殊情况，该企业很可能败诉。但是，在诉讼成立时，该企业因败诉将支出多少金额，或者何时将发生这些支出，可能是难以确定的。

第三，或有事项的结果须由未来事项决定。或有事项的结果只能由未来不确定事项的发生或不发生才能决定。或有事项对企业会产生有利影响还是不利影响，或虽已知是有利影响或不利影响，但影响有多大，在或有事项发生时是难以确定的。这种不确定性的消失，只能由未来不确定事项的发生或不发生才能证实。例如，企业为其他单位提供债务担保，该担保事项最终是否会要求企业履行偿还债务的连带责任，一般只能看被担保方的未来经营情况和偿债能力。如果被担保方经营情况和财务状况良好且有较好的信用，按期还款，那么企业将不需要履行该连带责任。只有在被担保方到期无力还款时，担保方才承担偿还债务的连带责任。

在会计处理过程中存在不确定性的事项并不都是或有事项，企业应当按照或有事项的定义和特征进行判断。例如，对固定资产计提折旧虽然也涉及对固定资产预计净残值和使用寿命进行分析和判断，带有一定的不确定性，但是，固定资产折旧是已经发生的损耗，固定资产的原值是确定的，其价值最终会转移到成本或费用中也是确定的，该事项的结果是确定的，因此，对固定资产计提折旧不属于或有事项。

二、或有负债和或有资产

或有负债，是指过去的交易或事项形成的潜在义务，其存在须通过未来不确定事项的发生或不发生予以证实；或过去的交易或事项形成的现时义务，履行该义务不是很可能导致经济利益流出企业或该义务的金额不能可靠计量。

或有负债涉及两类义务：一类是潜在义务；另一类是现时义务。其中，潜在义务是指结果取决于不确定未来事项的可能义务。也就是说，潜在义务最终是否转变为现时义务，由某些未来不确定事项的发生或不发生才能决定。现时义务是指企业在现行条件下已承担的义务，该现时义务的履行不是很可能导致经济利益流出企业，或者该现时义务的金额不能可靠地计量。例如，甲公司涉及一桩诉讼案，根据以往的审判案例推断，甲公司很可能要败诉。但法院尚未判决，甲公司无法根据经验判断未来将要承担多少赔偿金额，因此该现时义务的金额不能可靠地计量，该诉讼案件即形成一项甲公司的或有负债。

履行或有事项相关义务导致经济利益流出的可能性，通常按照一定的概率区间加以判断。一般情况下，发生的概率分为以下几个层次：基本确定、很可能、可能、极小可能。其中，"基本确定"，是指发生的可能性大于95%但小于100%；"很可能"，是指发生的可能性大于50%但小于或等于95%；"可能"，是指发生的可能性大于5%但小于或等于50%；"极小可能"，是指发生的可能性大于0但小于或等于5%。

或有资产，是指过去的交易或者事项形成的潜在资产，其存在须通过未来不确定事项的发生或不发生予以证实。或有资产作为一种潜在资产，其结果具有较大的不确定性，只有随着经济情况的变化，通过某些未来不确定事项的发生或不发生才能证实其是否会形成企业真正的资产。例如，甲企业向法院起诉乙企业侵犯了其专利权。法院尚未对该案件进行公开审理，甲企业是否胜诉尚难判断。对于甲企业而言，将来可能胜诉而获得的赔偿属于一项或有资产，但这项或有资产是否会转化为真正的资产，要由法院的判决结果确定。如果终审判决结果是甲企业胜诉，那么这项或有资产就转化为甲企业的一项资产。如果终审判决结果是甲企业败诉，那么或有资产就消失了，更不可能形成甲企业的资产。

或有负债和或有资产不符合负债或资产的定义和确认条件，企业不应当确认或有负债和或有资产，而应当进行相应的披露。但是，影响或有负债和或有资产的多种因素处于不断变化之中，企业应当持续地对这些因素予以关注。随着时间推移和事态的进展，或有负债对应的潜在义务可能转化为现时义务，原本不是很可能导致经济利益流出的现时义务也可能被证实将很可能导致经济利益流出企业，并且现时义务的金额也能够可靠计量。这时或有负债就转化为企业的负债，应当予以确认。或有资产也是一样，其对应的潜在资产最终是否能够流入企业会逐渐变得明确，如果某一时点企业基本确定能够收到这项潜在资产并且其金额能够可靠计量，则应当将其确认为企业的资产。

第二节 或有事项的确认和计量

一、或有事项的确认

或有事项形成的或有资产只有在企业基本确定能够收到的情况下，才转变为真正的资产，从而予以确认。与或有事项有关的义务应当在同时符合以下三个条件时确认为负债，作为预计负债进行确认和计量：

（1）该义务是企业承担的现时义务。

（2）履行该义务很可能导致经济利益流出企业。

（3）该义务的金额能够可靠地计量。

第一，该义务是企业承担的现时义务，即与或有事项相关的义务是在企业当前条件下已承担的义务，企业没有其他现实的选择，只能履行该现时义务。通常情况下，过去的交易或事项是否导致现时义务是比较明确的，但也存在极少情况，如法律诉讼。特定事项是否已发生或这些事项是否已产生了一项现时义务可能难以确定，企业应当考虑包括资产负债表日后所有可获得的证据、专家意见等，以此确定资产负债表日是否存在现时义务。如果据此判断，资产负债表日很可能存在现时义务，且符合预计负债确认条件的，应当确认一项负债；如果资产负债表日现时义务很可能不存在的，企业应披露一项或有负债，除非经济利益流出企业的可能性极小。

这里所指的义务包括法定义务和推定义务。法定义务，是指因合同、法规或其他司法解释等产生的义务，通常是企业在经济管理和经济协调中，依照经济法律、法规的规定必须履行的责任。比如，企业与其他企业签订购货合同产生的义务就属于法定义务。推定义务，是指因企业的特定行为而产生的义务。“企业的特定行为”泛指企业以往的习惯做法、已公开的承诺或已公开宣布的经营政策。并且，由于以往的习惯做法，或通过这些承诺或公开的声明，企业向外界表明了它将承担特定的责任，从而使受影响的各方形成了其将履行那些责任的合理预期。例如，甲公司是一家化工企业，因扩大经营规模，到A国创办了一家分公司。假定A国尚未针对甲公司这类企业的生产经营可能产生的环境污染制定相关法律，因而甲公司的分公司对在A国生产经营可能产生的环境污染不承担法定义务。但是，甲公司为在A国树立良好的形象，自行向社会公告，宣称将对生产经营可能产生的环境污染进行治理。甲公司的分公司为此承担的义务就属于推定义务。

义务通常涉及指向的另一方，但很多时候没有必要知道义务指向的另一方的身份，实际上义务可能是对公众承担的。通常情况下，义务总是涉及对另一方的承诺，但是管理层或董事会的决定在资产负债表日并不一定形成推定义务，除非该决定在资产负债日之前已经以一种相当具体的方式传达给受影响的各方，使各方形成了企业将履行其责任的合理预期。

第二，履行该义务很可能导致经济利益流出企业，即履行与或有事项相关的现时义务时，导致经济利益流出企业的可能性超过50%，但尚未达到基本确定的程度。

企业因或有事项承担了现时义务，并不说明该现时义务很可能导致经济利益流出企业。例如，20×5年5月1日，甲企业与乙企业签订协议，承诺为乙企业的两年期银行借款提供全额担保。对于甲企业而言，由于担保事项而承担了一项现时义务，但这项义务的履行是否很可能导致经济利益流出企业，需依据乙企业的经营情况和财务状况等因素加以确定。假定20×5年年末，乙企业的财务状况恶化，且没有迹象表明可能发生好转。此种情况出现，表明乙企业很可能违约，从而甲企业履行承担的现时义务将很可能导致经济利益流出企业。反之，如果乙企业财务状况良好，一般可以认定乙企业不会违约，从而甲企业履行承担的现时义务不是很可能导致经济利益流出。

存在很多类似义务，如产品保证或类似合同，履行时要求经济利益流出的可能性应通过总体考虑才能确定。对于某个项目而言，虽然经济利益流出的可能性较小，但包括该项目的该类义务很可能导致经济利益流出的，应当视同履行该项目义务很可能导致经济利益流出企业。

第三，该义务的金额能够可靠地计量，即与或有事项相关的现时义务的金额能够合理地估计。

由于或有事项具有不确定性，因或有事项产生的现时义务的金额也具有不确定性，需要估计。要对或有事项确认一项负债，相关现时义务的金额应当能够可靠估计。只有在其金额能够可靠地估计，并同时满足其他两个条件时，企业才能加以确认。例如，乙股份有限公司涉及一起诉讼案。根据以往的审判结果判断，公司很可能败诉，相关的赔偿金额也可以估算出一个区间。此时，就可以认为该公司因未决诉讼承担的现时义务的金额能够可靠地计量，如果同时满足其他两个条件，就可以将所形成的义务确认为一项负债。

因为与预计负债相关的未来支出的时间或金额具有一定的不确定性，所以预计负债应当与应付账款、应计项目等其他负债进行严格区分。应付账款是为已收到或已提供的，并且已开出发票或已与供应商达成正式协议的货物或劳务支付的负债，应计项目是为已收到或已提供的，但还未支付、未开出发票或未与供应商达成正式协议的货物或劳务支付的负债，尽管有时需要估计应计项目的金额或时间，但是其不确定性通常远小于预计负债。应计项目经常作为应付账款和其他应付款的一部分进行列报，而预计负债则单独进行列报。

二、预计负债的计量

当与或有事项有关的义务符合确认为负债的条件时应当将其确认为预计负债，预计负债应当按照履行相关现时义务所需支出的最佳估计数进行初始计量。此外，企业清偿预计负债所需支出还可能从第三方或其他方获得补偿。因此，或有事项的计量主要涉及两个问题：一是最佳估计数的确定；二是预期可获得补偿的处理。

（一）最佳估计数的确定

预计负债应当按照履行相关现时义务所需支出的最佳估计数进行初始计量。最佳估计数的确定应当分别两种情况处理：

第一，所需支出存在一个连续范围（或区间，下同），且该范围内各种结果发生的可能性相同，则最佳估计数应当按照该范围内的中间值，即上下限金额的平均数确定。

第二，所需支出不存在一个连续范围，或者虽然存在一个连续范围，但该范围内各种结果发生的可能性不相同，那么如果或有事项涉及单个项目，最佳估计数按照最可能发生金额确定；如果或有事项涉及多个项目，最佳估计数按照各种可能结果及相关概率计算确定。“涉及单个项目”指或有事项涉及的项目只有一个，如一项未决诉讼、一项未决仲裁或一项债务担保等。“涉及多个项目”指或有事项涉及的项目不止一个，如产品质量保证。在产品质量保证中，提出产品保修要求的可能有许多客户，相应地，企业对这些客户负有保修义务。

【例2-1】20×5年10月2日，乙股份有限公司涉及一起诉讼案。20×5年12月31日，乙股份有限公司尚未接到法院的判决，在咨询了公司的法律顾问后，公司认为：胜诉的可能性为40%，败诉的可能性为60%。如果败诉，需要赔偿2 000 000元。此时，乙股份有限公司在资产负债表中确认的负债金额应为最可能发生的金额，即2 000 000元。

【例2-2】甲股份有限公司是生产并销售A产品的企业，20×5年第一季度，共销售A产品60 000件，销售收入为360 000 000元。根据公司的产品质量保证条款，该产品售出后一年内，如发生正常质量问题，公司将负责免费维修。根据以前年度的维修记录，如果发生较小的质量问题，发生的维修费用为销售收入的1%；如果发生较大的质量问题，发生的维修费用为销售收入的2%。根据公司技术部门的预测，本季度销售的产品中，80%不会发生质量问题；15%可能发生较小质量问题；5%可能发生较大质量问题。

据此，20×5年第一季度末，甲股份有限公司应在资产负债表中确认的负债金额为：

360 000 000×（0×80%+1%×15% +2%×5%）=900 000（元）

（二）预期可获得补偿的处理

如果企业清偿因或有事项而确认的负债所需支出全部或部分预期由第三方或其他方补偿，则此补偿金额只有在基本确定能收到时，才能作为资产单独确认，确认的补偿金额不能超过所确认负债的账面价值。预期可能获得补偿的情况通常有：发生交通事故等情况时，企业通常可从保险公司获得合理的赔偿；在某些索赔诉讼中，企业可对索赔人或第三方另行提出赔偿要求；在债务担保业务中，企业在履行担保义务的同时，通常可向被担保企业提出追偿要求。

企业预期从第三方获得的补偿，是一种潜在资产，其最终是否真的会转化为企业真正的资产（即企业是否能够收到这项补偿）具有较大的不确定性，企业只能在基本确定能够收到补偿时才能对其进行确认。根据资产和负债不能随意抵销的原则，预期可获得的补偿在基本确定能够收到时应当确认为一项资产，而不能作为预计负债金额的扣减。

【例2-3】20×5年12月31日，乙股份有限公司因或有事项而确认了一笔金额为1 000 000元的负债；同时，公司因该或有事项，基本确定可从甲股份有限公司获得400 000元的赔偿。

本例中，乙股份有限公司应分别确认一项金额为1 000 000元的负债和一项金额为400 000元的资产，而不能只确认一项金额为600 000元（1 000 000−400 000）的负债。同时，公司所确认的补偿金额400 000元不能超过所确认的负债的账面价值1 000 000元。

（三）预计负债的计量需要考虑的其他因素

企业在确定最佳估计数时，应当综合考虑与或有事项有关的风险、不确定性、货币时间价值和未来事项等因素。

1.风险和不确定性

风险是对交易或事项结果的变化可能性的一种描述。企业在不确定的情况下进行判断需要谨慎，使得收益或资产不会被高估，费用或负债不会被低估。企业应当充分考虑与或有事项有关的风险和不确定性，既不能忽略风险和不确定性对或有事项计量的影响，也需要避免对风险和不确定性进行重复调整，从而在低估和高估预计负债金额之间寻找平衡点。

2.货币时间价值

预计负债的金额通常应当等于未来应支付的金额。但是，因货币时间价值的影响，资产负债表日后不久发生的现金流出，要比一段时间之后发生的同样金额的现金流出负有更大的义务。所以，如果预计负债的确认时点距离实际清偿有较长的时间跨度，货币时间价值的影响重大，那么在确定预计负债的确认金额时，应考虑采用现值计量，即通过对相关未来现金流出进行折现后确定最佳估计数。

将未来现金流出折算为现值时，需要注意以下三点：

（1）用来计算现值的折现率，应当是反映货币时间价值的当前市场估计和相关负债特有风险的税前利率。

（2）风险和不确定性既可以在计量未来现金流出时作为调整因素，也可以在确定折现率时予以考虑，但不能重复反映。

（3）随着时间的推移，即使在未来现金流出和折现率均不改变的情况下，预计负债的现值将逐渐增长。企业应当在资产负债表日，对预计负债的现值进行重新计量。

3.未来事项

企业应当考虑可能影响履行现时义务所需金额的相关未来事项。也就是说，对于这些未来事项，如果有足够的客观证据表明它们将发生，如未来技术进步、相关法规出台等，则应当在预计负债计量中考虑相关未来事项的影响，但不应考虑预期处置相关资产形成的利得。

预期的未来事项可能对预计负债的计量较为重要。例如，某核电企业预计，在生产结束时清理核废料的费用将因未来技术的变化而显著降低。那么，该企业因此确认的预计负债金额应当反映有关专家对技术发展以及清理费用减少做出的合理预测。但是，这种预计需要取得相当客观的证据予以支持。

三、对预计负债账面价值的复核

企业应当在资产负债表日对预计负债的账面价值进行复核。有确凿证据表明该账面价值不能真实反映当前最佳估计数的，应当按照当前最佳估计数对该账面价值进行调整。

例如，某化工企业对环境造成了污染，按照当时的法律规定，只需要对污染进行清理。随着国家对环境保护越来越重视，按照现在的法律规定，该企业不但需要对污染进行清理，还很可能要对居民进行赔偿。这种法律要求的变化，会对企业预计负债的计量产生影响。企业应当在资产负债表日对为此确认的预计负债金额进行复核，相关因素发生变化表明预计负债金额不再能反映真实情况时，需要按照当前情况下企业清理和赔偿支出的最佳估计数对预计负债的账面价值进行相应的调整。

第三节 或有事项会计的具体应用

一、未决诉讼或未决仲裁

诉讼，是指当事人不能通过协商解决争议，因而在人民法院起诉、应诉，请求人民法院通过审判程序解决纠纷的活动。诉讼尚未裁决之前，对于被告来说，可能形成一项或有负债或者预计负债；对于原告来说，则可能形成一项或有资产。

仲裁，是指经济法的各方当事人依照事先约定或事后达成的书面仲裁协议，共同选定仲裁机构并由其对争议依法做出具有约束力裁决的一种活动。作为当事人一方，仲裁的结果在仲裁决定公布以前是不确定的，会构成一项潜在义务或现时义务，或者潜在资产。

【例2-4】20×5年11月1日，乙股份有限公司因合同违约而被丁公司起诉。20×5年12月31日，公司尚未接到法院的判决。丁公司预计，如无特殊情况很可能在诉讼中获胜，假定丁公司估计将来很可能获得赔偿金额1 900 000元。在咨询了公司的法律顾问后，乙公司认为最终的法律判决很可能对公司不利。假定乙公司预计将要支付的赔偿金额、诉讼费等费用为1 600 000元至2 000 000元之间的某一金额，而且这个区间内每个金额的可能性都大致相同，其中诉讼费为30 000元。

此例中，丁公司不应当确认或有资产，而应当在20×5年12月31日的报表附注中披露或有资产1 900 000元。

乙股份有限公司应在资产负债表中确认一项预计负债，金额为：

（1 600 000+2 000 000）÷2=1 800 000（元）

同时在20×5年12月31日的附注中进行披露。

乙公司的有关账务处理如下：

借：管理费用——诉讼费	30 000	
营业外支出	1 770 000	
贷：预计负债——未决诉讼		1 800 000

应当注意的是，对于未决诉讼，企业当期实际发生的诉讼损失金额与已计提的相关预计负债之间的差额，应分别情况处理：

第一，企业在前期资产负债表日，依据当时实际情况和所掌握的证据合理预计了预计负债，应当将当期实际发生的诉讼损失金额与已计提的相关预计负债之间的差额，直接计入或冲减当期营业外支出。

第二，企业在前期资产负债表日，依据当时实际情况和所掌握的证据，原本应当能够合理估计诉讼损失，但企业所做的估计却与当时的事实严重不符（如未合理预计损失或不恰当地多计或少计损失），应当按照重大会计差错更正的方法进行处理。

第三，企业在前期资产负债表日，依据当时实际情况和所掌握的证据，确实无法合理预计诉讼损失，因而未确认预计负债，则在该项损失实际发生的当期，直接计入当期营业外支出。

第四，资产负债表日后至财务报告批准报出日之间发生的需要调整或说明的未决诉讼，按照资产负债表日后事项的有关规定进行会计处理。

二、债务担保

债务担保在企业中是较为普遍的现象。作为提供担保的一方，在被担保方无法履行合同的情况下，常常承担连带责任。从保护投资者、债权人的利益出发，客观、充分地反映企业因担保义务而承担的潜在风险是十分必要的。

【例2-5】20×4年10月，B公司从银行贷款20 000 000元人民币，期限2年，由A公司全额担保；20×6年4月，C公司从银行贷款1 000 000美元，期限1年，由A公司担保50%；20×6年6月，D公司通过银行从G公司贷款10 000 000元人民币，期限2年，由A公司全额担保。

截至20×6年12月31日，各贷款单位的情况如下：B公司贷款逾期未还，银行已起诉B公司和A公司，A公司因连带责任需赔偿多少金额尚无法确定；C公司由于受政策影响和内部管理不善等原因，经营效益不如以往，可能不能偿还到期美元债务；D公司经营情况良好，预期不存在还款困难。

本例中，就B公司而言，A公司很可能需履行连带责任，但损失金额是多少，目前还难以预计；就C公司而言，A公司可能需履行连带责任；就D公司而言，A公司履行连带责任的可能性极小。这三项债务担保形成A公司的或有负债，不符合预计负债的确认条件，A公司在20×6年12月31日编制财务报表时，应当在附注中作相应披露。

三、产品质量保证

产品质量保证，通常指销售商或制造商在销售产品或提供劳务后，对客户提供服务的一种承诺。在约定期内（或终身保修），若产品或劳务在正常使用过程中出现质量或与之相关的其他属于正常范围的问题，企业负有更换产品、免费或只收成本价进行修理等责任。为此，企业应当在符合确认条件的情况下，于销售成立时确认预计负债。

【例2-6】沿用【例2-2】的资料，甲公司20×5年度第一季度实际发生的维修费为850 000元，“预计负债——产品质量保证”科目20×4年年末余额为30 000元。

本例中，20×5年度第一季度，甲公司的账务处理如下：

（1）确认与产品质量保证有关的预计负债：

借：销售费用——产品质量保证	900 000	
贷：预计负债——产品质量保证		900 000

（2）发生产品质量保证费用（维修费）：

借：预计负债——产品质量保证	850 000	

贷：银行存款或原材料等　850 000

“预计负债——产品质量保证”科目20×5年第一季度末的余额为：80 000元（900 000−850 000+30 000）。

在对产品质量保证确认预计负债时，需要注意的是：

第一，如果发现产品质量保证费用的实际发生额与预计数相差较大，应及时对预计比例进行调整。

第二，如果企业针对特定批次产品确认预计负债，则在保修期结束时，应将“预计负债——产品质量保证”余额冲销，不留余额。

第三，已对其确认预计负债的产品，如企业不再生产了，那么应在相应的产品质量保证期满后，将“预计负债——产品质量保证”余额冲销，不留余额。

四、亏损合同

待执行合同变为亏损合同，同时该亏损合同产生的义务满足预计负债的确认条件的，应当确认为预计负债。其中，待执行合同，是指合同各方未履行任何合同义务，或部分履行了同等义务的合同。企业与其他企业签订的商品销售合同、劳务提供合同、租赁合同等，均属于待执行合同，待执行合同不属于或有事项。但是，待执行合同变为亏损合同的，应当作为或有事项。亏损合同，是指履行合同义务不可避免发生的成本超过预期经济利益的合同。预计负债的计量应当反映退出该合同的最低净成本，即履行该合同的成本与未能履行该合同而发生的补偿或处罚两者之中的较低者。企业与其他单位签订的商品销售合同、劳务合同、租赁合同等，均可能变为亏损合同。

企业对亏损合同进行会计处理，需要遵循以下两点原则：

第一，如果与亏损合同相关的义务不需支付任何补偿即可撤销，企业通常就不存在现时义务，不应确认预计负债；如果与亏损合同相关的义务不可撤销，企业就存在了现时义务，同时满足该义务很可能导致经济利益流出企业且金额能够可靠地计量的，应当确认预计负债。

第二，待执行合同变为亏损合同时，合同存在标的资产的，应当对标的资产进行减值测试并按规定确认减值损失，在这种情况下，企业通常不需确认预计负债，如果预计亏损超过该减值损失，应将超过部分确认为预计负债；合同不存在标的资产的，亏损合同相关义务满足预计负债确认条件时，应当确认预计负债。

【例2-7】20×5年1月1日，甲公司采用经营租赁方式租入一条生产线生产A产品，租赁期4年。甲公司利用该生产线生产的A产品每年可获利20万元。20×6年12月31日，甲公司决定停产A产品，原经营租赁合同不可撤销，还要持续2年，且生产线无法转租给其他单位。

本例中，甲公司与其他公司签订了不可撤销的经营租赁合同，负有法定义务，必须继续履行租赁合同（交纳租金）。同时，甲公司决定停产A产品。因此，甲公司执行原经营租赁合同不可避免要发生的费用很可能超过预期获得的经济利益，属于亏损合同，应当在20×6年12月31日，根据未来应支付的租金的最佳估计数确认预计负债。

五、重组义务

（一）重组义务的确认

重组是指企业制定和控制的，将显著改变企业组织形式、经营范围或经营方式的计划实施行为。属于重组的事项主要包括：

1.出售或终止企业的部分业务。

2.对企业的组织结构进行较大调整。

3.关闭企业的部分营业场所，或将营业活动由一个国家或地区迁移到其他国家或地区。

企业应当将重组与企业合并、债务重组区别开。因为重组通常是企业内部资源的调整和组合，谋求现有资产效能的最大化；企业合并是在不同企业之间的资本重组和规模扩张；而债务重组是债权人对债务人做出让步，债务人减轻债务负担，债权人尽可能减少损失。

企业因重组而承担了重组义务，并且同时满足预计负债的三项确认条件时，才能确认预计负债。

首先，同时存在下列情况的，表明企业承担了重组义务：

1.有详细、正式的重组计划，包括重组涉及的业务、主要地点、需要补偿的职工人数、预计重组支出、计划实施时间等。

2.该重组计划已对外公告。

其次，需要判断重组义务是否同时满足预计负债的三个确认条件，即判断其承担的重组义务是否是现时义务、履行重组义务是否很可能导致经济利益流出企业、重组义务的金额是否能够可靠计量。只有同时满足这三个确认条件，才能将重组义务确认为预计负债。

例如，某公司董事会决定关闭一个事业部。如果有关决定尚未传达到受影响的各方，也未采取任何措施实施该项决定，该公司就没有开始承担重组义务，不应确认预计负债。如果有关决定已经传达到受影响的各方，并使各方对企业将关闭事业部形成合理预期，通常表明企业开始承担重组义务，同时满足该义务很可能导致经济利益流出企业和金额能够可靠地计量的，应当确认预计负债。

（二）重组义务的计量

企业应当按照与重组有关的直接支出确定预计负债金额，计入当期损益。其中，直接支出是企业重组必须承担的直接支出，不包括留用职工岗前培训、市场推广、新系统和营销网络投入等支出。

由于企业在计量预计负债时不应当考虑预期处置相关资产的利得或损失，在计量与重组义务相关的预计负债时，也不考虑处置相关资产（厂房、店面，有时是一个事业部整体）可能形成的利得或损失，即使资产的出售构成重组的一部分也是如此，这些利得或损失应当单独确认。

企业可以参照表2-1判断某项支出是否属于与重组有关的直接支出。

表2-1　　与重组有关的直接支出判断表

支出项目	包括	不包括	不包括的原因
自愿遣散	√		
强制遣散(如果自愿遣散目标未满足)	√		
将不再使用的厂房的租赁撤销费	√		
将职工和设备从拟关闭的工厂转移到继续使用的工厂		√	支出与继续进行的活动相关
剩余职工的再培训		√	支出与继续进行的活动相关
新经理的招募成本		√	支出与继续进行的活动相关
推广公司新形象的营销成本		√	支出与继续进行的活动相关
对新分销网络的投资		√	支出与继续进行的活动相关
重组的未来可辨认经营损失(最新预计值)		√	支出与继续进行的活动相关
特定不动产、厂场和设备的减值损失		√	资产减值准备应当按照《企业会计准则第8号——资产减值》进行评估,并作为资产的抵减项

第四节　或有事项的列报

一、预计负债的列报

在资产负债表中，因或有事项而确认的负债（预计负债）应与其他负债项目区别开来，单独反映。如果企业因多项或有事项确认了预计负债，在资产负债表上一般只需通过“预计负债”项目进行总括反映。在将或有事项确认为负债的同时，应确认一项支出或费用。这项费用或支出在利润表中不应单列项目反映，而应与其他费用或支出项目（如“销售费用”、“管理费用”、“营业外支出”等）合并反映。比如，企业因产品质量保证确认负债时所确认的费用，在利润表中应作为“销售费用”的组成部分予以反映；又如，企业因对其他单位提供债务担保确认负债时所确认的费用，在利润表中应作为“营业外支出”的组成部分予以反映。

同时，为了使会计报表使用者获得充分、详细的有关或有事项的信息，企业应在会计报表附注中披露以下内容：

第一，预计负债的种类、形成原因以及经济利益流出不确定性的说明。

第二，各类预计负债的期初、期末余额和本期变动情况。

第三，与预计负债有关的预期补偿金额和本期已确认的预期补偿金额。

二、或有负债的披露

或有负债无论作为潜在义务还是现时义务，均不符合负债的确认条件，因而不予确认。但是，除非或有负债极小可能导致经济利益流出企业，否则企业应当在附注中披露有关信息，具体包括：

第一，或有负债的种类及其形成原因，包括已贴现商业承兑汇票、未决诉讼、未决仲裁、对外提供担保等形成的或有负债。

第二，经济利益流出不确定性的说明。

第三，或有负债预计产生的财务影响，以及获得补偿的可能性；无法预计的，应当说明原因。

需要注意的是，在涉及未决诉讼、未决仲裁的情况下，如果披露全部或部分信息预期对企业会造成重大不利影响，企业无须披露这些信息，但应当披露该未决诉讼、未决仲裁的性质，以及没有披露这些信息的事实和原因。

三、或有资产的披露

或有资产作为一种潜在资产，不符合资产确认的条件，因而不予确认。企业通常不应当披露或有资产，但或有资产很可能会给企业带来经济利益的，应当披露其形成的原因、预计产生的财务影响等。

【章末练习】

1. 20×4年12月10日，甲公司因合同违约而涉及一桩诉讼案件。根据甲公司的法律顾问判断，最终的判决很可能对甲公司不利。20×4年12月31日，甲公司尚未接到法院的判决，因诉讼须承担的赔偿的金额也无法准确地确定。不过，据专业人士估计，赔偿金额可能在90万元至100万元之间（含甲公司将承担的诉讼费2万元），且该范围内支付各种赔偿金额的可能性相同。根据《企业会计准则第13号——或有事项》准则的规定，判断甲公司在20×4年利润表中应确认的营业外支出金额。

2. 甲企业是一家大型机床制造企业，20×4年12月1日与乙公司签订了一项不可撤销的销售合同，约定于20×5年4月1日以300万元的价格向乙公司销售大型机床一台，若不能按期交货，甲企业需按照合同总价款的10%支付违约金。至20×4年12月31日，甲企业尚未开始生产该机床。由于原料上涨等因素，甲企业预计生产该机床成本不可避免地升至320万元。根据《企业会计准则第13号——或有事项》准则的规定，假定不考虑其他因素，请编制甲企业相关会计分录。

3. 甲公司为一家家电生产企业，主要生产A、B、C三种家电产品。甲公司20×4年度有关事项如下：

（1）甲公司管理层于20×4年11月制订了一项业务重组计划。该业务重组计划的主要内容如下：从20×5年1月1日起关闭C产品生产线；从事C产品生产的员工共计250人，除部门主管及技术骨干等50人留用转入其他部门外，其他200人都将被辞退。

根据被辞退员工的职位、工作年限等因素，甲公司将一次性给予被辞退员工不同标准的补偿，补偿支出共计800万元；C产品生产线关闭之日，租用的厂房将被腾空，撤销租赁合同并将其移交给出租方，用于C产品生产的固定资产等将转移至甲公司自己的仓库。上述业务重组计划已于20×4年12月2日经甲公司董事会批准，并于12月3日对外公告。20×4年12月31日，上述业务重组计划尚未实际实施，员工补偿及相关支出尚未支付。

为了实施上述业务重组计划，甲公司预计发生以下支出或损失：因辞退员工将支付补偿款800万元；因撤销厂房租赁合同将支付违约金25万元；因将用于C产品生产的固定资产等转移至仓库将发生运输费3万元；因对留用员工进行培训将发生支出1万元；因推广新款B产品将发生广告费用2 500万元；因处置用于C产品生产的固定资产将发生减值损失150万元。

（2）20×4年12月15日，消费者因使用C产品造成财产损失向法院提起诉讼，要求甲公司赔偿损失560万元。12月31日，法院尚未对该案做出判决。在咨询法律顾问后，甲公司认为该案很可能败诉。根据专业人士的测算，甲公司的赔偿金额可能在450万元至550万元之间，而且上述区间内每个金额的可能性相同。

（3）20×4年12月25日，丙公司（为甲公司的子公司）向银行借款3 200万元，期限为3年。经董事会批准，甲公司为丙公司的上述银行借款提供全额担保。12月31日，丙公司经营状况良好，预计不存在还款困难。

要求：

（1）根据资料（1），判断哪些是与甲公司业务重组有关的直接支出，并计算因重组义务应确认的预计负债金额。

（2）根据资料（1），计算甲公司因业务重组计划而减少20×4年度利润总额的金额，并编制相关会计分录。

（3）根据资料（2）和（3），判断甲公司是否应当将与这些或有事项相关的义务确认为预计负债。如确认，计算预计负债的最佳估计数，并编制相关会计分录；如不确认，说明理由。

第三章 会计政策、会计估计变更和前期差错更正

学习本章内容时应当重点关注以下内容：

（1）会计政策变更的追溯调整法及累积影响数的计算和列报，重点在于所有者权益变动表的调整。

（2）会计估计变更与会计政策变更的区别方法，未来适用法的具体做法。

（3）前期差错及其更正。对于重要的前期差错，企业应当采用追溯重述法进行更正，但确定前期差错累积影响数不切实可行的除外。

除了学习本章节的内容外，还应当认真阅读《企业会计准则第28号——会计政策、会计估计变更和差错更正》及相关指南和解释。

第一节 会计政策及其变更

一、会计政策概述

会计政策，是指企业在会计确认、计量和报告中所采用的原则、基础和会计处理方法。其中，原则，是指按照企业会计准则规定的、适合于企业会计核算所采用的具体会计原则；基础，是指为了将会计原则应用于交易或者事项而采用的基础，主要是计量基础（即计量属性），包括历史成本、重置成本、可变现净值、现值和公允价值等；会计处理方法，是指企业在会计核算中按照法律、行政法规或者国家统一的会计制度等规定采用或者选择的、适合于本企业的具体会计处理方法。会计政策具有以下特点：

第一，会计政策的选择性。会计政策是在允许的会计原则、计量基础和会计处理方法中做出指定或具体选择。由于企业经济业务的复杂性和多样化，某些经济业务在符合会计原则和计量基础的要求下，可以有多种会计处理方法，即存在不止一种可供选择的会计政策。例如，确定发出存货的实际成本时可以在先进先出法、加权平均法或者个别计价法中进行选择。

第二，会计政策的强制性。在我国，会计准则和会计制度属于行政法规，会计政策所包括的具体会计原则、计量基础和具体会计处理方法由会计准则或会计制度规定，具有一定的强制性。企业必须在法规所允许的范围内选择适合本企业实际情况的会计政策，即企业在发生某项经济业务时，必须从允许的会计原则、计量基础和会计处理方法中选择出适合本企业特点的会计政策。

第三，会计政策的层次性。会计政策包括会计原则、计量基础和会计处理方法三个层次。其中，会计原则是指导企业会计核算的具体原则。例如，《企业会计准则第13号——或有事项》规定的以该义务是企业承担的现实义务、履行该义务很可能导致经济利益流出企业、该义务的金额能够可靠地计量作为预计负债的确认条件，就是预计负债确认的具体会计原则。计量基础是为将会计原则体现在会计核算而采用的基础。例如，《企业会计准则第8号——资产减值》中涉及的公允价值就是计量基础。会计处理方法是按照会计原则和计量基础的要求，由企业在会计核算中采用或者选择的、适合于本企业的具体会计处理方法。例如，企业按照《企业会计准则第15号——建造合同》规定采用的完工百分比法就是会计处理方法。会计原则、计量基础和会计处理方法三者之间是一个具有逻辑性的、密不可分的整体，通过这个整体，会计政策才能得以应用和落实。

原则、基础和会计处理方法构成了会计政策相互关联的有机整体，对会计政策的判断通常应当考虑从会计要素角度出发，根据各项资产、负债、所有者权益、收入、费用等会计确认条件、计量属性以及两者相关的处理方法、列报要求等确定相应的会计政策。

在资产方面，存货的取得、发出和期末计价的处理方法，长期股权投资的取得及后续计量中的成本法和权益法，投资性房地产的确认及后续计量模式，固定资产、无形资产的确认条件及其减值政策，金融资产的分类等，属于资产要素的会计政策。

在负债方面，借款费用资本化的条件、债务重组的确认和计量、预计负债的确认条件、应付职工薪酬和股份支付的确认和计量、金融负债的分类等，属于负债要素的会计政策。

在所有者权益方面，权益工具的确认和计量、混合金融工具的分析等，属于所有者权益要素的会计政策。

在收入方面，商品销售收入和提供劳务收入的确认条件、建造合同、租赁合同、保险合同、贷款合同等合同收入的确认与计量方法，属于收入要素的会计政策。

在费用方面，商品销售成本及劳务成本的结转、期间费用的划分等，属于费用要素的会计政策。

除会计要素相关会计政策外，财务报表列报方面所设计的编制现金流量表的直接法和间接法、合并财务报表合并范围的判断、分部报告中报告分部的确定，也属于会计政策。

企业应当披露重要的会计政策，不具有重要性的会计政策可以不予披露。判断会计政策是否重要，应当考虑与会计政策相关项目的性质和金额。企业应当披露的重要会计政策包括：

（1）发出存货成本的计量，是指企业确定发出存货成本所采用的会计处理。例如，企业发出存货成本的计量是采用先进先出法，还是采用其他计量方法。

（2）长期股权投资的后续计量，是指企业取得长期股权投资后的会计处理。例如，企业对被投资单位的长期股权投资是采用成本法，还是采用权益法核算。

（3）投资性房地产的后续计量，是指企业在资产负债表日对投资性房地产进行后续计量所采用的会计处理。例如，企业对投资性房地产的后续计量是采用成本模式，还是公允价值模式。

（4）固定资产的初始计量，是指对取得的固定资产初始成本的计量。例如，企业取得的固定资产初始成本是以购买价款，还是以购买价款的现值为基础进行计量。

（5）生物资产的初始计量，是指对取得的生物资产初始成本的计量。例如，企业为取得生物资产而产生的借款费用，是予以资本化，还是计入当期损益。

（6）无形资产的确认，是指对无形项目的支出是否确认为无形资产。例如，企业内部研究开发项目开发阶段的支出是确认为无形资产，还是在发生时计入当期损益。

（7）非货币性资产交换的计量，是指非货币性资产交换事项中对换入资产成本的计量。例如，非货币性资产交换是以换出资产的公允价值作为确定换入资产成本的基础，还是以换出资产的账面价值作为确定换入资产成本的基础。

（8）收入的确认，是指收入确认所采用的会计原则。例如，企业确认收入时要同时满足已将商品所有权上的主要风险和报酬转移给购货方、收入的金额能够可靠地计量、相关经济利益很可能流入企业等条件。

（9）合同收入与费用的确认，是指确认建造合同的收入和费用所采用的会计处理方法。例如，企业确认建造合同的合同收入和合同费用采用完工百分比法。

（10）借款费用的处理，是指借款费用的会计处理方法，即是采用资本化，还是采用费用化。

（11）合并政策，是指编制合并财务报表所采纳的原则。例如，母公司与子公司的会计年度不一致的处理原则；合并范围的确定原则等。

（12）其他重要会计政策。

二、会计政策变更

会计政策变更，是指企业对相同的交易或者事项由原来采用的会计政策改用另一会计政策的行为。为保证会计信息的可比性，使财务报表使用者在比较企业一个以上期间的财务报表时，能够正确判断企业的财务状况、经营成果和现金流量的趋势，一般情况下，企业采用的会计政策，在每一会计期间和前后各期应当保持一致，不得随意变更。否则势必削弱会计信息的可比性。但是，在下述两种情形下，企业可以变更会计政策：

第一，法律、行政法规或者国家统一的会计制度等要求变更。这种情况是指按照法律、行政法规以及国家统一的会计制度的规定，要求企业采用新的会计政策，则企业应当按照法律、行政法规以及国家统一的会计制度的规定改变原会计政策，按照新的会计政策执行。例如，《企业会计准则第8号——资产减值》规定，已计提固定资产减值准备不允许转回，这就要求执行企业会计准则体系的企业按照新规定改变原允许固定资产减值准备转回的做法，变更原有会计政策。

第二，会计政策变更能够提供更可靠、更相关的会计信息。由于经济环境、客观情况的改变，使企业原采用的会计政策所提供的会计信息，已不能恰当地反映企业的财务状况、经营成果和现金流量等情况。在这种情况下，应改变原有会计政策，按变更后新的会计政策进行会计处理，以便对外提供更可靠、更相关的会计信息。例如，企业一直采用成本模式对投资性房地产进行后续计量，如果企业能够从房地产交易市场上持续地取得同类或类似房地产的市场价格及其他相关信息，从而能够对投资性房地产的公允价值做出合理的估计，此时，企业可以将投资性房地产的后续计量方法由成本模式变更为公允价值模式。

对会计政策变更的认定，直接影响会计处理方法的选择。因此，在会计实务中，企业应当正确认定属于会计政策变更的情形。下列两种情况不属于会计政策变更：

第一，本期发生的交易或者事项与以前相比具有本质差别而采用新的会计政策。这是因为，会计政策是针对特定类型的交易或事项，如果发生的交易或事项与其他交易或事项有本质区别，那么企业实际上是为新的交易或事项选择适当的会计政策，并没有改变原有的会计政策。例如，企业以往租入的设备均为临时需要而租入的，企业按经营租赁会计处理方法核算，但自本年度起租入的设备均采用融资租赁方式，则该企业自本年度起对新租赁的设备采用融资租赁会计处理方法核算。由于该企业原租入的设备均为经营性租赁，本年度起租赁的设备均改为融资租赁，经营租赁和融资租赁有着本质差别，因而改变会计政策不属于会计政策变更。

第二，对初次发生的或不重要的交易或者事项采用新的会计政策。对初次发生的某类交易或事项采用适当的会计政策，并未改变原有的会计政策。例如，企业以前没有建造合同业务，当年签订一项建造合同为另一企业建造三栋厂房，对该项建造合同采用完工百分比法确认收入，不属于会计政策变更。至于对不重要的交易或事项采用新的会计政策，不按会计政策变更做出会计处理，并不影响会计信息的可比性，所以也不作为会计政策变更。例如，企业原在生产经营过程中使用少量的低值易耗品，并且价值较低，故企业在领用低值易耗品时一次计入费用；该企业于近期投产新产品，所需低值易耗品比较多，且价值较大，企业对领用的低值易耗品处理方法改为五五摊销法。该企业低值易耗品在企业生产经营中所占的费用比例并不大，改变低值易耗品处理方法后，对损益的影响也不大，属于不重要的事项，会计政策在这种情况下的改变不属于会计政策变更。

三、会计政策变更与会计估计变更的划分

企业应当正确划分会计政策变更与会计估计变更，并按照不同的方法进行相关会计处理。企业应当以变更事项的会计确认、计量基础和列报项目是否发生变更作为判断该变更是会计政策变更，还是会计估计变更的划分基础。

第一，以会计确认否发生变更作为判断基础。《企业会计准则——基本准则》规定了资产、负债、所有者权益、收入、费用和利润等6项会计要素的确认标准，是会计处理的首要环节。一般地，对会计确认的指定或选择是会计政策，其相应的变更是会计政策变更。会计确认的变更一般会引起列报项目的变更。例如，企业在前期将某项内部研究开发项目开发阶段的支出计入当期损益，而当期按照《企业会计准则第6号——无形资产》的规定，该项支出符合无形资产的确认条件，应当确认为无形资产。该事项的会计确认发生变更，即前期将研发费用确认为一项费用，而当期将其确认为一项资产。该事项中会计确认发生了变化，所以该变更是会计政策变更。

第二，以计量基础是否发生变更作为判断基础。《企业会计准则——基本准则》规定了历史成本、重置成本、可变现净值、现值和公允价值等5项会计计量属性，是会计处理的计量基础。一般地，对计量基础的判定或选择是会计政策，其相应的变更是会计政策变更。例如，企业在前期对购入的价款超过正常信用条件延期支付的固定资产初始计量采用历史成本，而当期按照《企业会计准则第4号——固定资产》的规定，该类固定资产的初始成本应以购买价款的现值为基础确定。该事项的计量基础发生了变化，所以该变更是会计政策变更。

第三，以列报项目是否发生变更作为判断基础。《企业会计准则第30号——财务报表列报》规定了财务报表项目应采用的列报原则。一般地，对列报项目的指定或选择是会计政策，其相应的变更是会计政策变更。例如，某商业企业在前期将商品采购费用列入营业费用，当期根据《企业会计准则第1号——存货》的规定，将采购费用列入存货成本。因为列报项目发生了变化，所以该变更是会计政策变更。

第四，根据会计确认、计量基础和列报项目所选择的、为取得与资产负债表项目有关的金额或数值（如预计使用寿命、净残值等）所采用的处理方法，不是会计政策，而是会计估计，其相应的变更是会计估计变更。例如，企业需要对某项资产采用公允价值进行计量，而公允价值的确定需要根据市场情况选择不同的处理方法：在不存在销售协议和资产活跃市场的情况下，需要根据同行业类似资产的近期交易价格对该项资产进行估计；在不存在销售协议但存在资产活跃市场的情况下，其公允价值应当按照该项资产的市场价格为基础进行估计。因为企业所确定的公允价值是与该项资产有关的金额，所以为确定公允价值所采用的处理方法是会计估计，不是会计政策。相应地，当企业面对的市场情况发生变化时，其采用的确定公允价值的方法变更是会计估计变更，不是会计政策变更。

企业可以采用以下具体方法划分会计政策变更与会计估计变更：分析并判断该事项是否涉及会计确认、计量基础选择或列报项目的变更，当至少涉及上述一项划分基础变更时，该事项是会计政策变更；不涉及上述划分基础变更时，该事项可以判断为会计估计变更。例如，企业在前期将购建固定资产相关的一般借款利息计入当期损益，当期根据会计准则的规定，将其予以资本化，企业因此将对该事项进行变更。该事项的计量基础未发生变更，即都是以历史成本作为计量基础；该事项的会计确认发生变更，即前期将借款费用确认为一项费用，而当期将其确认为一项资产；同时，会计确认的变更导致该事项在资产负债表和利润表相关项目的列报也发生变更。该事项涉及会计确认和列报的变更，所以属于会计政策变更。又如，企业原采用双倍余额递减法计提固定资产折旧，根据固定资产使用的实际情况，企业决定改用直线法计提固定资产折旧。该事项前后采用的两种计提折旧方法都是以历史成本作为计量基础，对该事项的会计确认和列报项目也未发生变更，只是固定资产折旧、固定资产净值等相关金额发生了变化。因此，该事项属于会计估计变更。

四、会计政策变更的会计处理

发生会计政策变更时，有两种会计处理方法，即追溯调整法和未来适用法，两种方法适用于不同情形。

（一）追溯调整法

追溯调整法，是指对某项交易或事项变更会计政策，视同该项交易或事项初次发生时即采用变更后的会计政策，并以此对财务报表相关项目进行调整的方法。采用追溯调整法时，对于比较财务报表期间的会计政策变更，应调整各期间净损益各项目和财务报表其他相关项目，视同该政策在比较财务报表期间一直采用。对于比较财务报表可比期间以前的会计政策变更的累积影响数，应调整比较财务报表最早期间的期初留存收益，财务报表其他相关项目的数字也应一并调整。

追溯调整法通常由以下步骤构成：

第一步，计算会计政策变更的累积影响数。

第二步，编制相关项目的调整分录。

第三步，调整列报前期最早期初财务报表相关项目及其金额。

第四步，附注说明。

其中，会计政策变更累积影响数，是指按照变更后的会计政策对以前各期追溯计算的列报前期最早期初留存收益应有金额与现有金额之间的差额。根据上述定义的表述，会计政策变更的累积影响数可以分解为以下两个金额之间的差额：（1）在变更会计政策当期，按变更后的会计政策对以前各期追溯计算，得到列报前期最早期初留存收益金额；（2）在变更会计政策当期，列报前期最早期初留存收益金额。上述留存收益金额，包括盈余公积和未分配利润等项目，不考虑由于损益的变化而应当补分的利润或股利。例如，由于会计政策变化，增加了以前期间可供分配的利润，该企业通常按净利润的20%分派股利。但在计算调整会计政策变更当期期初的留存收益时，不应当考虑由于以前期间净利润的变化而需要分派的股利。

在财务报表只提供列报项目上一个可比会计期间比较数据的情况下，上述第（2）项，在变更会计政策当期，列报前期最早期初留存收益金额，即为上期资产负债表所反映的期初留存收益，可以从上年资产负债表项目中获得；需要计算确定的是第（1）项，即按变更后的会计政策对以前各期追溯计算，得到的上期期初留存收益金额。

会计政策变更累积影响数，指变更年度所有者权益变动表中“上年金额”栏目“盈余公积”和“未分配利润”项目的调整。

累积影响数通常可以通过以下各步计算获得：

第一步，根据新会计政策重新计算受影响的前期交易或事项。

第二步，计算两种会计政策下的差异。

第三步，计算差异的所得税影响金额。会计政策变更的追溯调整不会影响以前年度应交所得税的变动，也就是说不会涉及应交所得税的调整；但追溯调整时如果涉及暂时性差异，则应考虑递延所得税的调整，这种情况应考虑前期所得税费用的调整。

第四步，确定前期中的每一期的税后差异。

第五步，计算会计政策变更的累积影响数。

需要注意的是，对以前年度损益进行追溯调整或追溯重述的，应当重新计算各列报期间的每股收益。

【例3-1】红星公司20×5年、20×6年分别以5 000 000元和1 200 000元的价格从股票市场购入A、B两只以交易为目的的股票（假设不考虑购入股票发生的交易费用），市价一直高于购入成本。公司采用成本与市价孰低法对购入股票进行后续计量。公司从20×7年起对其以交易为目的购入的股票由成本与市价孰低改为公允价值进行计量，公司保存的会计资料比较齐备，可以通过会计资料追溯计算。假设企业所得税税率为25%，公司按净利润的10%提取法定盈余公积，按净利润的5%提取任意盈余公积。公司发行股票份额为5 000万股。两种方法计量的交易性金融资产账面价值见表3-1。

表3-1　**两种方法计量的交易性金融资产账面价值**　单位：元

项目	成本与市价孰低	20×5年年末公允价值	20×6年年末公允价值
A股票	5 000 000	5 500 000	5 500 000
B股票	1 200 000	—	1 500 000

根据上述资料，红星公司的会计处理如下：

1.计算改变交易性金融资产计量方法后的累积影响数，见表3-2。

表3-2　**改变交易性金融资产计量方法后的累积影响数**　单位：元

时　间	公允价值	成本与市价孰低	税前差异	所得税影响	税后差异
20×5年末	5 500 000	5 000 000	500 000	125 000	375 000
20×6年末	1 500 000	1 200 000	300 000	75 000	225 000
合　计	7 000 000	6 200 000	800 000	200 000	600 000

红星公司20×7年12月31日的比较财务报表列报前期最早期初为20×6年1月1日。

红星公司在20×5年年末按公允价值计量的账面价值为5 500 000元，按成本与市价孰低计量的账面价值为5 000 000元，两者的所得税影响合计为125 000元，两者差异的税后净影响额为375 000元，即为该公司2006年期初由成本与市价孰低改为公允价值的累积影响数。

红星公司在20×6年年末按公允价值计量的账面价值为7 000 000元，按成本与市价孰低计量的账面价值为6 200 000元，两者差异的所得税影响金额为200 000元，两者差异的税后净影响额为600 000元，其中，375 000元是调整20×6年累积影响数，225 000元是调整20×6年当期金额。

红星公司按照公允价值重新计量20×6年年末B股票账面价值，其结果为公允价值变动收益少计了300 000元，所得税费用少计了75 000元，净利润少计了225 000元。

2.编制有关项目的调整分录。

（1）对20×5年有关事项的调整分录：

①调整交易性金融资产：

借：交易性金融资产——公允价值变动　　500 000
　　贷：利润分配——未分配利润　　375 000
　　　　递延所得税负债　　125 000

②调整利润分配：

按照净利润的10%提取法定盈余公积，按照净利润的5%提取任意盈余公积，共计提取盈余公积375 000×15%=56 250（元）。

借：利润分配——未分配利润　　56 250
　　贷：盈余公积　　56 250

（2）对20×6年有关事项的调整分录：

①调整交易性金融资产：

借：交易性金融资产——公允价值变动　　300 000
　　贷：利润分配——未分配利润　　225 000
　　　　递延所得税负债　　75 000

②调整利润分配：

按照净利润的10%提取法定盈余公积，按照净利润的5%提取任意盈余公积，共计提取盈余公积225 000×15%=33 750（元）。

借：利润分配——未分配利润　　33 750
　　贷：盈余公积　　33 750

3.财务报表调整和重述（财务报表略）。

红星公司在列报20×7年财务报表时，应调整20×7年资产负债表有关项目的年初余额、利润表有关项目的上年金额，所有者权益变动表有关项目的上年金额和本年金额也应进行调整。

①资产负债表项目的调整：

调增交易性金融资产年初余额800 000元；调增递延所得税负债年初余额200 000元；调增盈余公积年初余额90 000元；调增未分配利润年初余额510 000元。

②利润表项目的调整：

调增公允价值变动收益上年金额300 000元；调增所得税费用上年金额75 000元；调增净利润上年金额225 000元；调增基本每股收益上年金额0.0045元。

③所有者权益变动表项目的调整：

调增会计政策变更项目中盈余公积上年金额56 250元，未分配利润上年金额318 750元，所有者权益合计上年金额375 000元。

调增会计政策变更项目中盈余公积本年金额33 750元，未分配利润本年金额191 250元，所有者权益合计本年金额225 000元。

（二）未来适用法

未来适用法，是指将变更后的会计政策应用于变更日及以后发生的交易或者事项，或者在会计估计变更当期和未来期间确认会计估计变更影响数的方法。

在未来适用法下，不需要计算会计政策变更产生的累积影响数，也无须重编以前年度的财务报表。企业会计账簿记录及财务报表上反映的金额，变更之日仍保留原有的金额，不因会计政策变更而改变以前年度的既定结果，并在现有金额的基础上再按新的会计政策进行核算。

【例3-2】红星公司对发出存货原来采用后进先出法，由于采用新准则，按其规定，公司从2014年1月1日起改用先进先出法。2014年1月1日存货的价值为2 000 000元，公司当年购入存货的实际成本为18 000 000元，2014年12月31日按先进先出法计算确定的存货价值为4 300 000元，当年销售额为22 000 000元，假设该年度其他费用为1 000 000元，企业所得税税率为25%。2014年12月31日如果按后进先出法计算的存货价值为2 000 000元。

红星公司由于法律环境变化而改变会计政策，假定对其采用未来适用法进行处理，即对存货采用先进先出法从2007年及以后才适用，不需要计算2014年1月1日以前按先进先出法计算存货应有的余额，以及对留存收益的影响金额。

计算确定会计政策变更对当期净利润的影响数见表3-3。

表3-3 **当期净利润的影响数计算表** 单位：元

项目	先进先出法	后进先出法
营业收入	22 000 000	22 000 000
减:营业成本	15 700 000	18 000 000
减:其他费用	1 000 000	1 000 000
利润总额	5 300 000	3 000 000
减:所得税	1 325 000	750 000
净利润	3 975 000	2 250 000
差额	1 725 000	

公司由于会计政策变更使当期净利润增加了1 725 000元。其中，采用先进先出法的销售成本为：期初存货+购入存货实际成本-期末存货=2 000 000+18 000 000-4 300 000=15 700 000（元）；采用后进先出法的销售成本为：期初存货+购入存货实际成本-期末存货=2 000 000+18 000 000-2 000 000=18 000 000（元）。

（三）会计政策变更的会计处理方法的选择

对于会计政策变更，企业应当根据具体情况，分别采用不同的会计处理方法：

1.法律、行政法规或者国家统一的会计制度等要求变更的，企业应当分别以下情况进行处理：（1）国家发布相关的会计处理办法，则按照国家发布的相关会计处理规定进行处理；（2）国家没有发布相关的会计处理办法，则采用追溯调整法进行会计处理。

2.会计政策变更能够提供更可靠、更相关的会计信息的，企业应当采用追溯调整法进行会计处理，将会计政策变更累积影响数调整列报前期最早期初留存收益，其他相关项目的期初余额和列报前期披露的其他比较数据也应当一并调整。

3.确定会计政策变更对列报前期影响数不切实可行的，应当从可追溯调整的最早期间期初开始应用变更后的会计政策；在当期期初确定会计政策变更对以前各期累积影响数不切实可行的，应当采用未来适用法处理。

其中，不切实可行，是指企业在采取所有合理的方法后，仍然不能获得采用某项规定所必需的相关信息，而导致无法采用该项规定，则该项规定在此时是不切实可行的。

对于以下特定前期，对某项会计政策变更应用追溯调整法或进行追溯重述以更正一项前期差错是不切实可行的：（1）应用追溯调整法或追溯重述法的累积影响数不能确定；（2）应用追溯调整法或追溯重述法要求对管理层在该期当时的意图做出假定；（3）应用追溯调整法或追溯重述法要求对有关金额进行重大估计，并且不可能将提供有关交易发生时存在状况的证据（例如，有关金额确认、计量或披露日期存在事实的证据，以及在受变更影响的当期和未来期间确认会计估计变更的影响的证据）和该期间财务报表批准报出时能够取得的信息与其他信息客观地加以区分。

在某些情况下，调整一个或者多个前期比较信息以获得与当期会计信息的可比性是不切实可行的。例如，企业因账簿、凭证超过法定保存期限而销毁，或因不可抗力而毁坏、遗失，如火灾、水灾等，或因人为因素，如盗窃、故意毁坏等，可能使当期期初确定会计政策变更对以前各期累积影响数无法计算，即不切实可行，此时，会计政策变更应当采用未来适用法进行处理。

对根据某项交易或者事项确认、披露的财务报表项目应用会计政策时常常需要进行估计。本质上，估计是主观行为，而且可能在资产负债表日后才做出。当追溯调整会计政策变更或者追溯重述前期差错更正时，要做出切实可行的估计更加困难，因为有关交易或者事项已经发生较长一段时间，要获得做出切实可行的估计所需要的相关信息往往比较困难。

当在前期采用一项新会计政策或者更正前期金额时，不论是对管理层在某个前期的意图做出假定，还是估计在前期确认、计量或者披露的金额，都不应当使用“后见之明”。例如，按照《企业会计准则第22号——金融工具确认和计量》的规定，企业对原先划归为持有至到期投资的金融资产计量的前期差错，即便管理层随后决定不将这些投资持有至到期，也不能改变它们在前期的计量基础，即该项金融资产应当仍然按照持有至到期投资进行计量。

五、会计政策变更的披露

企业应当在附注中披露与会计政策变更有关的下列信息：

1.会计政策变更的性质、内容和原因。包括对会计政策变更的简要阐述、变更的日期、变更前采用的会计政策和变更后所采用的新会计政策及会计政策变更的原因。

2.当期和各个列报前期财务报表中受影响的项目名称和调整金额。包括采用追溯调整法时，计算出的会计政策变更的累积影响数；当期和各个列报前期财务报表中需要调整的净损益及其影响金额，以及其他需要调整的项目名称和调整金额。

3.无法进行追溯调整的，说明该事实和原因以及开始应用变更后的会计政策的时点、具体应用情况。包括无法进行追溯调整的事实；确定会计政策变更对列报前期影响数不切实可行的原因；在当期期初确定会计政策变更对以前各期累积影响数不切实可行的原因；开始应用新会计政策的时点和具体应用情况。

需要注意的是，在以后期间的财务报表中，不需要重复披露在以前期间的附注中已披露的会计政策变更的信息。

【例3-3】沿用【例3-1】，应在财务报表附注中作如下说明：

本公司2007年按照会计准则规定，对交易性金融资产计量由成本与市价孰低改为以公允价值计量。此项会计政策变更采用追溯调整法，2007年比较财务报表已重新表述。2006年期初运用新会计政策追溯计算的会计政策变更累积影响数为375 000元，调增2006年的期初留存收益375 000元，其中，调增未分配利润318 750元，调增盈余公积56 250元。会计政策变更对2007年度财务报表本年金额的影响为调增未分配利润191 250元，调增盈余公积33 750元，调增净利润225 000元。

【例3-4】沿用【例3-2】，应在财务报表附注中作如下说明：

本公司对存货原来采用后进先出法计价，由于施行新会计准则改用先进先出法计价。按照《企业会计准则第38号——首次执行企业会计准则》的规定，对该项会计政策变更应当采用未来适用法。由于该项会计政策变更，当期净利润增加1 725 000元。

第二节 会计估计及其变更

一、会计估计概述

会计估计，是指企业对结果不确定的交易或者事项以最近可利用的信息为基础所做的判断。会计估计具有如下特点：

第一，会计估计的存在是由于经济活动中内在的不确定性因素的影响。在会计核算中，企业总是力求保持会计核算的准确性，但有些经济业务本身具有不确定性。例如，坏账、固定资产折旧年限、固定资产残余价值、无形资产摊销年限等，因而需要根据经验做出估计。可以说，在进行会计核算和相关信息披露的过程中，会计估计是不可避免的。

第二，进行会计估计时，往往以最近可利用的信息或资料为基础。企业在会计核算中，由于经营活动中内在的不确定性，不得不经常进行估计。一些估计的主要目的是为了确定资产或负债的账面价值，如坏账准备、担保责任引起的负债；另一些估计的主要目的是确定将在某一期间记录的收益或费用的金额，如某一期间的折旧、摊销的金额。企业在进行会计估计时，通常应根据当时的情况和经验，以一定的信息或资料为基础进行。但是，随着时间的推移、环境的变化，进行会计估计的基础可能会发生变化。因此，进行会计估计所依据的信息或者资料不得不经常发生变化。由于最新的信息是最接近目标的信息，以其为基础所做的估计最接近实际，所以进行会计估计时，应以最近可利用的信息或资料为基础。

第三，进行会计估计并不会削弱会计确认和计量的可靠性。企业为了定期、及时地提供有用的会计信息，将延续不断的经营活动人为划分为一定的期间并在权责发生制的基础上对企业的财务状况和经营成果进行定期确认和计量。例如，在会计分期的情况下，许多企业的交易跨越若干会计年度，以至于需要在一定程度上做出决定：某一年度发生的开支，哪些可以合理地预期能够产生其他年度以收益形式表示的利益，从而全部或部分向后递延；哪些可以合理地预期在当期能够得到补偿，从而确认为费用。由于会计分期和货币计量的前提，在确认和计量过程中，不得不对许多尚在延续中、其结果尚未确定的交易或事项予以估计入账。

企业应当披露重要的会计估计，不具有重要性的会计估计可以不披露。判断会计估计是否重要，应当考虑与会计估计相关项目的性质和金额。企业应当披露的重要会计估计包括：

（1）存货可变现净值的确定。

（2）采用公允价值模式下的投资性房地产公允价值的确定。

（3）固定资产的预计使用寿命与净残值；固定资产的折旧方法。

（4）生物资产的预计使用寿命与净残值；各类生产性生物资产的折旧方法。

（5）使用寿命有限的无形资产的预计使用寿命与净残值。

（6）可收回金额按照资产组的公允价值减去处置费用后的净额确定的，确定公允价值减去处置费用后的净额的方法；可收回金额按照资产组的预计未来现金流量的现值确定的，预计未来现金流量的确定。

（7）合同完工进度的确定。

（8）权益工具公允价值的确定。

（9）债务人债务重组中转让的非现金资产的公允价值、由债务转成的股份的公允价值和修改其他债务条件后债务的公允价值的确定。

债权人债务重组中受让的非现金资产的公允价值、由债权转成的股份的公允价值和修改其他债务条件后债权的公允价值的确定。

（10）预计负债初始计量的最佳估计数的确定。

（11）金融资产公允价值的确定。

（12）承租人对未确认融资费用的分摊；出租人对未实现融资收益的分配。

（13）探明矿区权益、井及相关设施的折耗方法。与油气开采活动相关的辅助设备及设施的折旧方法。

（14）非同一控制下企业合并成本的公允价值的确定。

（15）其他重要会计估计。

二、会计估计变更

会计估计变更，是指由于资产和负债的当前状况及预期经济利益和义务发生了变化，从而对资产或负债的账面价值或者资产的定期消耗金额进行调整。

由于企业经营活动中内在的不确定因素，许多财务报表项目不能准确地计量，只能加以估计，估计过程涉及以最近可以得到的信息为基础所做的判断。但是，估计毕竟是就现有资料对未来所做的判断，随着时间的推移，如果赖以进行估计的基础发生变化，或者由于取得了新的信息、积累了更多的经验或后来的发展可能不得不对估计进行修订，但会计估计变更的依据应当真实、可靠。会计估计变更的情形包括：

第一，赖以进行估计的基础发生了变化。企业进行会计估计，总是依赖于一定的基础。如果其所依赖的基础发生了变化，则会计估计也应相应发生变化。例如，企业的某项无形资产摊销年限原定为10年，以后发生的情况表明，该资产的受益年限已不足10年，相应调减摊销年限。

第二，取得了新的信息、积累了更多的经验。企业进行会计估计是就现有资料对未来所做的判断，随着时间的推移，企业有可能取得新的信息、积累更多的经验，在这种情况下，企业可能不得不对会计估计进行修订，即发生会计估计变更。例如，企业原先根据当时能够得到的信息，对应收账款每年按其余额的5%计提坏账准备。现在掌握了新的信息，判定不能收回的应收账款比例已达15%，企业改按15%的比例计提坏账准备。

会计估计变更，并不意味着以前期间会计估计是错误的，只是由于情况发生变化，或者掌握了新的信息，积累了更多的经验，使得变更会计估计能够更好地反映企业的财务状况和经营成果。如果以前期间的会计估计是错误的，则属于会计差错，按会计差错更正的会计处理办法进行处理。

三、会计估计变更的会计处理

企业对会计估计变更应当采用未来适用法处理，即在会计估计变更当期及以后期间采用新的会计估计而不改变以前期间的会计估计，也不调整以前期间的报告结果。

第一，会计估计变更仅影响变更当期的，其影响数应当在变更当期予以确认。例如，企业原按应收账款余额的5%提取坏账准备，由于企业不能收回应收账款的比例已达10%，则企业改按应收账款余额的10%提取坏账准备。这类会计估计的变更，只影响变更当期，因此，应于变更当期确认。

第二，既影响变更当期又影响未来期间的，其影响数应当在变更当期和未来期间予以确认。例如，企业的某项可计提折旧的固定资产，其有效使用年限或预计净残值的估计发生的变更，常常影响变更当期及资产以后使用年限内各个期间的折旧费用，这类会计估计的变更，应于变更当期及以后各期确认。

会计估计变更的影响数应计入变更当期与前期相同的项目中。为了保证不同期间的财务报表具有可比性，如果以前期间的会计估计变更的影响数计入企业日常经营活动损益，则以后期间也应计入日常经营活动损益；如果以前期间的会计估计变更的影响数计入特殊项目中，则以后期间也应计入特殊项目。

【例3-5】红星公司有一台管理用设备，原始价值为81 000元，预计使用寿命为8年，净残值为1 000元，自2009年1月1日起按直线法计提折旧。2013年1月，由于新技术的发展等原因，需要对原预计使用寿命和净残值做出修正，修改后的预计使用寿命为6年，净残值为2 000元。假定税法允许按变更后的折旧额在税前扣除。

1.分析：

红星公司对上述会计估计变更的处理如下：（1）不调整以前各期折旧，也不计算累积影响数；（2）变更日以后发生的经济业务改按新估计使用寿命提取折旧。

2.计算：

按原估计，每年折旧额为10 000元，已提折旧4年，共计40 000元，固定资产净值为41 000元，则第5年相关科目年初余额见表3-4。

表3-4　**第5年相关科目年初余额表**　单位：元

项　目	金　额
固定资产	81 000
减：累计折旧	40 000
固定资产净值	41 000

改变估计使用寿命后，2013年1月1日起每年计提的折旧费用为19 500元（（41 000-2 000）÷（6-4））。2013年不必对以前年度已提折旧进行调整，只需按重新预计的尚可使用寿命和净残值计算确定的年折旧费用。

3.编制会计分录如下：

借：管理费用　　19 500

　　贷：累计折旧　　19 500

第三，企业应当正确划分会计政策变更和会计估计变更，并按不同的方法进行相关会计处理。企业通过判断会计政策变更和会计估计变更的划分基础仍然难以对某项变更进行区分的，应当将其作为会计估计变更处理。

四、会计估计变更的披露

企业应当在附注中披露与会计估计变更有关的下列信息：

（1）会计估计变更的内容和原因。包括变更的内容、变更日期，以及为什么要对会计估计进行变更。

（2）会计估计变更对当期和未来期间的影响数。包括会计估计变更对当期和未来期间损益的影响金额以及对其他各项目的影响金额。

（3）会计估计变更的影响数不能确定的，披露这一事实和原因。

【例3-6】沿用【例3-5】，应在财务报表附注中作如下说明：

本公司一台管理用设备，原始价值为81 000元，原预计使用寿命为8年，预计净残值为1 000元，按直线法计提折旧。由于新技术的发展，该设备已不能按原预计使用寿命计提折旧，本公司于2013年初变更该设备的使用寿命为6年，预计净残值为2 000元，以反映该设备的真实耐用寿命和净残值。此估计变更影响本年度净利润减少数为7 125元（（19 500-10 000）×（1-25%））。

第三节 前期差错及其更正

一、前期差错概述

前期差错，是指由于没有运用或错误运用下列两种信息，而对前期财务报表造成省略或错报：（1）编报前期财务报表时预期能够取得并加以考虑的可靠信息；（2）前期财务报告批准报出时能够取得的可靠信息。前期差错通常包括计算错误、应用会计政策错误、疏忽或曲解事实、舞弊，以及存货、固定资产盘盈等。没有运用或错误运用上述两种信息而形成前期差错的情形主要有：

（1）计算以及账户分类错误。例如，企业购入的五年期国债，意图长期持有，但在记账时记入了交易性金融资产，导致账户分类上的错误，并导致在资产负债表上流动资产和非流动资产的分类也有误。

（2）采用法律、行政法规或者国家统一的会计制度等不允许的会计政策。例如，按照《企业会计准则第17号——借款费用》的规定，为购建固定资产的专门借款而发生的借款费用，满足一定条件的，在固定资产达到预定可使用状态前发生的，应予资本化，计入所购建固定资产的成本；在固定资产达到预定可使用状态后发生的，计入当期损益。如果企业固定资产已达到预定可使用状态后发生的借款费用，也计入该固定资产的价值，予以资本化，则属于采用法律、行政法规或者国家统一的会计制度等不允许的会计政策。

（3）对事实的疏忽或曲解，以及舞弊。例如，企业对某项建造合同应按建造合同规定的方法确认营业收入，但该企业却按确认商品销售收入的原则确认收入。

（4）在期末对应计项目与递延项目未予调整。例如，企业应在本期摊销的费用在期末未予摊销。

（5）漏记已完成的交易。例如，企业销售一批商品，商品已经发出，开出增值税专用发票，商品销售收入确认条件均已满足，但企业在期末时未将已实现的销售收入入账。

（6）提前确认尚未实现的收入或不确认已实现的收入。例如，在采用委托代销商品的销售方式下，应以收到代销单位的代销清单时，确认商品销售收入的实现，如果企业在发出委托代销商品时即确认为收入，则为提前确认尚未实现的收入。

需要注意的是，就会计估计的性质来说，它是个近似值，随着更多信息的获得，估计可能需要进行修正，但是会计估计变更不属于前期差错更正。

二、前期差错更正的会计处理

如果财务报表项目的遗漏或错误表述可能影响财务报表使用者根据财务报表所做出的经济决策，则该项目的遗漏或错误是重要的。重要的前期差错，是指足以影响财务报表使用者对企业财务状况、经营成果和现金流量做出正确判断的前期差错。不重要的前期差错，是指不足以影响财务报表使用者对企业财务状况、经营成果和现金流量做出正确判断的会计差错。

前期差错的重要性取决于在相关环境下对遗漏或错误表述的规模和性质的判断。前期差错所影响的财务报表项目的金额或性质，是判断该前期差错是否具有重要性的决定性因素。一般来说，前期差错所影响的财务报表项目的金额越大、性质越严重，其重要性水平越高。

企业应当采用追溯重述法更正重要的前期差错，但确定前期差错累积影响数不切实可行的除外。追溯重述法，是指在发现前期差错时，视同该项前期差错从未发生过，从而对财务报表相关项目进行更正的方法。

（一）不重要的前期差错的会计处理

对于不重要的前期差错，企业不需调整财务报表相关项目的期初数，但应调整发现当期与前期相同的相关项目。属于影响损益的，应直接计入本期与上期相同的净损益项目，采用未来适用法更正。

【例3-7】红星公司在2013年12月31日发现，一台价值8 400元的管理用设备，应计入固定资产，并于2012年1月1日开始计提折旧，但在2012年计入了当期费用。该公司固定资产折旧采用直线法，该资产估计使用年限为4年，假设不考虑净残值因素。则在2013年12月31日更正此差错的会计分录为：

借：固定资产	8 400	
贷：管理费用		4 200
累计折旧		4 200

假设该项差错直到2016年1月后才发现，则不需要做任何分录，因为该项差错已经抵销了。

（二）重要的前期差错的会计处理

对于重要的前期差错，企业应当在其发现当期的财务报表中，调整前期比较数据。具体地说，企业应当在重要的前期差错发现当期的财务报表中，通过下述处理对其进行追溯更正：

（1）追溯重述差错发生期间列报的前期比较金额。

（2）如果前期差错发生在列报的最早前期之前，则追溯重述列报的最早前期的资产、负债和所有者权益相关项目的期初余额。

对于发生的重要的前期差错，如果影响损益，应将其对损益的影响数调整发现当期的期初留存收益，财务报表其他相关项目的期初数也应一并调整；如果不影响损益，应调整财务报表相关项目的期初数。

在编制比较财务报表时，对于比较财务报表期间的重要的前期差错，应调整各期间的净损益和其他相关项目，视同该差错在产生的当期已经更正；对于比较财务报表期间以前的重要的前期差错，应调整比较财务报表最早期间的期初留存收益，财务报表其他相关项目的数字也应一并调整。

确定前期差错影响数不切实可行的，可以从可追溯重述的最早期间开始调整留存收益的期初余额，财务报表其他相关项目的期初余额也应当一并调整，也可以采用未来适用法。当企业确定前期差错对列报的一个或者多个前期比较信息的特定期间的累积影响数不切实可行时，应当追溯重述切实可行的最早期间的资产、负债和所有者权益相关项目的期初余额（可能是当期）；当企业在当期期初确定前期差错对所有前期的累积影响数不切实可行时，应当从确定前期差错影响数切实可行的最早日期开始采用未来适用法追溯重述比较信息。

需要注意的是，为了保证经营活动的正常进行，企业应当建立健全内部稽核制度，保证会计资料的真实、完整。但是，在日常会计核算中也可能由于各种原因造成会计差错，如抄写差错、可能对事实的疏忽和误解，以及对会计政策的误用。企业发现会计差错时，应当根据差错的性质及时纠正。对于当期发现的、属于当期的会计差错，应调整本期相关项目。例如，企业将本年度在建工程人员的工资计入了管理费用，则应将计入管理费用的在建工程人员工资调整计入工程成本。对于年度资产负债表日至财务报告批准报出日之间发现的报告年度的会计差错及报告年度前不重要的前期差错，应按照《企业会计准则第29号——资产负债表日后事项》的规定进行处理。

【例3-8】2013年红星公司发现，2012年公司漏记一项固定资产的折旧费用200 000元，所得税申报表中未扣除该项费用。假设2012年适用的企业所得税税率为25%，无其他纳税调整事项。该公司按净利润的10%、5%提取法定盈余公积和任意盈余公积。公司发行股票份额为1 800 000股。

1.分析前期差错的影响数

2012年少计折旧费用200 000元；多计所得税费用50 000元（200 000×25%）；多计净利润150 000元；多计应交税费50 000元（200 000×25%）；多提法定盈余公积和任意盈余公积15 000元（150 000×10%）和7 500元（150 000×5%）。

2.编制有关项目的调整分录

（1）补提折旧：

借：以前年度损益调整　　200 000

　　贷：累计折旧　　200 000

（2）调整应交所得税：

借：应交税费——应交所得税　　50 000

　　贷：以前年度损益调整　　50 000

（3）将“以前年度损益调整”科目余额转入利润分配：

借：利润分配——未分配利润　　150 000

　　贷：以前年度损益调整　　150 000

（4）调整利润分配有关数字：

借：盈余公积　　22 500

　　贷：利润分配——未分配利润　　22 500

3.财务报表调整和重述（财务报表略）

红星公司在列报2013年财务报表时，应调整2013年资产负债表有关项目的年初余额、利润表有关项目及所有者权益变动表的上年金额。

（1）资产负债表项目的调整：

调减固定资产200 000元；调减应交税费50 000元；调减盈余公积22 500元；调减未分配利润127 500元。

（2）利润表项目的调整：

调增营业成本上年金额200 000元；调减所得税费用上年金额50 000元；调减净利润上年金额150 000元；调减基本每股收益上年金额0.0833元。

（3）所有者权益变动表项目的调整：

调减前期差错更正项目中盈余公积上年金额22 500元，未分配利润上年金额127 500元，所有者权益合计上年金额150 000元。

三、前期差错更正中所得税的会计处理

1.应交所得税的调整

按税法规定执行。具体来说，当会计准则和税法对涉及的损益类调整事项处理的口径相同时，则应考虑应交所得税和所得税费用的调整；当会计准则和税法对涉及的损益类调整事项处理的口径不同时，则不应考虑应交所得税的调整。

2.递延所得税资产和递延所得税负债的调整

若调整事项涉及暂时性差异，则应调整递延所得税资产或递延所得税负债。

四、前期差错更正的披露

企业应当在附注中披露与前期差错更正有关的下列信息：

1.前期差错的性质。

2.各个列报前期财务报表中受影响的项目名称和更正金额。

3.无法进行追溯重述的，说明该事实和原因以及对前期差错开始进行更正的时点、具体更正情况。

在以后期间的财务报表中，不需要重复披露在以前期间的附注中已披露的前期差错更正的信息。

【例3-9】沿用【例3-8】，应在财务报表附注中作如下说明：

本年度发现2012年漏记固定资产折旧200 000元，在编制2012年与2013年比较财务报表时，已对该项差错进行了更正。更正后，调减2012年净利润及留存收益150 000元，调增累计折旧200 000元。

【章末练习】

1.某公司于2010年年末购入一台管理用设备并投入使用，入账价值为403 000元，预计使用寿命为10年，预计净残值为3 000元，自2011年1月1日起按年限平均法计提折旧。2015年初，由于技术进步等原因，公司将该设备预计使用寿命变更为6年，预计净残值变更为1 000元。适用的企业所得税税率为25%，税法允许按照变更后的折旧额在税前扣除。

要求：计算该项变更对2015年度净利润的影响金额。

2.甲公司2014年7月自行研发完成一项专利权，并于当月投入使用，实际开发阶段支出8 800万元（符合资本化条件），确认为无形资产，按直线法摊销，预计净残值为0。2015年5月检查发现，会计人员将本应为8年的摊销期限错误地估计为10年，2014年企业所得税申报时已按相关成本费用的150%进行税前扣除。税法规定的摊销期限、摊销方法、预计净残值与会计规定相同。企业所得税税率为25%，按净利润10%计提盈余公积。假定税法允许其调整企业所得税税额，不考虑其他因素。

要求：针对此项前期差错进行账务处理。

3.甲公司企业所得税税率25%，采用资产负债表债务法核算。2007年10月甲公司以1 200万元购入乙上市公司的股票，作为短期投资，期末按成本法计价。甲公司从2008年1月1日起，执行新准则，并按照新准则的规定，将上述短期投资划分为交易性金融资产，2007年末该股票公允价值为1 000万元。

要求：计算该会计政策变更对甲公司2008年的期初留存收益的影响金额。

第四章 资产负债表日后事项

在学习和理解本章内容时，应重点关注：

（1）资产负债表日后事项的定义。资产负债表日后事项是指资产负债表日至财务报告批准报出日之间发生的有利或不利但对报表使用者有重要影响的事项。

（2）调整事项与非调整事项的区别。

（3）调整事项的内容及其会计处理方法。

（4）非调整事项的内容及其会计处理方法。

除了学习本章节的内容外，还应当认真阅读《企业会计准则第29号——资产负债表日后事项》及相关解释。

第一节 资产负债表日后事项概述

一、资产负债表日后事项的定义

资产负债表日后事项，是指资产负债表日至财务报告批准报出日之间发生的有利或不利事项。理解这一定义，需要注意以下三个方面：

（一）资产负债表日

资产负债表日是指会计年度末和会计中期期末。中期是指短于一个完整的会计年度的报告期间，包括半年度、季度和月度。按照《会计法》规定，我国会计年度采用公历年度，即1月1日至12月31日。因此，年度资产负债表日是指每年的12月31日；中期资产负债表日是指各会计中期期末。例如，提供第一季度财务报告时，资产负债表日是该年度的3月31日；提供半年度财务报告时，资产负债表日是该年度的6月30日。

如果母公司或者子公司在国外，无论该母公司或子公司如何确定会计年度和会计中期，其向国内提供的财务报告都应根据我国《会计法》和企业会计准则的要求确定资产负债表日。

（二）财务报告批准报出日

财务报告批准报出日是指董事会或类似机构批准财务报告报出的日期，通常是指对财务报告的内容负有法律责任的单位或个人批准财务报告对外公布的日期。

财务报告的批准者包括所有者、所有者中的多数、董事会或类似的管理单位、部门和个人。根据《公司法》规定，董事会有权制订公司的年度财务预算方案、决算方案、利润分配方案和弥补亏损方案，因此，公司制企业的财务报告批准报出日是指董事会批准财务报告报出的日期。对于非公司制企业，财务报告批准报出日是指经理（厂长）会议或类似机构批准财务报告报出的日期。

（三）有利事项和不利事项

资产负债表日后事项包括有利事项和不利事项。“有利或不利事项”的含义是指，资产负债表日后事项肯定对企业财务状况和经营成果具有一定影响（既包括有利影响也包括不利影响）。如果某些事项的发生对企业并无任何影响，那么这些事项既不是有利事项，也不是不利事项，也就不属于这里所说的资产负债表日后事项。

对于资产负债表日后的有利或不利事项，其会计处理原则是相同的。如果属于调整事项，则对有利和不利的调整事项均应进行处理，并调整报告年度或报告中期的财务报表；如果属于非调整事项，则对有利和不利非调整事项均应在报告年度或报告中期的附注中进行披露。

二、资产负债表日后事项涵盖的期间

资产负债表日后事项涵盖的期间是自资产负债表日次日起至财务报告批准报出日止的一段时间。对上市公司而言，这一期间内涉及几个日期，包括完成财务报告编制日、注册会计师出具审计报告日、董事会批准财务报告可以对外公布日和实际对外公布日等。具体而言，资产负债表日后事项涵盖的期间应当包括：

1.报告年度次年的1月1日或报告期间下一期间的第一天至董事会或类似机构批准财务报告对外公布的日期。

2.财务报告批准报出以后、实际报出之前又发生与资产负债表日后事项有关的事项，并由此影响财务报告对外公布日期的，应以董事会或类似机构再次批准财务报告对外公布的日期为截止日期。

如果公司管理层由此修改了财务报表，注册会计师应当根据具体情况实施必要的审计程序并针对修改后的财务报表出具新的审计报告。

【例4-1】某上市公司2013年的年度财务报告于2014年2月20日编制完成，注册会计师完成年度财务报表审计工作并签署审计报告的日期为2014年4月16日，董事会批准财务报告对外公布的日期为2014年4月17日，财务报告实际对外公布的日期为2014年4月23日，股东大会召开日期为2014年5月10日。

根据资产负债表日后事项涵盖期间的规定，本例中，该公司2013年年报资产负债表日后事项涵盖的期间为2014年1月1日至2014年4月17日。如果在4月17日至23日之间发生了重大事项，需要调整财务报表相关项目的数字或需要在财务报表附注中披露，经调整或说明后的财务报告再经董事会批准报出的日期为2014年4月25日，实际报出的日期为2014年4月30日，则资产负债表日后事项涵盖的期间为2014年1月1日至2014年4月25日。

三、资产负债表日后事项的内容

资产负债表日后事项包括资产负债表日后调整事项（以下简称“调整事项”）和资产

负债表日后非调整事项（以下简称“非调整事项”）。

（一）调整事项

资产负债表日后调整事项，是指对资产负债表日已经存在的情况提供了新的或进一步证据的事项。

如果资产负债表日及所属会计期间已经存在某种情况，但当时并不知道其存在或者不能知道确切结果，资产负债表日后发生的事项能够证实该情况的存在或者确切结果，则该事项属于资产负债表日后事项中的调整事项。调整事项能对资产负债表日的存在情况提供追加的证据，并会影响编制财务报表过程中的内在估计。

企业发生的资产负债表日后调整事项，通常包括下列各项：（1）资产负债表日后诉讼案件结案，法院判决证实了企业在资产负债表日已经存在现时义务，需要调整原先确认的与该诉讼案件相关的预计负债，或确认一项新负债；（2）资产负债表日后取得确凿证据，表明某项资产在资产负债表日发生了减值或者需要调整该项资产原先确认的减值金额；（3）资产负债表日后进一步确定了资产负债表日前购入资产的成本或售出资产的收入；（4）资产负债表日后发现了财务报表舞弊或差错。

【例4-2】三新公司因产品质量问题被消费者起诉。2014年12月31日法院尚未判决，考虑到消费者胜诉要求甲公司赔偿的可能性较大，三新公司为此确认了500万元的预计负债。2015年2月20日，在甲公司2014年度财务报告对外报出之前，法院判决消费者胜诉，要求三新公司支付赔偿款700万元。

本例中，三新公司在2014年12月31日结账时已经知道消费者胜诉的可能性较大，但不知道法院判决的确切结果，因此确认了500万元的预计负债。2015年2月20日法院判决结果为甲公司预计负债的存在提供了进一步的证据。此时，按照2014年12月31日存在状况编制的财务报表所提供的信息已不能真实反映企业的实际情况，应据此对财务报表相关项目的数字进行调整。

（二）非调整事项

资产负债表日后非调整事项，是指表明资产负债表日后发生的情况的事项。非调整事项的发生不影响资产负债表日企业的财务报表数字，只说明资产负债表日后发生了某些情况。对于财务报告使用者而言，非调整事项说明的情况有的重要，有的不重要。其中重要的非调整事项虽然不影响资产负债表日的财务报表数字，但可能影响资产负债表以后的财务状况和经营成果，不加以说明将会影响财务报告使用者做出正确估计和决策，因此需要适当披露。

企业发生的资产负债表日后非调整事项，通常包括下列各项：（1）资产负债表日后发生重大诉讼、仲裁、承诺；（2）资产负债表日后资产价格、税收政策、外汇汇率发生重大变化；（3）资产负债表日后因自然灾害导致资产发生重大损失；（4）资产负债表日后发行股票、债券和其他巨额举债；（5）资产负债表日后资本公积转增资本；（6）资产负债表日后发生巨额亏损；（7）资产负债表日后发生企业合并或处置子公司。

【例4-3】三新公司2014年度财务报告于2015年3月20日经董事会批准对外公布。

2015年2月27日，三新公司与银行签订了5 000万元的贷款合同，用于生产项目的技术改造，贷款期限自2015年3月1日起至2016年12月31日止。

本例中，甲公司向银行贷款的事项发生在2015年度，且在公司2014年度财务报告尚未批准对外公布的期间内，即该事项发生在资产负债表日后事项所涵盖的期间内。该事项在2014年12月31日尚未发生，与资产负债表日存在的状况无关，不影响资产负债表日企业的财务报表数字。但是，该事项属于重要事项，会影响公司以后期间的财务状况和经营成果，因此，需要在附注中予以披露。

（三）调整事项与非调整事项的区别

资产负债表日后发生的某一事项究竟是调整事项还是非调整事项，取决于该事项表明的情况在资产负债表日或资产负债表日以前是否已经存在。若该情况在资产负债表日或之前已经存在，则属于调整事项；反之，则属于非调整事项。

【例4-4】三新公司2014年10月向红星公司出售原材料2 000万元，根据销售合同，红星公司应在收到原材料后3个月内付款。至2014年12月31日，乙公司尚未付款。假定甲公司在编制2014年度财务报告时有两种情况：（1）2014年12月31日甲公司根据掌握的资料判断，红星公司有可能破产清算，估计该应收账款将有20%无法收回，故按20%的比例计提坏账准备；2015年1月20日，三新公司收到通知，红星公司已被宣告破产清算，三新公司估计有70%的债权无法收回。（2）2014年12月31日红星公司的财务状况良好，三新公司预计应收账款可按时收回；2015年1月20日，红星公司发生重大火灾，导致三新公司50%的应收账款无法收回。2015年3月15日，三新公司的财务报告经批准对外公布。

本例中的两种情况：（1）导致三新公司应收账款无法收回的事实是红星公司财务状况恶化，该事实在资产负债表日已经存在，红星公司宣告破产只是证实了资产负债表日红星公司财务状况恶化的情况。因此，红星公司破产导致三新公司应收款项无法收回的事项属于调整事项。（2）导致三新公司应收账款损失的因素是火灾，火灾是不可预计的，应收账款发生损失这一事实在资产负债表日以后才发生。因此，红星公司发生火灾导致三新公司应收款项发生坏账的事项属于非调整事项。

（四）表明持续经营假设不再适用的事项

通常情况下，企业会计确认、计量和报告应当以持续经营为前提。如果资产负债表日后事项表明持续经营假设不再适用的，企业不应当在持续经营基础上编制财务报表，即企业不得在原有基础上调整会计报表金额，也不得仅仅在会计报表附注中做出说明。例如，某企业在资产负债表日后被法院宣告破产清算，这一事项表明该企业已不能再持续经营，对外提供的财务报表也不能再在持续经营的基础上编制。

在理解资产负债表日后事项的会计处理时，还需要明确以下两个问题：

第一，如何确定资产负债表日后某一事项是调整事项还是非调整事项，是对资产负债表日后事项进行会计处理的关键。调整和非调整事项是一个广泛的概念，就事项本身而言可以有各种各样的性质，只要符合企业会计准则中对这两类事项的判断原则即可。另外，同一性质的事项可能是调整事项，也可能是非调整事项，这取决于该事项表明的情况是在资产负债表日或资产负债表日以前已经存在或发生还是在资产负债表日后才发生的。

第二，企业会计准则以列举的方式说明了资产负债表日后事项中，哪些属于调整事项，哪些属于非调整事项，但并没有列举详尽。在实务中，会计人员应按照资产负债表日后事项的判断原则，确定资产负债表日后发生的事项中哪些属于调整事项，哪些属于非调整事项。

第二节 资产负债表日后调整事项的会计处理

一、资产负债表日后调整事项的处理原则

企业发生的资产负债表日后调整事项，应当调整资产负债表日的财务报表。对于年度财务报告而言，由于资产负债表日后事项发生在报告年度的次年，报告年度的有关账目已经结转，特别是损益类科目在结账后已无余额。因此，年度资产负债表日后发生的调整事项，应具体分别以下情况进行处理：

1.涉及损益的事项，通过“以前年度损益调整”科目核算。调整增加以前年度利润或调整减少以前年度亏损的事项，记入“以前年度损益调整”科目的贷方；调整减少以前年度利润或调整增加以前年度亏损的事项，记入“以前年度损益调整”科目的借方。

涉及损益的调整事项，如果发生在资产负债表日所属年度（即报告年度）所得税汇算清缴前的，应调整报告年度应纳税所得额、应纳所得税税额；如果发生在报告年度所得税汇算清缴后的，应调整本年度（即报告年度的次年）应纳所得税税额。

由于以前年度损益调整增加的所得税费用，记入“以前年度损益调整”科目的借方，同时贷记“应交税费——应交所得税”等科目；由于以前年度损益调整减少的所得税费用，记入“以前年度损益调整”科目的贷方，同时借记“应交税费——应交所得税”等科目。

调整完成后，将“以前年度损益调整”科目的贷方或借方余额，转入“利润分配——未分配利润”科目。

2.涉及利润分配调整的事项，直接在“利润分配——未分配利润”科目核算。

3.不涉及损益及利润分配的事项，调整相关科目。

4.通过上述账务处理后，还应同时调整财务报表相关项目的数字，包括：（1）资产负债表日编制的财务报表相关项目的期末数或本年发生数；（2）当期编制的财务报表相关项目的期初数或上年数；（3）经过上述调整后，如果涉及报表附注内容的，还应当调整报表附注相关项目的数字。

二、资产负债表日后调整事项的具体会计处理方法

为简化处理，如无特殊说明，本章所有的例子均假定如下：财务报告批准报出日是次年3月31日，企业所得税税率为25%，按净利润的10%提取法定盈余公积，提取法定盈余公积后不再作其他分配；调整事项按税法规定均可调整应交纳的所得税；涉及递延所得税资产的，均假定未来期间很可能取得用来抵扣暂时性差异的应纳税所得额；不考虑报表附

注中有关现金流量表项目的数字。

（一）资产负债表日后诉讼案件结案，法院判决证实了企业在资产负债表日已经存在现时义务，需要调整原先确认的与该诉讼案件相关的预计负债，或确认一项新负债

这一事项是指导致诉讼的事项在资产负债表日已经发生，但尚不具备确认负债的条件而未确认，资产负债表日后至财务报告批准报出日之间获得了新的或进一步的证据（法院判决结果），表明符合负债的确认条件，因此应在财务报告中确认为一项新负债；或者在资产负债表日虽已确认，但需要根据判决结果调整已确认负债的金额。

【例4-5】A公司与B公司签订一项销售合同，合同中订明A公司应在2×12年10月销售给B公司一批物资。由于A公司未能按照合同发货，致使B公司发生重大经济损失。2×12年12月，B公司将A公司告上法庭，要求A公司赔偿500万元。2×12年12月31日法院尚未判决，A公司按《企业会计准则第13号——或有事项》对该诉讼事项确认预计负债400万元。2×13年2月15日，经法院判决A公司应赔偿B公司450万元，A、B双方均服从判决。判决当日，A公司向B公司支付赔偿款450万元。A、B两公司2×12年所得税汇算清缴均在2×13年3月25日完成（假定该项预计负债产生的损失不允许在预计时税前抵扣，只有在损失实际发生时，才允许税前抵扣）。公司适用的企业所得税税率为25%。

本例中，2×13年2月15日的判决证实了A、B两公司在资产负债表日（即2×12年12月31日）分别存在现实赔偿义务和获赔权利，因此两公司都应将"法院判决"这一事项作为调整事项进行处理。A公司和B公司2×12年所得税汇算清缴均在2×13年3月25日完成，因此，应根据法院判决结果调整报告年度应纳税所得额和应纳所得税税额。

A公司的账务处理如下：

（1）2×13年2月15日，记录支付的赔款，并调整递延所得税资产：

借：以前年度损益调整	500 000	
贷：其他应付款		500 000
借：应交税费——应交所得税	125 000	
贷：以前年度损益调整（500 000×25%）		125 000
借：应交税费——应交所得税（4 000 000×25%）	1 000 000	
贷：以前年度损益调整		1 000 000
借：以前年度损益调整	1 000 000	
贷：递延所得税资产		1 000 000
借：预计负债	4 000 000	
贷：其他应付款		4 000 000
借：其他应付款	4 500 000	
贷：银行存款		4 500 000

注：①资产负债表日后事项如果涉及货币资金收支项目，均不调整报告年度资产负债表的货币资金项目和现金流量表各项目的数字。本例中，虽然当日已经支付了赔偿款，但在调整财务报表相关数字时

只需调整上述前五笔分录，第六笔分录应作为2×13年的会计事项处理。

②2×12年末因确认预计负债400万元时已确认相应的递延所得税资产，资产负债表日后事项发生后递延所得税资产不复存在，故应冲销相应记录。

（2）将“以前年度损益调整”科目余额转入未分配利润：

借：利润分配——未分配利润　　375 000

　　贷：以前年度损益调整　　375 000

（3）因净利润变动，调整盈余公积：

借：盈余公积（375 000×10%）　　37 500

　　贷：利润分配——未分配利润　　37 500

（4）调整报告年度报表：

①资产负债表项目的调整。调减递延所得税资产100万元；调增其他应付款450万元，调减应交税费112.5万元，调减预计负债400万元；调减盈余公积3.75万元，调减未分配利润33.75万元。

②利润表项目的调整。调增营业外支出50万元，调减所得税费用12.5万元，调减净利润37.5万元。

③所有者权益变动表项目的调整。调减净利润37.5万元，调减提取盈余公积3.75万元。

（5）调整2×13年2月份资产负债表相关项目的年初数：

A公司在编制2×13年1月份的资产负债表时，按照调整前2×12年12月31日的资产负债表的数字作为资产负债表的年初数，由于发生了资产负债表日后调整事项，A公司除了调整2×12年年度资产负债表相关项目的数字外，还应当调整2×13年2月份以及1月份资产负债表相关项目的年初数，其年初数按照2×12年12月31日调整后的数字填列。

（二）资产负债表日后取得确凿证据，表明某项资产在资产负债表日发生了减值或者需要调整该项资产原先确认的减值金额

这一事项是指在资产负债表日，根据当时的资料判断某项资产可能发生了损失或减值，但没有最后确定是否会发生，因而按照当时的最佳估计金额反映在财务报表中；但在资产负债表日至财务报告批准报出日之间，所取得的确凿证据能证明该事实成立，即某项资产已经发生了损失或减值，则应对资产负债表日所做的估计予以修正。

【例4-6】A公司2×12年7月销售给B公司一批产品，货款为200万元（含增值税）。B公司于8月份收到所购物资并验收入库。按合同规定，B公司应于收到所购物资后3个月内付款。由于B公司财务状况不佳，到2×12年12月31日仍未付款。A公司于12月31日编制2×12年财务报表时，已为该项应收账款提取坏账准备10万元。2×12年12月31日资产负债表上“应收账款”项目的金额为300万元，其中190万元为该项应收账款。A公司于2×13年1月30日（所得税汇算清缴前）收到法院通知，B公司已宣告破产清算，无力偿还所欠部分货款，A公司预计可收回应收账款的50%。适用的企业所得税税率为25%。

本例中，根据资产负债表日后事项的判断原则，A公司在收到法院通知后，首先可判断该事项属于资产负债表日后调整事项。A公司原对应收B公司账款提取了10万元的坏账准备，按照新的证据应提取的坏账准备为100万元（200×50%），差额90万元应当调整2×12年度财务报表相关项目的数字。A公司的账务处理如下：

（1）补提坏账准备：

应补提的坏账准备=2 000 000×50%-100 000=900 000（元）

借：以前年度损益调整　　900 000

　　贷：坏账准备　　900 000

（2）调整递延所得税资产：

借：递延所得税资产　　225 000

　　贷：以前年度损益调整（900 000×25%）　　225 000

（3）将“以前年度损益调整”科目的余额转入利润分配：

借：利润分配——未分配利润　　675 000

　　贷：以前年度损益调整　　675 000

（4）调整利润分配有关数字：

借：盈余公积　　67 500

　　贷：利润分配——未分配利润（675 000×10%）　　67 500

（5）调整报告年度财务报表相关项目的数字（财务报表略）：

①资产负债表项目的调整。调减应收账款净值90万元，调增递延所得税资产22.5万元；调减盈余公积6.75万元，调减未分配利润60.75万元。

②利润表项目的调整。调增资产减值损失90万元，调减所得税费用22.5万元，调减净利润67.5万元。

③所有者权益变动表项目的调整。调减净利润67.5万元，调减提取盈余公积6.75万元。

（三）资产负债表日后进一步确定了资产负债表日前购入资产的成本或售出资产的收入

这类调整事项包括两个方面的内容：（1）若资产负债表日前购入的资产已经按暂估金额等入账，资产负债表日后获得证据，可以进一步确定该资产的成本，则应对已入账的资产成本进行调整。例如，购建固定资产已达到预定可使用状态，但尚未办理竣工决算，企业已按估计价值入账；资产负债表日后办理决算，再根据竣工决算的金额调整暂估入账的固定资产成本等。（2）企业在资产负债表日已根据收入确认条件确认资产销售收入，但资产负债表日后获得关于资产收入的进一步证据，如发生销售退回等，此时也应调整财务报表相关项目的金额。需要说明的是，资产负债表日后发生的销售退回，既包括报告年度或报告中期销售的商品在资产负债表日后发生的销售退回，也包括以前期间销售的商品在资产负债表日后发生的销售退回。

资产负债表所属期间或以前期间所售商品在资产负债表日后退回的，应作为资产负债表日后调整事项处理。发生于资产负债表日后至财务报告批准报出日之间的销售退回事项，可能发生于年度所得税汇算清缴之前，也可能发生于年度所得税汇算清缴之后，其会计处理分别为：

1.涉及报告年度所属期间的销售退回发生于报告年度所得税汇算清缴之前的，应调整报告年度利润表的收入、成本等，并相应调整报告年度的应纳税所得额和报告年度应缴的所得税等。

【例4-7】A公司2×12年10月10日销售一批商品给B公司，取得收入100万元（不含税，增值税税率17%）。A公司发出商品后，按照正常情况已确认收入，并结转成本80万元。2×12年12月31日，该笔货款尚未收到，A公司对应收账款计提了坏账准备5万元。2×13年1月20日，由于产品质量问题，本批货物被退回。假定本年度除应收B公司账款计提的坏账准备外，无其他纳税调整事项，A公司于2×13年2月25日完成2×12年所得税汇算清缴。

本例中，销售退回业务发生在资产负债表日后事项涵盖期间内，属于资产负债表日后调整事项。由于销售退回发生在报告年度所得税汇算清缴之前，因此在所得税汇算清缴时，应扣除该部分销售退回所实现的应纳税所得额。

A公司的账务处理如下：

（1）2×13年1月20日，调整销售收入：

借：以前年度损益调整	1 000 000	
应交税费——应交增值税（销项税额）	170 000	
贷：应收账款		1 170 000

（2）调整坏账准备余额：

借：坏账准备	50 000	
贷：以前年度损益调整		50 000

（3）调整销售成本：

借：库存商品	800 000	
贷：以前年度损益调整		800 000

（4）调整应缴纳的所得税：

借：应交税费——应交所得税	50 000*	
贷：以前年度损益调整		50 000

注：50 000=（1 000 000−800 000）×25%

（5）调整已确认的递延所得税资产：

借：以前年度损益调整	12 500*	
贷：递延所得税资产		12 500

注：12 500=50 000×25%

（6）将“以前年度损益调整”科目的余额转入利润分配：

借：利润分配——未分配利润	112 500*	

贷：以前年度损益调整　　112 500

注：112 500=1 000 000−800 000−50 000−50 000+12 500

（7）调整盈余公积：

借：盈余公积　　11 250

贷：利润分配——未分配利润（112 500×10%）　　11 250

（8）调整相关财务报表（略）

2.资产负债表日后事项中涉及报告年度所属期间的销售退回发生于报告年度所得税汇算清缴之后，应调整报告年度会计报表的收入、成本等，但按照税法规定在此期间的销售退回所涉及的应缴所得税，应作为本年的纳税调整事项。

【例4−8】沿用【例4−7】，假定销售退回的时间改为2×13年3月10日（即报告年度所得税汇算清缴后）。

A公司的账务处理如下：

（1）2×13年3月10日，调整销售收入：

借：以前年度损益调整　　1 000 000

应交税费——应交增值税（销项税额）　　170 000

贷：应收账款　　1 170 000

（2）调整坏账准备余额：

借：坏账准备　　50 000

贷：以前年度损益调整　　50 000

（3）调整销售成本：

借：库存商品　　800 000

贷：以前年度损益调整　　800 000

（4）调整所得税费用：

借：应交税费——应交所得税　　50 000

贷：所得税费用　　50 000

（5）调整已确认的递延所得税资产：

借：以前年度损益调整　　12 500

贷：递延所得税资产　　12 500

（6）将“以前年度损益调整”科目的余额转入利润分配：

借：利润分配——未分配利润　　162 500

贷：以前年度损益调整　　162 500

（7）调整盈余公积：

借：盈余公积　　16 250

贷：利润分配——未分配利润（162 500×10%）　　16 250

（8）调整相关财务报表（略）。

（四）资产负债表日后发现了财务报表舞弊或差错

这一事项是指资产负债表日后发现报告期或以前期间存在的财务报表舞弊或差错。企业发生这一事项后，应当将其作为资产负债表日后调整事项，调整报告年度的财务报告或中期财务报告相关项目的数字。具体会计处理可以参见第三章“会计政策、会计估计变更和差错更正”。

第三节 资产负债表日后非调整事项的会计处理

一、资产负债表日后非调整事项的处理原则

资产负债表日后发生的非调整事项，是表明资产负债表日后发生的情况的事项，与资产负债表日存在状况无关，不应当调整资产负债表日的财务报表。但有的非调整事项对财务报告使用者具有重大影响，如不加以说明，将不利于财务报告使用者做出正确估计和决策，因此，应在附注中加以披露。

二、资产负债表日后非调整事项的具体会计处理办法

资产负债表日后发生的非调整事项，应当在报表附注中披露每项重要的资产负债表日后非调整事项的性质、内容及其对财务状况和经营成果的影响。无法做出估计的，应当说明原因。

资产负债表日后非调整事项主要有以下几种情况：

（一）资产负债表日后发生重大诉讼、仲裁、承诺

资产负债表日后发生的重大诉讼等事项，对企业影响较大，为防止误导投资者和其他财务报告使用者，应当在报表附注中披露。

（二）资产负债表日后资产价格、税收政策、外汇汇率发生重大变化

资产负债表口后发生的资产价格、税收政策和外汇汇率的重大变化，虽然不会影响资产负债表日财务报表相关项目的数据，但对企业资产负债表日后期间的财务状况和经营成果有重大影响，应当在报表附注中予以披露。

【例4-9】甲公司2×12年8月采用融资租赁方式从美国购入某重型机械设备，租赁合同规定，该重型机械设备的租赁期为15年，年租金40万美元。甲公司在编制2×12年度财务报表时已按2×12年12月31日的汇率对该笔长期应付款进行了折算（假设2×12年12月31日的汇率为1美元兑6.85元人民币）。假设国家规定从2×13年1月1日起进行外汇管理体制改革，外汇管理体制改革后，人民币对美元的汇率发生重大变化。

本例中，甲公司在资产负债表日已经按照当天的资产计量方式进行处理，或按规定的汇率对有关账户进行调整，因此，无论资产负债表日后汇率如何变化，均不影响资产负债表日的财务状况和经营成果。但是，如果资产负债表日后外汇汇率发生重大变化，应对由此产生的影响在报表附注中进行披露。

（三）资产负债表日后因自然灾害导致资产发生重大损失

【例4-10】甲公司2×12年12月购入商品一批，共计8 000万元，至2×12年12月31日该批商品已全部验收入库，货款也已通过银行支付。2×13年1月7日，甲公司所在地发生

水灾，该批商品全部被冲毁。

自然灾害导致资产重大损失对企业资产负债表日后财务状况的影响较大，如果不加以披露，有可能使财务报告使用者做出错误的决策，因此应作为非调整事项在报表附注中进行披露。本例中水灾发生于2×13年1月7日，属于资产负债表日后才发生或存在的事项，应当作为非调整事项在2×12年度报表附注中进行披露。

（四）资产负债表日后发行股票、债券和其他巨额举债

企业发行股票、债券和向银行或非银行金融机构举借巨额债务都是比较重大的事项，虽然这一事项与企业资产负债表日的存在状况无关，但这一事项的披露能使财务报告使用者了解与此有关的情况及可能带来的影响，因此应当在报表附注中进行披露。

（五）资产负债表日后资本公积转增资本

企业以资本公积转增资本将会改变企业的资本（或股本）结构，影响较大，应当在报表附注中进行披露。

（六）资产负债表日后发生巨额亏损

企业资产负债表日后发生巨额亏损将会对企业报告期以后的财务状况和经营成果产生重大影响，应当在报表附注中及时披露该事项，以便为投资者或其他财务报告使用者做出正确决策提供信息。

（七）资产负债表日后发生企业合并或处置子公司

企业合并或者处置子公司的行为可以影响股权结构、经营范围等方面，对企业未来的生产经营活动能产生重大影响，应当在报表附注中进行披露。

（八）资产负债表日后，企业利润分配方案中拟分配的和经审议批准宣告发放的股利或利润

资产负债表日后，企业制订利润分配方案，拟分配或经审议批准宣告发放股利或利润的行为，并不会导致企业在资产负债表日形成现时义务，虽然该事项的发生可导致企业负有支付股利或利润的义务，但支付义务在资产负债表日尚不存在，不应该调整资产负债表日的财务报告，因此，该事项为非调整事项。不过，该事项对企业资产负债表日后的财务状况有较大影响，可能导致现金大规模流出、企业股权结构变动等，为便于财务报告使用者更充分了解相关信息，企业需要在财务报告中适当披露该信息。

【章末练习】

1.红星公司2014年12月31日应收光明公司账款3 000万元，按照当时估计已计提坏账准备300万元。2015年2月20日，红星公司获悉光明公司于2015年2月18日向法院申请破产。红星公司估计应收乙公司账款全部无法收回。红星公司按照净利润的10%提取法定盈余公积，2014年度财务报表于2015年4月20日经董事会批准对外报出。红星公司企业所得税税率为25%。

要求：计算红星公司因该事项2014年12月31日未分配利润减少的金额。

2.2014年12月31日，红星公司对一起未决诉讼确认的预计负债为500万元。2015年3月6日，法院对该起诉讼判决，红星公司应赔偿明光公司300万元；红星公司和明光公司均不再上诉。红星公司的企业所得税税率为25%，2015年3月15日完成所得税的汇算清缴。按净利润的10%提取法定盈余公积，2014年度财务报告批准报出日为2015年3月31日，预计未来期间能够取得足够的应纳税所得额用以抵扣可抵扣暂时性差异。

要求：编制红星公司针对该事项的调整分录。

3. 2015年3月10日，红星公司发现已于2014年出售的产品，遗漏了结转成本，金额是87 000元。红星公司的企业所得税税率为25%，2015年3月1日完成企业所得税的汇算清缴。按净利润的10%提取法定盈余公积，2014年度财务报告批准报出日为2015年3月31日。

要求：编制该会计差错的调整分录。

第五章 租赁

在学习和理解本章内容时，应当重点关注：

（1）租赁的相关概念和分类。企业应当全面考虑租赁期届满时租赁资产所有权是否转移给承租人、承租人是否有购买租赁资产的选择权、租赁期占租赁资产使用寿命的比例等各种因素，在租赁开始日将租赁分为融资租赁和经营租赁。

（2）融资租赁中承租人的会计处理。承租人应当在租赁期开始日将租赁开始日租赁资产公允价值与最低租赁付款额现值两者中较低者作为租入资产的入账价值，将最低租赁付款额作为长期应付款的入账价值，其差额作为未确认融资费用并在租赁期内采用实际利率法分摊。重点应当掌握承租人在租赁期开始日的应付本金的余额是多少，在最后一期支付租金后应付本金的余额还剩多少，应掌握实际利率的确定方法。

（3）融资租赁中出租人的会计处理。出租人应在租赁期开始日将租赁开始日最低租赁收款额与初始直接费用之和作为应收融资租赁款的入账价值，同时记录未担保余值；将最低租赁收款额、初始直接费用及未担保余值之和与其现值之和的差额确认为未实现融资收益，并按实际利率进行摊销。应重点掌握租赁期开始日租赁投资净额是多少，最后一期收回租金后租赁投资净额还有多少没有收回，应掌握出租人的实际利率（即租赁内含利率）的计算方法。

（4）售后租回交易的会计处理。售后租回交易形成融资租赁的，应视同出租人提供资金给承租人并以该项资产作为担保；形成经营租赁的，应当根据交易价格是否公允分别情况处理。

学习本章内容时应当认真阅读《企业会计准则第21号——租赁》及相关指南和解释。

第一节 租赁概述

一、与租赁相关的定义

1.租赁，是指在约定的期间内，出租人将资产使用权让与承租人，以获取租金的协议。租赁的主要特征是转移资产的使用权，而不是转移资产的所有权，并且这种转移是有偿的，取得使用权以支付租金为代价，从而使租赁有别于资产购置和不把资产的使用权从合同的一方转移给另一方的服务性合同，如劳务合同、运输合同、保管合同、仓储合同等和无偿提供使用权的借用合同。

2.租赁期，是指租赁协议规定的不可撤销的租赁期间。如果承租人有权选择续租该资产，并且在租赁开始日就可以合理确定承租人将会行使这种选择权，无论是否再支付租金，续租期也包括在租赁期之内。

3.租赁开始日，是指租赁协议日与租赁各方就主要条款做出承诺日中的较早者。在租赁开始日，承租人和出租人应当将租赁认定为融资租赁或经营租赁，并确定在租赁期开始日应确认的金额。

4.租赁期开始日，是指承租人有权行使其使用租赁资产权利的日期，表明租赁行为的开始。在租赁期开始日，承租人应当对租入资产、最低租赁付款额和未确认融资费用进行初始确认；出租人应当对应收融资租赁款、未担保余值和未实现融资收益进行初始确认。

5.担保余值，就承租人而言，是指由承租人或与其有关的第三方担保的资产余值；就出租人而言，是指就承租人而言的担保余值加上与承租人和出租人均无关、但在财务上有能力担保的第三方担保的资产余值。其中，资产余值是指在租赁开始日估计的租赁期届满时租赁资产的公允价值。为了促使承租人谨慎地使用租赁资产，尽量减少出租人自身的风险和损失，租赁协议有时要求承租人或与其有关的第三方对租赁资产的余值进行担保，此时的担保余值是针对承租人而言的。除此以外，担保人还可能是与承租人和出租人均无关、但在财务上有能力担保的第三方，如担保公司，此时的担保余值是针对出租人而言的。

6.未担保余值，指租赁资产余值中扣除就出租人而言的担保余值以后的资产余值。

对出租人而言，如果租赁资产余值中包含未担保余值，表明这部分余值的风险和报酬并没有转移，其风险应由出租人承担，因此，未担保余值不能作为应收融资租赁款的一部分。

7.最低租赁付款额，是指在租赁期内，承租人应支付或可能被要求支付的款项（不包括或有租金和履约成本），加上由承租人或与其有关的第三方担保的资产余值，但是出租人支付但可退还的税金不包含在内。

承租人有购买租赁资产选择权，所订立的购买价款预计将远低于行使选择权时租赁资产的公允价值，因而在租赁开始日就可以合理确定承租人将会行使这种选择权的，购买价款应当计入最低租赁付款额。

或有租金，是指金额不固定、以时间长短以外的其他因素（如销售量、使用量、物价指数等）为依据计算的租金。

履约成本，是指租赁期内为租赁资产支付的各种使用费用，如技术咨询和服务费、人员培训费、维修费、保险费等。

8.最低租赁收款额，是指最低租赁付款额加上独立于承租人和出租人的第三方对出租人担保的资产余值。

9.初始直接费用，是指在租赁谈判和签订租赁合同的过程中发生的可直接归属于租赁项目的费用。

二、租赁的分类

承租人和出租人应当在租赁开始日将租赁分为融资租赁和经营租赁。企业对租赁进行分类时，应当全面考虑租赁期届满时租赁资产所有权是否转移给承租人、承租人是否有购买租赁资产的选择权、租赁期占租赁资产使用寿命的比例等各种因素。满足下列标准之一的，应认定为融资租赁：

1.在租赁期届满时，资产的所有权转移给承租人。如果在租赁协议中已经约定，或者根据其他条件在租赁开始日就可以合理地判断，租赁期届满时出租人会将资产的所有权转移给承租人，那么该项租赁应当认定为融资租赁。

2.承租人有购买租赁资产的选择权，所订立的购价预计远低于行使选择权时租赁资产的公允价值，因而在租赁开始日就可合理地确定承租人将会行使这种选择权。

例如，出租人和承租人签订了一项租赁协议，租赁期限为3年，租赁期届满时承租人有权以10 000元的价格购买租赁资产，在签订租赁协议时估计该租赁资产租赁期届满时的公允价值为40 000元，由于购买价格仅为公允价值的25%（远低于公允价值40 000元），如果没有特别的情况，承租人在租赁期届满时将会购买该项资产。在这种情况下，在租赁开始日即可判断该项租赁应当认定为融资租赁。

3.租赁期占租赁资产使用寿命的大部分。这里的“大部分”掌握在租赁期占租赁开始日租赁资产使用寿命的75%以上（含75%，下同）。

需要注意的是，这条标准强调的是租赁期占租赁资产使用寿命的比例，而非租赁期占该项资产全部可使用年限的比例。如果租赁资产是旧资产，在租赁前已使用年限超过资产自全新时起算可使用年限的75%以上时，则这条判断标准不适用，不能使用这条标准确定租赁的分类。

例如，某项租赁设备全新时可使用年限为10年，已经使用了3年，从第4年开始租出，租赁期为6年，由于租赁开始时该设备使用寿命为7年，租赁期占使用寿命的85.7%（6年/7年），符合第3条标准，因此，该项租赁应当归类为融资租赁；如果从第4年开始，租赁期为3年，租赁期占使用寿命的42.9%，就不符合第3条标准，因此该项租赁不应认定为融资租赁（假定也不符合其他判断标准）。假如该项设备已经使用了8年，从第9年开始租赁，租赁期为2年，此时，该设备使用寿命为2年，虽然租赁期为使用寿命的100%（2年/2年），但由于在租赁前该设备的已使用年限超过了可使用年限（10年）的75%（8年/10年=80%>75%），因此，也不能采用这条标准来判断租赁的分类。

4.就承租人而言，租赁开始日最低租赁付款额的现值几乎相当于租赁开始日租赁资产公允价值；就出租人而言，租赁开始日最低租赁收款额的现值几乎相当于租赁开始日租赁资产公允价值。这里的“几乎相当于”掌握在90%（含90%）以上。

5.租赁资产性质特殊，如果不作较大修整，只有承租人才能使用。这条标准是指租赁资产是出租人根据承租人对资产型号、规格等方面的特殊要求专门购买或建造的，具有专购、专用性质。这些租赁资产如果不作较大的重新改制，其他企业通常难以使用。在这种情况下，该项租赁也应当认定为融资租赁。

第二节 经营租赁的会计处理

一、承租人对经营租赁的会计处理

(一) 租金的会计处理

在经营租赁下，与租赁资产所有权有关的风险和报酬并没有实质上转移给承租人，承租人不承担租赁资产的主要风险，即该租赁资产对承租人而言，经营租赁资产不是“企业拥有或控制的资源”，不满足资产会计要素的定义，因此不能确定为本企业的资产。承租人对经营租赁的会计处理比较简单，其主要问题是解决应支付的租金与计入当期费用的关系。承租人在经营租赁下发生的租金应当在租赁期内的各个期间按直线法确认为费用；如果其他方法更合理，也可以采用其他方法。

在某些情况下，出租人可能对经营租赁提供激励措施，如免租期、承担承租人某些费用等。在出租人提供免租期的情况下，应将租金总额在整个租赁期内，而不是在租赁期扣除免租期后的期间内按直线法或其他合理的方法进行分摊，免租期内应确认租金费用；在出租人承担了承租人的某些费用的情况下，应将该费用从租金总额中扣除，并将租金余额在租赁期内进行分摊。其会计处理为：确认各期租金费用时，借记“长期待摊费用”等科目，贷记“其他应付款”等科目。实际支付租金时，借记“其他应付款”等科目，贷记“银行存款”、“库存现金”等科目。

此外，为了保证租赁资产的安全和有效使用，承租人应设置“经营租赁资产”备查簿作备查登记，以反映和监督租赁资产的使用、归还和结存情况。

【例5-1】20×6年1月1日，甲公司向乙公司租入办公设备一台，租期为3年。设备价值为2 000 000元，预计使用年限为10年。租赁合同规定，租赁期开始日（20×6年1月1日）甲公司向乙公司一次性预付租金250 000元，第一年年末支付租金100 000元，第二年年末支付租金320 000元，第三年年末支付租金230 000元。租赁期届满后乙公司收回设备，3年的租金总额为900 000元（假定甲公司和乙公司均在年末确认租金费用和租金收入，并且不存在租金逾期支付的情况）。

分析：对于承租人甲公司来说，此项租赁没有满足融资租赁的任何一条标准，应作为经营租赁处理。确认租金费用时，不能依据各期实际支付的租金的金额确定，而应采用直线法分摊确认各期的租金费用。此项租赁租金费用总额为900 000元，按直线法计算，每年应分摊的租金费用为300 000元。甲公司账务处理如下：

20×6年1月1日：

借：长期待摊费用	250 000	
贷：银行存款		250 000

20×6年12月31日：

借：管理费用	300 000	
贷：长期待摊费用		200 000
银行存款		100 000

20×7年12月31日：

借：管理费用	300 000	
长期待摊费用	20 000	
贷：银行存款		320 000

20×8年12月31日：

借：管理费用	300 000	
贷：长期待摊费用		70 000
银行存款		230 000

（二）初始直接费用的会计处理

对于承租人在经营租赁中发生的初始直接费用，应当计入当期损益。其账务处理为：借记“管理费用”等科目，贷记“银行存款”等科目。

（三）或有租金的会计处理

在经营租赁下，承租人对或有租金的处理与融资租赁下相同，即在实际发生时计入当期损益。其账务处理为：借记“财务费用”等科目，贷记“银行存款”等科目。

（四）相关信息的披露

承租人对于重大的经营租赁，应当在附注中披露下列信息：

1.资产负债表日后连续三个会计年度每年将支付的不可撤销经营租赁的最低租赁付款额。

2.以后年度将支付的不可撤销经营租赁的最低租赁付款额总额。

二、出租人对经营租赁的会计处理

在经营租赁下，与租赁资产所有权有关的风险和报酬并没有实质上转移给承租人，出租人对经营租赁的会计处理也比较简单，主要问题是解决应收的租金与确认为当期收入之间的关系、经营租赁资产折旧的计提。在经营租赁下，租赁资产的所有权始终归出租人所有，因此出租人仍应按自有资产的处理方法，将租赁资产反映在资产负债表上。如果经营租赁资产属于固定资产，应当采用出租人对类似应折旧资产通常所采用的折旧政策计提折旧；否则，应当采用合理的方法进行摊销。

出租人在经营租赁下收取的租金应当在租赁期内的各个期间按直线法确认为收入，如果其他方法更合理，也可以采用其他方法。

在某些情况下，出租人可能对经营租赁提供激励措施，如免租期、承担承租人某些费用等。在出租人提供了免租期的情况下，应将租金总额在整个租赁期内，而不是在租赁期扣除免租期后的期间内按直线法或其他合理的方法进行分配，免租期内应确认租赁收入；在出租人承担了承租人的某些费用的情况下，应将该费用从租金总额中扣除，并将租金余额在租赁期内进行分配。

其会计处理为：确认各期租金收入时，借记“应收账款”或“其他应收款”等科目，贷记“租赁收入”科目。实际收到租金时，借记“银行存款”等科目，贷记“应收账款”或“其他应收款”等科目。

此外，出租人还应在财务报告中披露每类租出资产在资产负债表日的账面价值。

【例5-2】沿用【例5-1】的资料，分析出租人乙公司的会计处理。

分析：对出租人乙公司而言，该项承租不满足融资租赁的任何一项标准，因此应将其视为经营租赁进行会计处理。在经营租赁中，出租人的会计处理主要解决收到的租金与确认租赁收入的关系。乙公司的具体会计处理如下：

20×6年1月1日：

借：银行存款	250 000	
贷：应收账款		250 000

20×6年12月31日：

借：银行存款	100 000	
应收账款	200 000	
贷：租赁收入（或其他业务收入）		300 000

20×7年12月31日：

借：银行存款	320 000	
贷：租赁收入（或其他业务收入）		300 000
应收账款		20 000

20×8年12月31日：

借：银行存款	230 000	
应收账款	70 000	
贷：租赁收入（或其他业务收入）		300 000

第三节 融资租赁的会计处理

一、承租人对融资租赁的会计处理

（一）租赁期开始日的会计处理

在租赁期开始日，承租人应当将租赁开始日租赁资产公允价值与最低租赁付款额现值两者中较低者作为租入资产的入账价值，将最低租赁付款额作为长期应付款的入账价值，其差额作为未确认融资费用。

承租人在计算最低租赁付款额的现值时，应按以下顺序来确定折现率：（1）如果知悉出租人的租赁内含利率，应当采用出租人的租赁内含利率作为折现率。所谓租赁内含利率，是指在租赁开始日，使最低租赁收款额的现值与未担保余值的现值之和等于租赁资产公允价值与出租人的初始直接费用之和的折现率。（2）若无法知悉出租人的租赁内含利率，应当采用租赁协议规定的利率作为折现率。（3）如果出租人的租赁内含利率和租赁协议规定的利率均无法知悉，应当采用同期银行贷款利率作为折现率。

（二）未确认融资费用的分摊

在融资租赁下，承租人向出租人支付的租金中，包含了本金和利息两部分。承租人支付租金时，一方面应减少长期应付款，另一方面应同时将未确认的融资费用按一定的方法确认为当期融资费用。在先付租金（即每期期初等额支付租金）的情况下，租赁期第一期支付的租金不含利息，只需减少长期应付款，不必确认当期融资费用。

在分摊未确认的融资费用时，按照租赁准则的规定，承租人应当采用实际利率法。在采用实际利率法的情况下，根据租赁开始日租赁资产和负债的入账价值基础不同，融资费用分摊率（即实际利率）的选择也不同。未确认融资费用的分摊率的确定具体分为下列几种情况：

1.以出租人的租赁内含利率为折现率将最低租赁付款额折现、且以该现值作为租赁资产入账价值的，应当将租赁内含利率作为未确认融资费用的分摊率。

2.以合同规定利率为折现率将最低租赁付款额折现，且以该现值作为租赁资产入账价值的，应当将合同规定利率作为未确认融资费用的分摊率。

3.以银行同期贷款利率为折现率将最低租赁付款额折现，且以该现值作为租赁资产入账价值的，应当将银行同期贷款利率作为未确认融资费用的分摊率。

4.以租赁资产公允价值为入账价值，应当重新计算分摊率。该分摊率是使最低租赁付款额的现值等于租赁资产公允价值的折现率。

存在优惠购买选择权时，在租赁期届满时，未确认融资费用应全部摊销完毕，并且租赁负债也应当减少为优惠购买金额。在承租人或与其有关的第三方对租赁资产提供了担保或由于在租赁期届满时没有续租而支付违约金的情况下，在租赁期届满时，未确认融资费用应当全部摊销完毕，租赁负债应减少至担保余值或该日应支付的违约金。

（三）租赁资产折旧的计提

承租人应对融资租入的固定资产计提折旧，主要涉及三个问题：一是应计折旧总额，二是折旧政策，三是折旧期间。

1.应计折旧总额

所谓应计折旧总额，是指固定资产的价值中应计入成本或费用的总额。比如，固定资产的净残值，由于这部分价值并没有因为企业的生产经营而被耗用，因此不应随折旧计入成本或费用，即应计折旧总额不应包括固定资产的预计净残值。对于融资租入的资产而言，有以下两种情况：（1）如果承租人或与其有关的第三方对租赁资产余值提供了担保，则应计折旧总额为租赁开始日固定资产的入账价值扣除担保余值后的余额；如果承租人或与其有关的第三方未对租赁资产余值提供担保，则应计折旧总额为租赁开始日固定资产的入账价值。（2）如果租赁合同规定承租人有优惠购买权的，则应计折旧总额为租赁开始日固定资产的入账价值扣除预计净残值。

2.折旧政策

对于融资租入资产，计提租赁资产折旧时，承租人应采用与自有应折旧资产相一致的折旧政策。同自有应折旧资产一样，租赁资产的折旧方法一般有年限平均法、工作量法、双倍余额递减法和年数总和法等。

3.折旧期间

确定租赁资产的折旧期间时，应视租赁协议的规定而论。如果能够合理确定租赁期届满时承租人将会取得租赁资产所有权，即可认为承租人拥有该项资产的全部使用寿命，因此应以租赁开始日租赁资产的寿命作为折旧期间；如果无法合理确定租赁期届满后承租人是否能够取得租赁资产的所有权，则应以租赁期与租赁资产寿命两者中较短者作为折旧期间。

（四）履约成本的会计处理

履约成本是指租赁期内为租赁资产支付的各种使用费用，如技术咨询和服务费、人员培训费、维修费、保险费等。承租人发生的履约成本通常应计入当期损益。

（五）或有租金的会计处理

或有租金是指金额不固定、以时间长短以外的其他因素（如销售量、使用量、物价指数等）为依据计算的租金。由于或有租金的金额不固定，无法采用系统合理的方法对其进行分摊，因此在或有租金实际发生时，计入当期损益。

（六）出租人提供激励措施的处理

出租人提供免租期的，承租人应将租金总额在不扣除免租期的整个租赁期内，按直线法或其他合理的方法进行分摊，免租期内应当确认租金费用及相应的负债。出租人承担了承租人某些费用的，承租人应将该费用从租金费用总额中扣除，按扣除后的租金费用余额在租赁期内进行分摊。

（七）租赁期届满时的会计处理

租赁期届满时，承租人通常对租赁资产的处理有三种情况：返还、优惠续租和留购。

1.返还租赁资产

租赁期届满，承租人向出租人返还租赁资产时，通常借记“长期应付款——应付融资租赁款”、“累计折旧”科目，贷记“固定资产——融资租入固定资产”科目。

2.优惠续租租赁资产

如果承租人行使优惠续租选择权，则应视同该项租赁一直存在而做出相应的账务处理。

如果租赁期届满时没有续租，根据租赁协议规定须向出租人支付违约金时，借记“营业外支出”科目，贷记“银行存款”等科目。

3.留购租赁资产

在承租人享有优惠购买选择权的情况下，支付购买价款时，借记“长期应付款——应付融资租赁款”科目，贷记“银行存款”等科目；同时，将固定资产从“融资租入固定资产”明细科目转入有关明细科目。

（八）相关会计信息的列报与披露

承租人应当在资产负债表中，将与融资租赁相关的长期应付款减去未确认融资费用的差额，分别长期负债和一年内到期的长期负债列示。

承租人应当在附注中披露与融资租赁有关的下列信息：

1.各类租入固定资产的期初和期末原价、累计折旧额。

2.资产负债表日后连续三个会计年度每年将支付的最低租赁付款额，以及以后年度将支付的最低租赁付款额总额。

3.未确认融资费用的余额，以及分摊未确认融资费用所采用的方法。

【例5-3】资料：

1.租赁合同

20×6年12月29日，甲公司与乙公司签订了一份租赁合同。合同主要条款如下：

（1）租赁标的物：程控生产线。

（2）租赁期开始日：租赁物运抵甲公司生产车间之日（即20×7年1月1日）。

（3）租赁期：从租赁期开始日算起36个月（即20×7年1月1日至20×9年12月31日）。

（4）租金支付方式：自租赁期开始日起每年年末支付租金1 000 000元。

（5）该生产线在20×7年1月1日乙公司的公允价值为2 700 000元。

（6）租赁合同规定的利率为8%（年利率）。

（7）该生产线为全新设备，估计使用年限为5年。

（8）该程控生产线预计租赁期满时的余值是100 000元，甲公司担保的资产余值为40 000元。

（9）20×8年和20×9年两年，甲公司每年按该生产线所生产的产品——电风扇的年销售收入的1%向乙公司支付经营分享收入。

2.甲公司

（1）采用实际利率法确认本期应分摊的未确认融资费用。

（2）采用年限平均法计提固定资产折旧。

（3）20×8年、20×9年甲公司分别实现电风扇销售收入10 000 000元和15 000 000元。

（4）20×9年12月31日，将该生产线退还乙公司。

（5）甲公司在租赁谈判和签订租赁合同过程中发生可归属于租赁项目的手续费、差旅费10 000元。

甲公司的会计处理如下：

1.租赁期开始日的会计处理

第一步，判断租赁类型（租赁开始日）。

本例中租赁期（3年）占租赁资产尚可使用年限（5年）的60%（小于75%），没有满足融资租赁的第3条标准；另外，最低租赁付款额的现值为2 608 850元（计算过程见后）大于租赁资产原账面价值的90%，即2 430 000元（2 700 000×90%），满足融资租赁的第4条标准，因此，甲公司应当将该项租赁认定为融资租赁。

第二步，计算租赁开始日最低租赁付款额的现值，确定租赁资产的入账价值。

本例中甲公司不知道出租人的租赁内含利率，因此应选择租赁合同规定的利率8%作为最低租赁付款额的折现率。

最低租赁付款额=各期租金之和+承租人担保的资产余值

=1 000 000×3+40 000=3 040 000(元)

计算最低租赁付款额的现值过程如下：

最低租赁付款额的现值=1 000 000×（P/A，8%，3）+40 000×（P/F，8%，3）≈2 608 850（元）

最低租赁付款额的现值小于租赁资产公允价值2 700 000元。

根据孰低原则，租赁资产的入账价值应为其折现值2 608 850元。

第三步，计算未确认融资费用。

未确认融资费用=最低租赁付款额-最低租赁付款额现值 =3 040 000-2 608 850=431 150（元）

第四步，将初始直接费用计入资产价值。

初始直接费用是指在租赁谈判和签订租赁协议的过程中发生的可直接归属于租赁项目的费用。承租人发生的初始直接费用，通常有印花税、佣金、律师费、差旅费、谈判费等。承租人发生的初始直接费用，应当计入租入资产价值。

账务处理为：

20×7年1月1日，租入程控生产线：

借：固定资产——融资租入固定资产　　2 618 850
　　未确认融资费用　　431 150
　　贷：长期应付款——应付融资租赁款　　3 040 000
　　　　银行存款　　10 000

2.分摊未确认融资费用的会计处理

第一步，确定融资费用分摊率。

由于租赁资产的入账价值为其最低租赁付款额的折现值，因此该折现率就是其融资费用分摊率，即8%。

第二步，在租赁期内采用实际利率法分摊未确认融资费用（见表5-1）。

表5-1　**未确认融资费用分摊表(实际利率法)**

20×7年12月31日　　单位：元

日期	租金	确认的融资费用	应付本金减少额	应付本金余额
①	②	③=期初⑤×8%	④=②-③	期末⑤=期初⑤-④
20×6.12.31				2 608 850
20×7.12.31	1 000 000	208 708	791 292	1 817 558
20×8.12.31	1 000 000	145 405	854 595	962 963
20×9.12.31	1 000 000	77 037	922 963	40 000
合计	3 000 000	431 150	2 568 850	

第三步，账务处理。

20×7年12月31日，支付第一期租金：

借：长期应付款——应付融资租赁款　　1 000 000
　　贷：银行存款　　1 000 000

20×7年1—12月，每月分摊未确认融资费用时，每月财务费用为：

208 708÷12=17 392.33（元）

借：财务费用　　17 392.33

　　贷：未确认融资费用　　17 392.33

20×8年12月31日，支付第二期租金：

借：长期应付款——应付融资租赁款　　1 000 000

　　贷：银行存款　　1 000 000

20×8年1—12月，每月分摊未确认融资费用时，每月财务费用为：

145 405÷12=12 117.08（元）

借：财务费用　　12 117.08

　　贷：未确认融资费用　　12 117.08

20×9年12月31日，支付第三期租金：

借：长期应付款——应付融资租赁款　　1 000 000

　　贷：银行存款　　1 000 000

20×9年1—12月，每月分摊未确认融资费用时，每月财务费用为：

77 037÷12=6 419.75（元）

借：财务费用　　6 419.75

　　贷：未确认融资费用　　6 419.75

3.计提租赁资产折旧的会计处理

第一步，融资租入固定资产折旧的计算（见表5-2）。

表5-2　**融资租入固定资产折旧计算表(年限平均法)**

20×7年1月1日　　金额单位：元

日期	固定资产原价	应计折旧总额	折旧率*	当年折旧费	累计折旧	固定资产净值
(1)20×7.01.01	2 618 850	2 578 850				2 618 850
(2)20×7.12.31			11/35	810 495.71	810 495.71	1 808 354.29
(3)20×8.12.31			12/35	884 177.14	1 694 672.85	924 177.15
(4)20×9.12.31			12/35	884 177.15	2 578 850	40 000
合 计			1.00	2 578 850		

注：根据合同规定，由于甲公司无法合理确定在租赁期届满时能够取得租赁资产的所有权，因此，应当在租赁期与租赁资产尚可使用年限两者中的较短的期间内计提折旧。本例中租赁期为3年，短于租赁资产尚可使用年限5年，因此应按3年计提折旧。同时，根据“当月增加的固定资产，当月不提折旧，从下月起计提折旧”这一规定，本租赁合同应按35个月计提折旧，即20×7年应按11个月计提折旧，其他2年分别按12个月计提折旧。

第二步，账务处理。

20×7年2月28日，计提本月折旧=810 274.67÷11=73 661.33（元）。

借：制造费用——折旧费　　73 681.43

　　贷：累计折旧　　73 681.43

20×7年3月—20×9年12月的会计分录，同上。

4.或有租金的会计处理

20×8年12月31日，根据合同规定应向乙公司支付经营分享收入100 000元：

借：销售费用　　100 000

　　贷：其他应付款——乙公司　　100 000

20×9年12月31日，根据合同规定应向乙公司支付经营分享收入150 000元：

借：销售费用　　150 000

　　贷：其他应付款——乙公司　　150 000

5.租赁期届满时的会计处理

20×9年12月31日，将该生产线退还乙公司：

借：长期应付款　　40 000

　　累计折旧　　2 578 850

　　贷：固定资产——融资租入固定资产　　2 618 850

【例5-4】资料：

20×5年12月15日，A公司与B公司签订了一份租赁合同，合同的主要条款如下：

（1）租赁标的物为Y成套设备。

（2）起租日为20×5年12月31日。

（3）租赁期为4年（20×5年12月31日—20×9年12月31日）。

（4）租金支付方式为自20×6年开始每年末支付租金1 600 000元。

（5）该成套设备在租赁开始日的公允价值为6 000 000元。

（6）租赁合同规定的利率为6%。

（7）租赁期届满时，A公司可以以10 000元的价格购买该设备；估计租赁期满时该设备的公允价值为100 000元。

20×5年12月31日，Y成套设备运抵A公司，并投入使用。A公司采用年限平均法计提该设备的折旧。该成套设备已使用1年，估计还可以使用4年。A公司不知道B公司的租赁内含利率。为简化会计处理，假设A公司按年计提租赁资产的折旧和分摊未确认融资费用。

A公司的会计处理如下：

1.租赁期开始日的会计处理

第一步，认定租赁类型（租赁开始日20×5年12月15日）。

首先，本例中租赁期为4年，占租赁资产尚可使用年限4年的100%，符合融资租赁的第3条标准。其次，最低租赁付款额的现值为 5 552 090元（计算过程见后）大于租赁资产公允价值的90%即5 400 000元（6 000 000×90%），符合融资租赁的第4条标准。最后，租赁期满A公司可以以10 000元的价格购买该项资产，该价格远低于租赁期满该资产的公允价值100 000元，因此可以合理确定A公司将会行使该项优惠购买权，符合融资租赁的第2条标准。综合以上分析，A公司应当将此项租赁认定为融资租赁。

第二步，确定最低租赁付款额及其现值。

由于租赁期满A公司可以以10 000元购买该成套设备，远低于该日的公允价值100 000元，因此预计A公司将会行使该优惠购买权。

最低租赁付款额=1 600 000×4+10 000=6 410 000（元）

最低租赁付款额现值=1 600 000×（P/A，6%，4）+10 000×（P/F，6%，4）=5 552 090（元）

第三步，确定租入资产的入账价值。

由于最低租赁付款额现值为5 552 090元，低于租赁资产的公允价值6 200 000元，根据孰低原则，租入资产的入账价值应为5 552 090元。

第四步，确定未确认融资费用。

未确认融资费用=最低租赁付款额-租赁资产的入账价值（不含初始费用）
=6 410 000-5 552 090=857 910（元）

租赁期开始日（20×5年12月31日）A公司的会计处理如下：

借：固定资产——融资租入固定资产　　5 552 090
　　未确认融资费用　　857 910
　　贷：长期应付款——应付融资租赁款　　6 410 000

2.分摊未确认融资费用的会计处理

第一步，确定融资费用分摊率。

由于租赁资产的入账价值为其最低租赁付款额的折现值，因此该折现率就是其融资费用分摊率，即6%。

第二步，在租赁期内采用实际利率法分摊未确认融资费用（见表5-3）。

表5-3　**未确认融资费用分摊表（实际利率法）**

20×5年12月31日　　单位：元

①	②	③=期初⑤×6%	④=②-③	期末⑤=期初⑤-④
20×5.12.31				5 552 090
20×6.12.31	1 600 000	333 125	1 266 875	4 285 215
20×7.12.31	1 600 000	257 113	1 342 887	2 942 328
20×8.12.31	1 600 000	176 540	1 423 460	1 518 868
20×9.12.31	1 600 000	91 132	1 508 868	10 000
合计	6 400 000	857 910	5 542 090	

第三步，会计处理为（为简化处理，按年分摊未确认融资费用）。

20×6年12月31日，支付第一期租金：

借：长期应付款——应付融资租赁款　　1 600 000
　　贷：银行存款　　1 600 000

分摊未确认融资费用：

借：财务费用　　　　333 125

　　贷：未确认融资费用　　　　333 125

20×7年12月31日，支付第二期租金：

借：长期应付款——应付融资租赁款　　　　1 600 000

　　贷：银行存款　　　　1 600 000

分摊未确认融资费用：

借：财务费用　　　　257 113

　　贷：未确认融资费用　　　　257 113

20×8年12月31日，支付第三期租金：

借：长期应付款——应付融资租赁款　　　　1 600 000

　　贷：银行存款　　　　1 600 000

分摊未确认融资费用：

借：财务费用　　　　176 540

　　贷：未确认融资费用　　　　176 540

20×9年12月31日，支付第四期租金：

借：长期应付款——应付融资租赁款　　　　1 600 000

　　贷：银行存款　　　　1 600 000

分摊未确认融资费用：

借：财务费用　　　　91 132

　　贷：未确认融资费用　　　　91 132

3. 计提租赁资产折旧的会计处理

第一步，融资租入固定资产折旧的计算（见表5-4）。

表5-4　**融资租入固定资产折旧计算表(年限平均法)**

20×6年12月31日　　金额单位：元

日期	固定资产原价	应计折旧总额	折旧率	当年折旧率	累计折旧	固定资产净值
20×5.12.31	5 552 090	5 552 090				5 552 090
20×6.12.31			0.25	1 388 022.5	1 388 022.5	4 164 067.5
20×7.12.31			0.25	1 388 022.5	2 776 045	2 776 045
20×8.12.31			0.25	1 388 022.5	4 164 067.5	1 388 022.5
20×9.12.31			0.25	1 388 022.5	5 552 090	0
合计			1	5 552 090		

由于租赁期满将取得该租赁资产的所有权，因此应计折旧额即为该租赁资产的入账价

值5 552 090元。折旧年限为该资产的使用寿命4年。折旧政策为年限平均法。

第二步，会计处理（为简化处理，按年计提折旧）。

20×6年12月30日：

借：制造费用——折旧费　　1 388 022.5

　　贷：累计折旧　　1 388 022.5

4.租赁期届满时的会计处理

20×9年12月31日，A公司行使优惠购买权：

借：长期应付款　　10 000

　　贷：银行存款　　10 000

借：固定资产——设备　　5 552 090

　　贷：固定资产——融资租入固定资产　　5 552 090

二、出租人对融资租赁的会计处理

（一）租赁债权的确认

由于在融资租赁下，出租人将与租赁资产所有权有关的风险和报酬实质上转移给承租人，将租赁资产的使用权长期转让给承租人，并以此获取租金。因此，出租人的租赁资产在租赁开始日实际上就变成了收取租金的债权。出租人应在租赁期开始日，将租赁开始日最低租赁收款额与初始直接费用之和作为应收融资租赁款的入账价值，并同时记录未担保余值，将应收融资租赁额、未担保余值之和与其现值之和的差额记录为未实现融资收益。

其会计处理为：在租赁期开始日，出租人应按最低租赁收款额（已包含初始直接费用），借记“长期应收款——应收融资租赁款”科目，按未担保余值，借记“未担保余值”科目，按租赁资产的公允价值（最低租赁收款额的现值与未担保余值的现值之和），贷记“融资租赁资产”科目，租赁资产公允价值与其账面价值的差额，借记“营业外支出”或贷记“营业外收入”科目，按发生的初始直接费用，贷记“银行存款”科目，借方与贷方的差额贷记“未实现融资收益”科目。

（二）未实现融资收益分配的会计处理

在分配未实现融资收益时，出租人应当采用实际利率法计算当期应确认的融资收入。

由于在计算内含报酬率时已考虑了初始直接费用的因素，为了避免未实现融资收益高估，在初始确认时应对未实现融资收益进行调整。其会计处理为：出租人每期收到租金时，按收到的租金，借记“银行存款”科目，贷记“长期应收款——应收融资租赁款”科目。每期采用合理方法分配未实现融资收益时，按当期应确认的融资收入金额，借记“未实现融资收益”科目，贷记“租赁收入”科目。

（三）应收融资租赁款坏账准备的计提

为了更加真实、客观地反映出租人在融资租赁中的债权，出租人应当定期根据承租人的财务及经营管理情况，以及租金的逾期期限等因素，分析应收融资租赁款的风险程度和回收的可能性，对应收融资租赁款合理计提坏账准备。出租人应对应收融资租赁款减去未实现融资收益的差额部分（在金额上等于本金的部分）合理计提坏账准备，而不是对应收融资租赁款全额计提坏账准备。计提坏账准备的方法由出租人根据有关规定自行确定。坏账准备的计提方法一经确定，不得随意变更。其会计处理为：

1.根据有关规定合理计提坏账准备时，借记“资产减值损失”科目，贷记“坏账准备”科目。

2.对于确实无法收回的应收融资租赁款，经批准作为坏账损失，冲销计提的坏账准备，借记“坏账准备”科目，贷记“长期应收款——应收融资租赁款”科目。

3.已确认并转销的坏账损失，如果以后又收回，按实际收回的金额，借记“长期应收款——应收融资租赁款”科目，贷记“坏账准备”科目；同时，借记“银行存款”科目，贷记“长期应收款——应收融资租赁款”科目。

（四）未担保余值发生变动的会计处理

出租人应定期对未担保余值进行检查，至少于每年年末检查一次。如果有证据表明未担保余值已经发生减少，应重新计算租赁内含利率，并将由此而引起的租赁投资净额（租赁投资净额是指最低租赁收款额及未担保余值之和与未实现融资收益之间的差额）的减少确认为当期损失，以后各期根据修正后的租赁投资净额和重新计算的租赁内含利率确定应确认的租赁收入。如已确认损失的未担保余值得以恢复，应在原先已确认的损失金额内转回，并重新计算租赁内含利率，以后各期根据修正后的租赁投资净额和重新计算的租赁内含利率确定应确认的融资收入。未担保余值增加时，则不作任何调整。

在未担保余值发生减少时，对前期已确认的融资收入不作追溯调整，只对未担保余值发生减少的当期和以后各期，根据修正后的租赁投资净额和重新计算的租赁内含利率确定应确认的融资收入。其会计处理为：

1.期末，出租人的未担保余值的预计可收回金额低于其账面价值的差额，借记“资产减值损失”科目，贷记“未担保余值减值准备”科目。同时，将上述减值金额与由此产生的租赁投资净额的减少额之间的差额，借记“未实现融资收益”科目，贷记“资产减值损失”科目。

2.如果已确认损失的未担保余值得以恢复，应按未担保余值恢复的金额，借记“未担保余值减值准备”科目，贷记“资产减值损失”科目。同时，按原减值额与由此产生的租赁投资净额的增加额之间的差额，借记“资产减值损失”科目，贷记“未实现融资收益”科目。

（五）或有租金的会计处理

出租人在融资租赁下收到的或有租金，应在实际发生时确认为当期收入。其会计处理为：借记“应收账款”等科目，贷记“租赁收入”科目。

（六）租赁期届满时的会计处理

租赁期届满时，出租人应区别以下情况进行会计处理：

1.收回租赁资产，通常有可能出现以下四种情况：

（1）存在担保余值，不存在未担保余值。出租人收到承租人返还的租赁资产时，借记

"融资租赁资产"科目，贷记"长期应收款——应收融资租赁款"科目。

如果收回租赁资产的价值低于担保余值，则应向承租人收取价值损失补偿金，借记"其他应收款"科目，贷记"营业外收入"科目。

（2）存在担保余值，同时存在未担保余值。出租人收到承租人返还的租赁资产时，借记"融资租赁资产"科目，贷记"长期应收款——应收融资租赁款""未担保余值"等科目。

如果收回租赁资产的价值扣除未担保余值后的余额低于担保余值，则应向承租人收取价值损失补偿金，借记"其他应收款"科目，贷记"营业外收入"科目。

（3）存在未担保余值，不存在担保余值。出租人收到承租人返还的租赁资产时，借记"融资租赁资产"科目，贷记"未担保余值"科目。

（4）担保余值和未担保余值均不存在。此时，出租人无须作会计处理，只需作相应的备查登记。

2. 优惠续租租赁资产

（1）如果承租人行使优惠续租选择权，则出租人应视同该项租赁一直存在而做出相应的会计处理。比如，可能继续分配未实现融资收益等。

（2）如果租赁期届满时承租人没有续租，承租人向出租人返还租赁资产时，其会计处理同上述收回租赁资产的会计处理。

3. 留购租赁资产

租赁期届满时，承租人行使了优惠购买选择权。出租人按收到的承租人支付的购买资产的价款，借记"银行存款"等科目，贷记"长期应收款——应收融资租赁款"科目。如果还存在未担保余值，还应借记"营业外支出——处置固定资产净损失"科目，贷记"未担保余值"科目。

（七）相关会计信息的披露

出租人应在财务报告中披露与融资租赁有关的下列事项：

1. 资产负债表日后连续三个会计年度每年将收到的最低租赁收款额和以后年度将收到的最低租赁收款额总额。

2. 未实现融资收益的余额。

3. 分配未实现融资收益所采用的方法。

【例5-5】沿用【例5-3】，乙公司的有关资料如下：

（1）该程控生产线账面价值为2 700 000元。

（2）发生初始直接费用100 000元。

（3）采用实际利率法确认本期应分配的未实现融资收益。

（4）20×8年、20×9年甲公司分别实现电风扇销售收入10 000 000元和15 000 000元，根据合同规定，这两年应向该公司取得的经营分享收入分别为100 000元和150 000元。

（5）20×9年12月31日，从甲公司收回该生产线。

乙公司的账务处理如下：

1.租赁开始日的账务处理

第一步，计算租赁内含利率。

根据租赁内含利率的定义，租赁内含利率是指在租赁开始日，使最低租赁收款额的现值与未担保余值的现值之和等于租赁资产公允价值与出租人的初始直接费用之和的折现率。

由于本例中不存在与承租人和出租人均无关、但在财务上有能力担保的第三方对出租人担保的资产余值，因此最低租赁收款额等于最低租赁付款额，即：

最低租赁收款额=租金×期数+就出租人而言的担保余值=1 000 000×3+40 000=3 040 000（元）

未担保余值=资产余值－就出租人而言的担保余值=100 000－40 000=60 000（元）

因此有：1 000 000×（P/A，R，3）+40 000×（P/F，R，3）+60 000×（P/F，R，3）=2 700 000+100 000=2 800 000，其中R即为出租人的租赁内含利率。

经计算得R=5.18%，即租赁内含利率为5.18%。

第二步，计算租赁开始日的未实现融资收益。

未实现融资收益=（最低租赁收款额+未担保余值）－（最低租赁收款额的现值+未担保余值的现值）

=（最低租赁收款额+未担保余值）－（租出资产的公允价值+初始费用）

=（3 040 000+60 000）－（2 700 000+100 000）

=300 000（元）

第三步，判断租赁类型。

本例中租赁期（3年）占租赁资产尚可使用年限（5年）的60%，没有满足融资租赁的第3条标准；另外，最低租赁收款额的现值=1 000 000×（P/A，5.18%，3）+40 000×（P/F，5.18%，3）=2 748 5000（元），大于租赁资产原账面价值的90%，即2 430 000元（2 700 000×90%），满足融资租赁的第4条标准。因此，乙公司应当将该项租赁认定为融资租赁。

第四步，账务处理。

20×7年1月1日，租出程控生产线，发生初始直接费用：

借：长期应收款	3 040 000	
未担保余值	60 000	
贷：融资租赁资产		2 700 000
银行存款		100 000
未实现融资收益		300 000

2.未实现融资收益分配的账务处理

第一步，计算租赁期内各租金收取期应分配的未实现融资收益（见表5-5）。

第二步，账务处理。

20×7年12月31日，收到第一期租金：

借：银行存款	1 000 000	
贷：长期应收款——应收融资租赁款		1 000 000

表5-5　　**未实现融资收益分配表**

20×6年12月31日　　单位：元

日期	租金	确认的融资收入	租赁投资净额减少额	租赁投资净额余额
①	②	③=期初⑤×5.18%	④=②-③	期末⑤=期初⑤-④
20×6.12.31				2 800 000
20×7.12.31	1 000 000	145 040	854 960	1 945 040
20×8.12.31	1 000 000	100 753	899 247	1 045 793
20×9.12.31	1 000 000	54 207	945 793	100 000
合计	3 000 000	300 000	2 700 000	

20×7年1—12月，每月确认融资收入时：

借：未实现融资收益（145 040÷12）　12 086.67

　　贷：租赁收入　12 086.67

20×8年12月31日，收到第二期租金：

借：银行存款　1 000 000

　　贷：长期应收款——应收融资租赁款　1 000 000

20×8年1—12月，每月确认融资收入时：

借：未实现融资收益（100 753÷12）　8 396.08

　　贷：租赁收入　8 396.08

20×9年12月31日，收到第三期租金：

借：银行存款　1 000 000

　　贷：长期应收款——应收融资租赁款　1 000 000

20×9年1—12月，每月确认融资收入时：

借：未实现融资收益（54 207÷12）　4 517.25

　　贷：租赁收入　4 517.25

3.或有租金的账务处理

20×8年12月31日，根据合同规定应向A公司收取经营分享收入100 000元：

借：应收账款——A公司　100 000

　　贷：租赁收入　100 000

20×9年12月31日，根据合同规定应向A公司收取经营分享收入150 000元：

借：应收账款——A公司　150 000

　　贷：租赁收入　150 000

4.租赁期届满时的账务处理

20×9年12月31日，将该生产线从A公司收回。

借：融资租赁资产　100 000

贷：长期应收款——应收融资租赁款　　40 000
　　未担保余值　　60 000

5.财务报告中的列示与披露（略）

【例5-6】沿用【例5-4】的资料，假设该成套设备的账面价值为590 000元。为简化会计处理，假设B公司按年分摊未实现融资收益。

B公司的会计处理如下：

1.租赁期开始日的会计处理

第一步，认定租赁类型（20×5年12月15日）。

首先，本例中租赁期为4年，占租赁资产尚可使用年限4年的100%，符合融资租赁的第3条标准。其次，最低租赁收款额的现值为6 000 000元，大于租赁资产公允价值的90%即5 400 000元（6 000 000×90%），符合融资租赁的第4条标准。最后，租赁期满A公司可以以10 000元的价格购买该项资产，该价格远低于租赁期满该资产的公允价值100 000元。因此，可以合理确定A公司将会行使该项优惠购买权，符合融资租赁的第2条标准。综合以上分析，B公司应当将此项租赁认定为融资租赁。

第二步，确定最低租赁收款额。

由于在租赁期开始日即会确定承租人在租赁期满行使优惠购买权，最低租赁收款额应与最低租赁付款额相等。

最低租赁收款额=最低租赁付款额=1 600 000×4+10 000=6 410 000（元）

第三步，确定租赁内含利率。

租赁内含利率是指最低租赁收款额现值与未担保余值现值之和等于租赁资产公允价值加初始费用的折现率。在本例中，由于承租人在租赁期满将会行使优惠购买权，因此不存在未担保余值，在本例中也不存在初始费用。因此有：

1 600 000×（P/A，R，4）+10 000×（P/F，R，4）=6 000 000，R即为租赁内含利率，经计算R=2.69%。

第四步，确定未实现融资收益。

未实现融资收益=（最低租赁收款额+未担保余值）-（租赁资产的公允价值+初始费用）
=（6 410 000+0）-（6 000 000+0）=410 000（元）

20×5年12月31日，B公司的会计处理为：

借：长期应收款——应收融资租赁款　　6 410 000
　　贷：融资租赁资产　　5 900 000
　　　　营业外收入　　100 000
　　　　未实现融资收益　　410 000

2.分摊未实现融资收益

第一步，计算租赁期内各租金收取期应分配的未实现融资收益（见表5-6）。

第二步，会计处理（为简化会计处理，按年分摊未实现融资收益）。

20×6年12月31日，收到第一期租金：

表5-6　**未实现融资收益分配表**

20×5年12月31日　单位：元

①	②	③=期初⑤×2.69%	④=②-③	期末⑤=期初⑤-④
20×5.12.31				6 000 000
20×6.12.31	1 600 000	161 400	1 438 600	4 561 400
20×7.12.31	1 600 000	122 702	1 477 298	3 084 102
20×8.12.31	1 600 000	82 962	1 517 038	1 567 064
20×9.12.31	1 600 000	42 936	1 557 064	10 000
合计	6 400 000	410 000	5 990 000	

借：银行存款　1 600 000
　贷：长期应收款——应收融资租赁款　1 600 000
确认融资收入：
借：未实现融资收益　161 400
　贷：租赁收入　161 400
20×7年12月31日，收到第二期租金：
借：银行存款　1 600 000
　贷：长期应收款——应收融资租赁款　1 600 000
确认融资收入：
借：未实现融资收益　122 702
　贷：租赁收入　122 702
20×8年12月31日，收到第三期租金：
借：银行存款　1 600 000
　贷：长期应收款——应收融资租赁款　1 600 000
确认融资收入：
借：未实现融资收益　82 962
　贷：租赁收入　82 962
20×9年12月31日，收到第四期租金：
借：银行存款　1 600 000
　贷：长期应收款——应收融资租赁款　1 600 000
确认融资收入：
借：未实现融资收益　42 936
　贷：租赁收入　42 936

3.租赁期届满时的账务处理

20×9年12月31日，将该成套设备以10 000元的价格卖给A公司。

借：银行存款　　10 000

　　贷：长期应收款——应收融资租赁款　　10 000

4.财务报告中的列示与披露（略）

第四节　售后租回交易的会计处理

一、售后租回交易的定义

售后租回交易是一种特殊形式的租赁业务，是指卖主（即承租人）将一项自制或外购的资产出售后，又将该项资产从买主（即出租人）租回，习惯上称之为“回租”。通过售后租回交易，资产的原所有者（即承租人）在保留对资产的占有权、使用权和控制权的前提下，将固定资本转化为货币资本，在出售时可取得全部价款的现金，而租金则是分期支付的，从而获得了所需的资金；而资产的新所有者（即出租人）通过售后租回交易，找到了一个风险小，回报有保障的投资机会。20世纪90年代以来，售后租回交易在我国也得到了充分的发展，大部分租赁公司尤其是中外合资租赁公司最近几年的租赁业务以售后租回交易为主。

由于在售后租回交易中资产的售价和租金是相互关联的，是以一揽子方式谈判的，是一并计算的，因此，资产的出售和租回实质上是同一项交易。

二、售后租回交易的会计处理

对于售后租回交易，无论是承租人还是出租人，均应按照租赁的分类标准，将售后租回交易认定为融资租赁或经营租赁。对于出租人来讲，售后租回交易（无论是融资租赁还是经营租赁的售后租回交易）同其他租赁业务的会计处理没有什么区别。而对于承租人来讲，由于其既是资产的承租人同时又是资产的出售者，因此，售后租回交易同其他租赁业务的会计处理有所不同。

售后租回交易的会计处理应根据其所形成的租赁类型而定，可按融资租赁和经营租赁分别进行会计处理。

（一）售后租回交易形成融资租赁

如果售后租回交易被认定为融资租赁，那么这种交易实质上转移了买主（即出租人）所保留的与该项租赁资产的所有权有关的全部风险和报酬，是出租人提供资金给承租人并以该项资产作为担保。因此，售价与资产账面价值之间的差额（无论是售价高于资产账面价值还是低于资产账面价值）在会计上均未实现，其实质是，售价高于资产账面价值实际上在出售时高估了资产的价值，而售价低于资产账面价值实际上在出售时低估了资产的价值，卖主（即承租人）应将售价与资产账面价值的差额（无论是售价高于资产账面价值还是售价低于资产账面价值）予以递延，并按该项租赁资产的折旧进度进行分摊，作为折旧费用的调整。按折旧进度进行分摊是指在对该项租赁资产计提折旧时，按与该项资产计提折旧所采用的折旧率相同的比例对未实现售后租回损益进行分摊。

（二）售后租回交易形成经营租赁

售后租回交易认定为经营租赁的，应当分别情况处理：在有确凿证据表明售后租回交易是按照公允价值达成的，售价和资产账面价值的差额应当记入当期损益。如果售后租回交易不是按照公允价值达成的，有关损益应于当期确认；但若该损失将由低于市价的未来租赁付款额补偿的，应将其递延，并按与确认租金费用相一致的方法分摊与预计的资产使用期限内；售价高于公允价值的，其高于公允价值的部分应予递延，并在预计的使用期限内摊销。

（三）售后租回交易的会计处理

1.出售资产时，按固定资产账面净值，借记“固定资产清理”科目，按固定资产已提折旧，借记“累计折旧”科目，按固定资产的账面原价，贷记“固定资产”科目；如果出售资产已计提减值准备，还应结转已计提的减值准备。

2.收到出售资产的价款时，借记“银行存款”科目，贷记“固定资产清理”科目，借记或贷记“递延收益——未实现售后租回损益（融资租赁或经营租赁）”科目或“营业外收入”“营业外支出”科目。

3.租回资产时，如果形成一项融资租赁，按租赁资产的公允价值与最低租赁付款额的现值两者中较低者，借记“融资租赁资产”科目（假设不需安装），按最低租赁付款额，贷记“长期应付款——应付融资租赁款”科目，按其差额，借记“未确认融资费用”科目。如果形成一项经营租赁，则作备查登记。

4.各期根据该项租赁资产的折旧进度或租金支付比例分摊未实现售后租回损益时，借记或贷记“递延收益——未实现售后租回损益（融资租赁或经营租赁）”科目，贷记或借记“制造费用”“销售费用”“管理费用”等科目。

（四）售后租回交易的披露

承租人和出租人除应当按照有关规定披露售后租回交易外，还应对售后租回合同中的特殊条款做出披露。这里的“特殊条款”是指在售后租回合同中规定的区别于一般租赁交易的条款，比如租赁标的物的售价等。

1.售后租回交易形成融资租赁，售价高于资产账面价值

【例5-7】沿用【例5-3】，假定20×7年1月1日，甲公司将一条程控生产线按2 800 000元的价格销售给乙公司。该生产线20×7年1月1日的账面原值为2 700 000元，全新设备未计提折旧。同时又签订了一份租赁合同将该生产线租回，该合同主要条款与【例5-3】的合同条款内容相同，假定不考虑相关税费。

卖主（即承租人甲公司）的会计处理。

第一步，判断租赁类型。

根据【例5-3】，可知该项租赁属于融资租赁。租赁开始日最低租赁付款额的现值及融资费用分摊率的计算过程与结果同【例5-3】。

第二步，计算未实现售后租回损益。

未实现售后租回损益=售价-资产的账面价值 =售价-（资产的账面原价-累计折旧）

=2 800 000-（2 700 000-0）=100 000（元）

第三步，在租赁期内采用实际利率法分摊未确认融资费用（同【例5-3】，见表5-1）。

第四步，在折旧期内按折旧进度（在本例中即年限平均法）分摊未实现售后租回损益（见表5-7）。

表5-7 **未实现售后租回收益分摊表**

20×7年1月1日 金额单位：元

日期	售价	固定资产账面价值	摊销期	分摊率*	摊销额	未实现售后租回损益
20×7.1.1	2 800 000	2 700 000	35个月			100 000
20×7.12.31				31.42%	31 420	68 580
20×8.12.31				34.29%	34 290	34 290
20×9.12.31				34.29%	34 290	0
合计				100.00%	100 000	

注：参见表5-2中的折旧率。

本例中，由于租赁资产的折旧期为35个月，因此，未实现售后租回损益的分摊期也为35个月。

第五步，账务处理。

20×7年1月1日，结转出售固定资产的成本：

借：固定资产清理 2 700 000

贷：固定资产 2 700 000

20×7年1月1日，向乙公司出售程控生产线：

借：银行存款 2 800 000

贷：固定资产清理 2 700 000

递延收益——未实现售后租回损益（融资租赁） 100 000

20×7年2月28日，确认本月应分摊的未实现售后租回损益：

借：递延收益——未实现售后租回损益（融资租赁）（31 420÷11） 2 856.36

贷：制造费用——折旧费 2 856.36

其他有关会计处理（略）。

第六步，财务报告中的列示和披露（略）。

2.售后租回交易形成融资租赁，售价低于资产账面价值

【例5-8】沿用【例5-3】，假定20×7年1月1日，甲公司将一条程控生产线按2 700 000元的价格销售给乙公司。该生产线20×7年1月1日的账面原值为2 800 000元，全新设备未计提折旧。同时又签订了一份租赁合同将该生产线租回，该合同主要条款与【例5-3】的合同条款内容相同，假定不考虑相关税费。

（1）卖主（即承租人：甲公司）的会计处理。

第一步，判断租赁类型。

根据【例5-3】可知该项租赁属于融资租赁。租赁开始日最低租赁付款额的现值及融

资费用分摊率的计算过程与结果同【例5-3】。

第二步，计算未实现售后租回损益。

未实现售后租回损益=售价-资产的账面价值=售价-（资产的账面原价-累计折旧）

=2 700 000-（2 800 000-0）=-100 000（元）

第三步，在租赁期内采用实际利率法分摊未确认融资费用（同【例5-3】，见表5-1）。

第四步，在折旧期内按折旧进度（在本例中即年限平均法）分摊未实现售后租回损益（见表5-8）。

表5-8 **未实现售后租回损失分摊表**

20×7年1月1日 金额单位：元

日期	售价	固定资产账面价值	摊销期	分摊率*	摊销额	未实现售后租回损失
20×7.1.1	2 700 000	2 800 000	35个月			-100 000
20×7.12.31				31.42%	-31 420	-68 580
20×8.12.31				34.29%	-34 290	-34 290
20×9.12.31				34.29%	-34 290	0
合计				100.00%	-100 000	

注：参见表5-2中的折旧率。

本例中，由于租赁资产的折旧期为35个月，因此，未实现售后租回损益的分摊期也为35个月。

第五步，会计处理。

20×7年1月1日，结转出售固定资产的成本：

借：固定资产清理 2 800 000

　　贷：固定资产 2 800 000

20×7年1月1日，向乙公司出售程控生产线：

借：银行存款 2 700 000

　　递延收益——未实现售后租回损益（融资租赁） 100 000

　　贷：固定资产清理 2 800 000

20×7年2月28日，确认本月应分摊的未实现售后租回损益：

借：制造费用——折旧费（31 420÷11） 2 856.36

　　贷：递延收益——未实现售后租回损益（融资租赁） 2 856.36

其他有关会计处理（略）。

第六步，财务报告中的列示和披露（略）。

（2）买主（即出租人：乙公司）的会计处理。

20×7年1月1日，向甲公司购买程控生产线：

借：融资租赁资产 2 700 000

　　贷：银行存款 2 700 000

其他相关会计处理与一般融资租赁业务的会计处理相同，此略。

3.售后租回交易形成经营租赁，售价高于资产公允价值

【例5-9】假定20×6年1月1日，甲公司将全新市价为950 000元的办公设备一台，按照1 000 000元的价格售给乙公司，该设备20×6年1月1日的账面价值为900 000元，并立即签订了一份租赁合同，租期为4年，每年年末支付租金200 000元。

（1）卖主（即承租人：甲公司）的会计处理。

第一步，判断租赁类型。

假设该项租赁属于经营租赁。

第二步，计算未实现售后租回损益。

未实现售后租回损益=售价-资产的公允价值=1 000 000-950 000=50 000（元）

应确认的当期损益=资产公允价值-账面价值=950 000-900 000=50 000（元）

第三步，在租赁期内按租金支付比例分摊未实现售后租回损益（见表5-9）。

表5-9 **未实现售后租回收益分摊表**

20×6年1月1日 金额单位：元

日期	售价	固定资产公允价值	支付的租金	租金支付比例	摊销额	未实现售后租回损益
20×6.1.1	1 000 000	950 000				50 000
20×6.12.31			200 000	25%	12 500	37 500
20×7.12.31			200 000	25%	12 500	25 000
20×8.12.31			200 000	25%	12 500	12 500
20×9.12.31			200 000	25%	12 500	0
合计	1 000 000	900 000	800 000	100%	100 000	

第四步，账务处理。

20×6年1月1日，结转出售固定资产的成本：

借：固定资产清理　　900 000

　　贷：固定资产　　900 000

20×6年1月1日，向乙公司出售设备：

借：银行存款　　1 000 000

　　贷：固定资产清理　　900 000

　　　　递延收益——未实现售后租回损益（经营租赁）　　50 000

　　　　营业外收入　　50 000

20×6年12月31日，确认本年应分摊的未实现售后租回损益（在本例中，按年分摊未

实现售后租回损益只是为了简化核算。在实际工作中，承租人一般应在按月确认租金费用的同时合理分摊未实现售后租回损益）。

借：递延收益——未实现售后租回损益（经营租赁） 12 500

贷：管理费用 12 500

其他有关会计处理（略）。

第五步，财务报告中的列示与披露（略）。

但是，如果有确凿证据表明，售后租回交易是按照公允价值达成的，售价与资产账面价值之间的差额应当计入当期损益。

在这种情况下，账务处理为：

20×6年1月1日，结转出售固定资产的成本：

借：固定资产清理 900 000

贷：固定资产 900 000

20×6年1月1日，向乙公司出售设备：

借：银行存款 1 000 000

贷：固定资产清理 900 000

营业外收入 100 000

（2）买主（即出租人：乙公司）的会计处理：

20×6年1月1日，向甲公司购买设备：

借：固定资产 1 000 000

贷：银行存款 1 000 000

其他相关会计处理与一般经营租赁业务的会计处理相同，此略。

4.售后租回交易形成经营租赁，售价低于资产公允价值且损失将由低于市价的未来租赁付款额补偿的

【例5-10】假定20×6年1月1日，甲公司将全新市价为1 500 000元的办公设备一台，按照1 300 000元的价格售给B公司，该设备20×6年1月1日的账面价值为1500000元，并立即签订了一份租赁合同，租期为4年，每年年末支付租金200 000元。假设未来租赁付款总额低于市价1 300 000元。

（1）卖主（即承租人：甲公司）的会计处理：

第一步，判断租赁类型。

假设该项租赁属于经营租赁。

第二步，计算未实现售后租回损益。

未实现售后租回损益=售价-资产的账面价值=1 300 000-1 500 000=－200 000（元）

第三步，在租赁期内按租金支付比例分摊未实现售后租回损益（见表5-10）。

第四步，会计处理20×6年1月1日，结转出售固定资产的成本。

借：固定资产清理 1 500 000

贷：固定资产 1 500 000

表5-10　　**未实现售后租回损失分摊表**

20×6年1月1日　　金额单位：元

日期	售价	固定资产账面价值	支付的租金	分摊率	摊销额	未实现售后租回损益
20×6.1.1	1 300 000	1 500 000				−200 000
20×6.12.31			200 000	25%	−50 000	−150 000
20×7.12.31			200 000	25%	−50 000	−100 000
20×8.12.31			200 000	25%	−50 000	−50 000
20×9.12.31			200 000	25%	−50 000	0
合计			800 000	100%	−200 000	

20×6年1月1日，向乙公司出售设备：

借：银行存款　　1 300 000

　　递延收益——未实现售后租回损益（经营租赁）　　200 000

　　贷：固定资产清理　　1 500 000

20×6年12月31日，确认本年应分摊的未实现售后租回损益（在本例中，按年分摊未实现售后租回损益只是为了简化核算。在实际工作中，承租人一般应在按月确认租金费用的同时合理分摊未实现售后租回损益）。

借：管理费用　　50 000

　　贷：递延收益——未实现售后租回损益（经营租赁）　　50 000

其他有关会计处理（略）。

第五步，财务报告中的列示与披露（略）。

但是，如果有确凿证据表明，售后租回交易是按照公允价值达成的，售价与资产账面价值之间的差额应当计入当期损益。

在这种情况下，会计处理为：

借：固定资产清理　　1 500 000

　　贷：固定资产　　1 500 000

20×6年1月1日，向乙公司出售设备：

借：银行存款　　1 300 000

　　营业外支出　　200 000

　　贷：固定资产清理　　1 500 000

（2）买主（即出租人：乙公司）的会计处理：

20×6年1月1日，向甲公司购买设备：

借：固定资产　　1 300 000

　　贷：银行存款　　1 300 000

其他相关会计处理与一般经营租赁业务的会计处理相同，此略。

【章末练习】

1.P公司于20×5年12月18日与S租赁公司签订了一份设备租赁合同。合同主要条款如下：

（1）租赁标的物：甲生产设备。

（2）起租日：20×5年12月31日。

（3）租赁期：20×5年12月31日至20×9年12月31日。

（4）租金支付方式：20×6年开始每年年末支付租金100万元。

（5）租赁期满时，甲生产设备的估计余值为20万元，其中A公司担保的余值为10万元。

（6）甲生产设备20×5年12月31日的公允价值为360万元。

（7）租赁内含利率为6%。

（8）20×9年12月31日，P公司将甲生产设备归还给S租赁公司。

P公司发生租赁初始直接费用2 000元。甲生产设备于20×5年12月31日运抵P公司，当日投入使用。P公司对固定资产采用平均年限法计提折旧，该生产设备已使用3年，估计还可以使用5年。为简化会计处理，假定P公司按年计提固定资产折旧和未确认融资费用。

要求：

（1）判断该租赁的类型，并说明理由。

（2）编制P公司在起租日的有关会计分录。

（3）编制P公司在20×6年年末和20×9年年末与租金支付以及其他与租赁事项有关的会计分录。(单位用万元表示)

2.沿用第1题的资料，假设20×5年12月18日甲生产设备的账面价值为3 600 000元。S租赁公司为签订该项租赁合同发生初始直接费用20 000元，已用银行存款支付。假设S租赁公司按年分摊未实现融资收益。

要求：编制S租赁公司该项业务的会计分录。

3.P公司发生以下售后租回交易：

（1）20×1年12月31日，P公司将其作为固定资产核算的一台管理用设备按120万元的价格销售给S公司。该设备的公允价值为120万元，账面原价为120万元，已提折旧30万元。同时又签订了一份融资租赁协议将设备租回，租赁期为5年。该设备预计尚可使用年限为5年，预计净残值为0，采用年限平均法计提折旧。假设租回设备时最低租赁付款额的现值高于设备的公允价值。

（2）20×2年1月1日，P公司将公允价值为2 900万元的全新办公用房一套，按照3 000万元的价格售给A公司，并立即签订了一份租赁合同，从A公司以经营租赁方式租回办公用房，租赁期为4年。该办公用房账面价值为2 800万元。租赁合同规定，在租赁期的每年年末支付租金100万元；租赁期满后，A公司收回办公用房。

（3）20×2年1月1日，P公司将公允价值为3 100万元的全新办公用房一套，按照2 900万元的价格售给B公司，并立即签订了一份租赁合同，从B公司以经营租赁方式租回该办公用房，租赁期为4年。该办公用房账面价值为3 000万元。租赁合同规定，在租赁期的每年年末支付租金100万元（如果在市场上租用同样的办公用房，每年需支付租金150万元）；租赁期满后，B公司收回办公用房。

为简化会计处理，假设P公司在年末确认租金费用，不考虑其他相关税费。

要求：

（1）根据资料（1），编制P公司20×1年12月31日出售设备、20×2年年末计提折旧、分摊未实现售后租回损益的会计分录。

（2）根据资料（2），编制P公司20×2年1月1日出售办公用房、20×2年年末支付租金、分摊未实现售后租回损益的会计分录。

（3）根据资料（3），编制P公司20×2年1月1日出售办公用房、20×2年年末支付租金、分摊未实现售后租回损益的会计分录。

第六章 企业合并

企业合并是企业兼并和企业收购的统称，是企业在市场机制作用下为了获得其他企业的控制权而进行的产权交易活动。企业的生存与发展，有其内在动力和外在压力，而通过与其他企业的合并，是其谋求利益、增强竞争力的有效途径，即企业合并的内在动因主要在于谋求管理协同效应、经营协同效应和财务协同效应。

本章全面论述了企业合并的定义、类型以及不同类型企业合并的会计处理。在学习和理解本章内容时，应当重点关注：(1) 同一控制下企业合并的处理。合并日的会计处理方法为权益结合法。(2) 非同一控制下企业合并的处理。合并日的会计处理方法为购买法。(3) 购买子公司少数股权、不丧失控制权情况下处置部分对子公司投资的处理。这两类交易均应区别母公司个别财务报表与合并报表分别处理。

除了学习本章节的内容外，还应当认真阅读《企业会计准则第20号——企业合并》及相关指南和解释。

第一节 企业合并概述

一、企业合并的界定

企业合并，是指将两个或者两个以上单独的企业合并形成一个报告主体的交易或事项。通俗地说，企业合并就是两个或者两个以上原本彼此独立的企业，通过联合，形成一个新的企业；或者一个企业通过购买股份等方式，将另一个或几个企业置于本企业控制之下，使之成为本企业的一部分或者子公司的行为。如果一个企业取得了对另一个或多个企业的控制权，而被购买方（或被合并方）并不构成业务，则该交易或事项不形成企业合并。企业取得了不形成业务的一组资产或是净资产时，应将购买成本在购买日所取得各项可辨认资产、负债的相对公允价值基础上进行分配，不按照企业合并准则进行处理。

业务是指企业内部某些生产经营活动或资产负债的组合，该组合具有投入、加工处理过程和产出能力，能够独立计算其成本费用或所产生的收入，但一般不构成一个企业、不具有独立的法人资格，如企业的分公司、独立的生产车间、不具有独立法人资格的分部等。

从企业合并的定义看，是否形成企业合并，除要看取得的企业是否构成业务之外，关键还要看有关交易或事项发生前后，是否引起报告主体的变化。报告主体的变化产生于控制权的变化。在交易事项发生以后，一方能够对另一方的生产经营决策实施控制，形成母子公司关系，涉及控制权的转移，该交易或事项发生以后，子公司需要纳入到母公司合并财务报表的范围中，从合并财务报告角度形成报告主体的变化；交易事项发生以后，一方能够控制另一方的全部净资产，被合并的企业在合并后失去其法人资格，也涉及控制权的变化及报告主体的变化，形成企业合并。

假定在企业合并前A、B两个企业为各自独立的法律主体，且均构成业务，企业合并准则中所界定的企业合并，包括但不限于以下情形：

1.企业A通过增发自身的普通股自企业B原股东处取得企业B的全部股权，该交易事项发生后，企业B仍持续经营。

2.企业A支付对价取得企业B的全部净资产，该交易事项发生后，撤销企业B的法人资格。

3.企业A以自身持有的资产作为出资投入企业B，取得对企业B的控制权，该交易事项发生后，企业B仍维持其独立法人资格继续经营。

二、企业合并的动因

企业合并的内在动因主要有以下几个方面：

1. 谋求管理协同效应。管理协同效应又称差别效率理论，主要是指企业合并给企业管理活动在效率方面带来的变化及效率的提高所产生的效益。管理协同效应源自行业和企业专属管理资源的不可分性。如果两个公司的管理效率不同，在管理效率高的公司合并另一个管理效率较低的公司之后，低效率公司的管理效率得以提高。

2. 谋求经营协同效应。经营协同效应主要指的是合并给企业生产经营活动在效率方面带来的变化及效率的提高所产生的效益，主要表现为：（1）规模经济效应。规模经济是指随着生产规模的扩大，单位产品所负担的固定费用下降从而导致收益率提高。显然，规模经济效应的获取主要是针对横向合并而言的，两个产销相同（或相似）产品的企业合并后，有可能在经营过程的任何一个环节（供、产、销）和任何一个方面（人、财、物）获取规模经济效应。（2）纵向一体化效应。纵向一体化效应主要是针对纵向合并而言的，通过纵向合并，可以减少商品流转的中间环节，节约交易成本、节约营销费用。（3）市场力或垄断权。获取市场力或垄断权主要是针对横向合并而言的（某些纵向合并和混合合并也可能会增加企业的市场力或垄断权，但不明显）。两个产销同一产品的公司相合并，有可能导致该行业的自由竞争程度降低；合并后的大公司可以借机提高产品价格，获取垄断利润。因此，以获取市场力或垄断权为目的的合并往往对社会公众无益，也可能降低整个社会经济的运行效率。所以，对横向合并的管制历来都是各国反托拉斯法的重点。（4）资源互补。合并可以达到资源互补从而优化资源配置的目的。比如，有这样两家公司A和B，A公司在研究与开发方面有很强的实力，但是在市场营销方面十分薄弱，而B公司在市场营销方面实力很强，但在研究与开发方面能力不足，如果我们将这样的两个公司进行合并，就会把整个组织机构好的部分同本公司各部门结合与协调起来，而去除那些不需要的部分，使两个公司的能力达到协调有效的利用。

3. 谋求财务协同效应。财务协同效应是指企业合并在财务方面给企业带来收益。财务协同效应通常产生于混合合并，通过拥有许多内部现金流量但缺乏投资机会的企业与拥有较少现金但有许多投资机会的企业之间的合并，可以降低资金成本，实现资金在合并企业与被合并企业之间低成本的有效再配置，提高资金的使用效率。合并后由于企业的整体财务实力增强，能够提高企业的负债能力。通过盈利企业合并亏损企业，可以降低税赋支出，起到合理避税的作用。另外，企业合并往往被视为利好消息，由于预期效应的作用，促使企业股票价格上涨，而这又反过来刺激企业合并行为的发生。

除此之外，企业合并还有宏观方面的因素。例如，从整个社会看，在政府鼓励政策的作用下，经营效益好的企业有可能去合并效益差的企业，至少可以做到现有资本的保全，中止亏损企业对经济资源的浪费；由企业产权转让引起的合并，促使有限的经济资源流向社会需要的产业，带来产业结构和产品结构的调整，使国民经济处于良性循环；企业合并并未破坏被合并企业的生产能力，而是将其生产要素进行重新整合，可以避免企业破产给社会带来的负面影响。

三、企业合并的方式

企业合并可按不同的标准加以分类，较为常见的是按照法律形式和是否存在相同的最终控制方加以分类。

（一）按照法律形式分类

企业合并按照法律形式的不同可分为：吸收合并、新设合并和控股合并。

1. 吸收合并。吸收合并，是指两个或两个以上的企业按照法律规定合并成一家企业。合并方（或购买方）通过企业合并取得被合并方（或被购买方）的全部净资产，合并后注销被合并方（或被购买方）的法人资格，被合并方（或被购买方）原持有的资产、负债，在合并后成为合并方（或购买方）的资产、负债。

吸收合并一般通过以下两种方式进行：(1) 吸收方以货币资金购买被吸收方的全部资产或股份，被吸收方以所得货币资金付给原有公司股东，被吸收方公司股东因此失去其股东资格。(2) 吸收方发行新股以换取被吸收方的全部资产或股份，被吸收公司的股东获得存续公司（吸收方）的股份，从而成为存续公司的股东。存续的公司仍保持原有的公司名称，并承担被吸收公司的全部资产和负债。

2. 新设合并。新设合并，又称创立合并，是指两个或两个以上的企业依法解散，重新组成一个新的企业。新设合并可以通过以下两种方式进行：(1) 由新设公司以货币资金购买参与合并公司的资产或股份，参与合并公司的股东丧失其原有股东资格，成为新设公司的股东；(2) 新设公司发行新股，参与合并公司的股份可以全部转化为新公司的股份，成为新设公司的股东。在新设合并中，新设立的公司具有新的公司名称，参与合并公司均宣告解散，成为新公司的一个组成部分。

3. 控股合并。控股合并，是指合并方（或购买方）在企业合并中取得对被合并方（或被购买方）的控制权，被合并方（或被购买方）在合并后仍保持其独立的法人资格并继续经营，合并方（或购买方）确认企业合并形成的对被合并方（或被购买方）的投资。

在控股合并中，控股公司称为母公司，被控股公司称为该母公司的子公司，以母公司为中心，连同它所控股的子公司，称为企业集团。

吸收合并和新设合并由于涉及企业法人资格的变更，因此属于法律意义上的合并，而控股合并只是经济意义上的合并，企业集团中的母公司、子公司以及子公司的子公司仍然是独立的经济实体和法律实体。

（二）按是否存在同一控制方划分

我国的企业合并准则中将企业合并按照一定的标准划分为两大基本类型——同一控制下的企业合并与非同一控制下的企业合并。企业合并的类型划分不同，所遵循的会计处理原则也不同。

1.同一控制下的企业合并

同一控制下的企业合并，是指参与合并的企业在合并前后均受同一方或相同的多方最终控制且该控制并非暂时性的。

（1）能够对参与合并各方在合并前后均实施最终控制的一方通常指企业集团的母公司。同一控制下的企业合并一般发生于企业集团内部，如集团内母子公司之间、子公司与子公司之间等。因为该类合并从本质上是集团内部企业之间的资产或权益的转移，不涉及自集团外购入子公司或是向集团外其他企业出售子公司的情况，能够对参与合并企业在合并前后均实施最终控制的一方为集团的母公司。

（2）能够对参与合并的企业在合并前后均实施最终控制的相同多方，是指根据合同或协议的约定，拥有最终决定参与合并企业的财务和经营政策，并从中获取利益的投资者群体。

（3）实施控制的时间性要求，是指参与合并各方在合并前后较长时间内为最终控制方所控制。具体是指在企业合并之前（即合并日之前），参与合并各方在最终控制方的控制时间一般在1年以上（含1年），企业合并后所形成的报告主体在最终控制方的控制时间也应达到1年以上（含1年）。

（4）企业之间的合并是否属于同一控制下的企业合并，应综合构成企业合并交易的各方面情况，按照实质重于形式的原则进行判断。通常情况下，同一控制下的企业合并是指发生在同一企业集团内部企业之间的合并。同受国家控制的企业之间发生的合并，不应仅仅因为参与合并各方在合并前后均受国家控制而将其作为同一控制下的企业合并。

2.非同一控制下的企业合并

非同一控制下的企业合并，是指参与合并各方在合并前后不受同一方或相同的多方最终控制的合并交易，即除判断属于同一控制下企业合并的情况以外其他的企业合并。

企业之间的合并属于同一控制下的企业合并还是非同一控制下的企业合并，应综合构成企业合并交易的各方面情况，按照实质重于形式的原则进行判断。

第二节　同一控制下企业合并的处理

企业合并的会计处理，主要涉及合并方和合并日的确定、合并中取得的有关资产、负债的入账价值和合并差额的处理等问题。同一控制下的企业合并，在合并日取得对其他参与合并企业控制权的一方为合并方，参与合并的其他企业为被合并方。

所谓合并日，是指合并方实际取得对被合并方控制权的日期，即被合并方的净资产或生产经营决策的控制权转移给合并方的日期。按照《企业会计准则第20号——企业合并》的规定，同时满足下列条件的，通常可认为实现了控制权的转移：

（1）企业合并合同或协议已获股东大会等通过；

（2）企业合并事项需要经过国家有关主管部门审批的，已获得批准；

（3）参与合并各方已办理了必要的财产权转移手续；

（4）合并方或购买方已支付了合并价款的大部分（一般应超过50%），并且有能力、有计划支付剩余款项；

（5）合并方或购买方实际上已经控制了被合并方或被购买方的财务和经营政策，并享有相应的利益、承担相应的风险。

一、同一控制下企业合并的处理原则

对于同一控制下的企业合并，企业合并准则中规定的会计处理方法类似于权益结合法。所谓权益结合法，是将企业合并视为股东权益的结合，而非购买行为。在同一控制下的企业合并中，合并前后最终控制方未发生改变，因此，从最终控制方的角度，该类企业合并一定程度上并不会造成构成企业集团整体的经济利益流入和流出，最终控制方在合并前后实际控制的经济资源并没有发生变化，有关交易事项不作为出售或购买。具体来说，同一控制下的企业合并，合并方应遵循以下原则进行相关处理：

1. 合并方在企业合并中取得的资产和负债，应当按照合并日被合并方的账面价值计量。从最终控制方的角度，同一控制下的企业合并在合并前后所控制的净资产价值量并没有发生变化，因此，合并方在企业合并中取得的各项资产、负债，应维持其账面价值不变。

需要说明的是，若合并方采用的会计政策与被合并方不一致的，合并方在合并日应当按照本企业会计政策对被合并方的财务报表相关项目进行调整，并以调整后的账面价值作为有关资产、负债的入账价值。

2. 合并方取得的净资产账面价值与支付的合并对价账面价值（或发行股份面值总额）的差额，不应当作为合并损益进行确认，不影响合并当期的利润表；而应当调整所有者权益项目，即调整资本公积（资本溢价或股本溢价），资本公积（资本溢价或股本溢价）不足冲减的，调整留存收益。

3. 合并方为进行企业合并发生的各项直接相关费用，包括为进行企业合并而支付的审计费用、评估费用、法律服务费用等，应当于发生时计入当期损益。但是，以下两种情况除外：（1）为企业合并发行的债券或承担其他债务支付的手续费、佣金等，应当计入所发行债券及其他债务的初始计量金额；（2）企业合并中发行权益性证券发生的手续费、佣金等费用，应当抵减权益性证券溢价收入，溢价收入不足冲减的，冲减留存收益。

4. 对于同一控制下的控股合并，合并方在编制合并财务报表时，应视同合并后形成的报告主体自最终控制方开始实施控制时一直是一体化存续下来的，参与合并各方在合并以前期间实现的留存收益应体现为合并财务报表中的留存收益。合并财务报表中，应以合并方的资本公积（或经调整后的资本公积中的资本溢价部分）为限，在所有者权益内部进行调整，将被合并方在合并日以前实现的留存收益中按照持股比例计算归属于合并方的部分自资本公积转入留存收益。

二、会计处理

同一控制下的企业合并，视合并方式不同，应当分别按照有关规定进行会计处理。

（一）同一控制下的控股合并

在同一控制下的企业合并中，合并方在合并后取得对被合并方生产经营决策的控制权，并且被合并方在企业合并后仍然继续经营的，合并方在合并日涉及两个方面的问题：一是对于因该项企业合并形成的对被合并方的长期股权投资的确认和计量问题；二是合并日合并财务报表的编制问题。

1.长期股权投资的确认和计量

根据上述同一控制下企业合并的会计处理原则，合并方取得的资产和负债应当以其在被合并方的原账面价值入账。因此，同一控制下企业合并形成的长期股权投资的初始成本应当是：合并方在合并日享有被合并方所有者权益在最终控制方合并财务报表中的账面价值的份额。如果被合并方在合并前是由最终控制方通过非统一控制下企业合并取得的，那么在最终控制方合并财务报表中确认的商誉应当按照享有比例计入长期股权投资的初始成本。长期股权投资的初始成本与支付合并对价的差额按如下方法进行处理：

（1）合并方以支付现金、转让非现金资产或承担债务方式作为合并对价的，应当在合并日按照取得被合并方所有者权益账面价值的份额作为长期股权投资的初始投资成本。长期股权投资的初始投资成本与支付的现金、转让的非现金资产或所承担债务账面价值之间的差额，应当调整资本公积（资本溢价或股本溢价）；资本公积（资本溢价或股本溢价）的余额不足冲减的，调整留存收益。

具体进行会计处理时，合并方在合并日按取得被合并方所有者权益在最终控制方合并财务报表中的账面价值的份额，借记“长期股权投资”科目，按应享有被投资单位已宣告但尚未发放的现金股利或利润，借记“应收股利”科目，按支付的合并对价的账面价值，贷记有关资产或借记有关负债科目，按其差额，贷记“资本公积——资本溢价或股本溢价”科目；如为借方差额，应借记“资本公积——资本溢价或股本溢价”科目，资本公积（资本溢价或股本溢价）不足冲减的，借记“盈余公积”“利润分配——未分配利润”科目。

（2）合并方以发行权益性证券作为合并对价的，应按发行权益性证券的面值总额作为股本，长期股权投资初始投资成本与所发行权益性证券面值总额之间的差额，应当调整资本公积（资本溢价或股本溢价）；资本公积（资本溢价或股本溢价）不足冲减的，调整留存收益。

具体进行会计处理时，合并方在合并日应按取得被合并方所有者权益在最终控制方合并财务报表中的账面价值的份额，借记“长期股权投资”科目，按应享有被投资单位已宣告但尚未发放的现金股利或利润，借记“应收股利”科目，按发行权益性证券的面值，贷记“股本”科目，按其差额，贷记“资本公积——资本溢价或股本溢价”科目；如为借方差额，应借记“资本公积——资本溢价或股本溢价”科目，资本公积（资本溢价或股本溢价）不足冲减的，借记“盈余公积”“利润分配——未分配利润”科目。

上述在按照合并日应享有被合并方所有者权益在最终控制方合并财务报表中的账面价值的份额确定长期股权投资的初始投资成本时，前提是合并前合并方与被合并方采用的会计政策应当一致：企业合并前合并方与被合并方采用的会计政策不同的，应首先按照合并方的会计政策对被合并方资产、负债的账面价值进行调整，在此基础上计算确定形成长期股权投资的初始投资成本。

【例6-1】20×6年5月31日，A公司向同一集团内B公司的原股东P公司（B公司是P公司设立的全资子公司）定向增发1 000万股普通股（每股面值为1元，市价为6.80元），取得B公司100%的股权，并于当日起能够对B公司实施控制。合并后B公司仍维持其独立法人资格继续经营。两公司在企业合并前采用的会计政策相同。合并日，A公司和B公司所有者权益见表6-1，其中B公司所有者权益在P公司合并报表中账面价值为5 100万元。

表6-1　**A公司和B公司所有者权益**　单位：万元

报表项目	A公司	B公司
股本	7 000	3 500
资本公积——股本溢价	1 000	800
盈余公积	800	550
未分配利润	500	250
合计	9 300	5 100

根据上述资料，该项合并为同一控制下的企业合并，A公司应以B公司净资产在最终合并方合并财务报表中的账面价值的份额来确认长期股权投资的初始成本，即A公司确认长期股权投资的初始投资成本为：5 100×100%=5 100（万元），初始投资成本与所发行股份面值总额1 000万元之间的差额4 100万元，应当计入股本溢价。A公司的相关会计分录如下：

借：长期股权投资——B公司　51 000 000
　贷：股本　10 000 000
　　资本公积——股本溢价　41 000 000

【例6-2】C公司和D公司同为P公司控制下的两家子公司，其中D公司是P公司通过非同一控制下企业合并取得的子公司，P公司在合并D公司时在合并财务报表中确认商誉150万元。C公司于20×6年3月1日以账面价值为500万元的固定资产（原价700万元，累计折旧150万元，减值准备50万元）和银行存款250万元为对价取得D公司90%的股权。20×6年3月1日，P公司合并财务报表中D公司净资产的账面价值为1 500万元（包含商誉150万元），C公司和D公司的所有者权益见表6-2，它们的会计政策相同。

表6-2　　**C公司和D公司的所有者权益**　　单位：万元

项目	C公司	D公司
实收资本	1 000	580
资本公积——资本溢价	100	270
盈余公积	300	90
未分配利润	100	60
合计	1 500	1 000

根据上述资料，该项合并为同一控制下的企业合并，C公司长期股权投资的初始投资成本应当以享有D公司净资产在P公司合并财务报表中账面价值的份额来确定，而不能以D公司的净资产为基础来确定，即确认长期股权投资的初始成本为1 350万元（1 500×90%）；合并对价为750万元（500+250）；合并差额为600万元（1 350−750），应当调整资本溢价。C公司的相关会计分录如下：

借：固定资产清理　　5 000 000
　　累计折旧　　1 500 000
　　固定资产减值准备　　500 000
　　贷：固定资产　　7 000 000

借：长期股权投资——D公司　　13 500 000
　　贷：固定资产清理　　5 000 000
　　　　银行存款　　2 500 000
　　　　资本公积——资本溢价　　6 000 000

2.合并日合并财务报表的编制

（1）同一控制下合并日编制合并财务报表的基本原则。对于同一控制下的控股合并，应视同合并后形成的报告主体自最终控制方开始实施控制起一直是一体化存续下来的，体现在其合并财务报表上，即由合并后形成的母子公司构成的报告主体，无论是其资产规模还是其经营成果都应持续计算。无论该项合并发生在报告期的哪一时点，合并利润表、合并现金流量表均反映的是由母子公司构成的报告主体自合并当期期初至合并日实现的损益及现金流量情况。相对应地，合并资产负债表的留存收益项目，应当反映母子公司如果一直作为一个整体运行至合并日应实现的盈余公积和未分配利润的情况。

（2）同一控制下合并日编制合并财务报表的基本程序。合并方在合并日编制合并财务报表时，应当遵循合并报表编制的基本程序。第一，当合并方与被合并方采用的会计政策、会计期间不同时，应统一按照合并方的会计政策和会计期间，在合并工作底稿中对被合并方有关资产、负债账面价值进行调整，然后再进行抵销处理。第二，合并方与被合并方在合并日及以前期间发生的交易，应作为内部交易，按照合并报表的有关原则进行抵销处理。第三，对于同一控制下的企业合并，在编制合并日的合并财务报表时，应视同合并后形成的报告主体自最终控制方开始实施控制起一直是一体化存续下来的，参与合并各方在合并以前期间实现的留存收益应体现为合并财务报表中的留存收益。

(3) 合并日合并资产负债表的编制。合并方在编制合并日的合并资产负债表，反映合并方与被合并方作为一个企业集团的财务状况。在编制合并资产负债表时，应当遵循前述的报表编制程序。同时特别注意，同一控制下企业合并的基本处理原则是视同合并后形成的报告主体在合并日及以前期间一直存在，在合并资产负债表中，对于被合并方在企业合并前实现的留存收益（盈余公积和未分配利润之和）中归属于合并方的部分，应按以下规定，自合并方的资本公积转入留存收益。

①确认企业合并形成的长期股权投资后，合并方账面资本公积（资本溢价或股本溢价）贷方余额大于被合并方在合并前实现的留存收益中归属于合并方的部分，在合并资产负债表中，应将被合并方在合并前实现的留存收益中归属于合并方的部分自“资本公积”转入“盈余公积”和“未分配利润”。在合并工作底稿中，借记“资本公积”项目，贷记“盈余公积”和“未分配利润”项目。

②确认企业合并形成的长期股权投资后，合并方账面资本公积（资本溢价或股本溢价）贷方余额小于被合并方在合并前实现的留存收益中归属于合并方的部分的，在合并资产负债表中，应以合并方资本公积（资本溢价或股本溢价）的贷方余额为限，将被合并方在企业合并前实现的留存收益中归属于合并方部分自“资本公积”转入“盈余公积”和“未分配利润”。在合并工作底稿中，借记“资本公积”项目，贷记“盈余公积”和“未分配利润”项目。

因合并方资本公积（资本溢价或股本溢价）余额不足，被合并方在合并前实现留存收益在合并资产负债表中未予全额恢复的，合并方应当在会计报表附注中对这一情况进行说明。

(4) 合并利润表。合并方在编制合并日的合并利润表时，应包含合并方及被合并方自合并当期期初至合并日实现的净利润，双方在当期所发生的交易，应当按照合并财务报表的有关原则进行抵销。例如，同一控制下的企业合并发生于20×1年5月31日，合并方当日编制合并利润表时，应包括合并方及被合并方自20×1年1月1日至20×1年5月31日实现的净利润。

为了帮助企业的会计信息使用者了解合并利润表中净利润的构成，在发生同一控制下企业合并的当期，合并方在合并利润表中的“净利润”项下应单列“其中：被合并方在合并前实现的净利润”项目，反映因同一控制下企业合并规定的编表原则，导致由于该项企业合并自被合并方在合并当期带入的损益情况。

合并日合并现金流量表的编制与合并利润表的编制原则相同。

【例6-3】20×7年6月30日，A公司向B公司的股东定向增发1 000万股普通股（每股面值为1元，每股市价6.88元）对B公司进行合并，并于当日取得对B公司100%的股权。合并后，公司维持其法人资格继续经营。合并前后，A公司、B公司的最终控制方为中山公司。B公司由中山公司通过非同一控制下的企业合并取得，中山公司取得B公司时，B公司净资产的账面价值与公允价值相同，中山公司取得B公司时编制的合并财务报表中确认商誉200万元。20×7年6月30日，B公司净资产在中山公司合并财务报表中的账面价值为2 000万元。合并前，A公司、B公司的会计政策相同，且未发生任何交易。参与合并企业在20×7年6月30日企业合并前，有关资产、负债情况见表6-3。

表6-3 **资产负债表(简表)**

20×7年6月30日 单位：万元

项目	A公司	B公司
资产：		
货币资金	800	100
应收账款	200	300
存货	550	700
长期股权投资	1 900	200
固定资产	500	900
无形资产	600	100
商誉	0	0
资产总计	4 550	2 300
负债和所有者权益：		
短期借款	300	200
应付账款	500	200
其他负债	150	100
负债合计	950	500
股本	1 000	800
资本公积	900	500
盈余公积	800	200
未分配利润	900	300
所有者权益合计	3 600	1 800
负债和所有者权益总计	4 550	2 300

A公司及B公司20×7年1月1日至6月30日的利润表见表6-4。

该项合并中参与合并的企业在合并前及合并后均为中山公司最终控制，为同一控制下的企业合并。自20×7年6月30日开始，A公司能够对B公司的净资产实施控制，该日即为合并日。

表6-4　　**利润表(简表)**

20×7年1月1日至6月30日　　单位：万元

	A公司	B公司
一、营业收入	2 000	600
减：营业成本	1 000	400
营业税金及附加	10	2
销售费用	30	10
管理费用	90	30
财务费用	10	20
加：投资收益	20	10
二、营业利润	880	148
加：营业外收入	30	20
减：营业外支出	10	10
三、利润总额	900	158
减：所得税费用	250	30
四、净利润	650	128

（1）A公司发行股票取得B公司控制权的处理：

借：长期股权投资　　20 000 000

　贷：股本　　10 000 000

　　资本公积　　10 000 000

（2）A公司在编制合并日的合并财务报表时，抵销分录：

①借：实收资本　　8 000 000

　　资本公积　　5 000 000

　　盈余公积　　2 000 000

　　未分配利润　　3 000 000

　　商誉　　2 000 000

　贷：长期股权投资　　20 000 000

将被合并方在企业合并前实现的留存收益中归属于合并方的部分，自资本公积转入留存收益，合并调整分录为：

②借：资本公积　　5 000 000

　贷：盈余公积　　2 000 000

　　未分配利润　　3 000 000

（3）A公司控股合并B公司，在合并日的合并资产负债表和合并利润表分别见表6-5

和表6-6。

表6-5 **合并资产负债表(简表)**

20×7年6月30日 单位：万元

项目	A公司	B公司	抵销分录		合并数
			借方	贷方	
资产：					
货币资金	800	100			900
应收账款	200	300			500
存货	550	700			1 250
长期股权投资	1 900	200		①1 800	300
固定资产	500	900			1 400
无形资产	600	100			700
商誉	0	0			0
资产总计	4 550	2 300			5 050
负债和所有者权益：					
短期借款	300	200			500
应付账款	500	200			700
其他负债	150	100			250
负债合计	950	500			1 450
股本	1 000	800	①800		1 000
资本公积	900	500	①500		900
			②500		400
盈余公积	800	200	①200	②200	1 000
未分配利润	900	300	①300	②300	1 200
所有者权益合计	3 600	1 800			3 600
负债和所有者权益总计	4 550	2 300			5 050

表6-6 **合并利润表(简表)**

20×7年1月1日至6月30日 单位：万元

	A公司	B公司	抵销分录		合并数
			借方	贷方	
一、营业收入	2 000	600			2 600
减:营业成本	1 000	400			1 400
营业税金及附加	10	2			12
销售费用	30	10			40
管理费用	90	30			120
财务费用	10	20			30
加:投资收益	20	10			30
二、营业利润	880	148			1 028
加:营业外收入	30	20			50
减:营业外支出	10	10			20
三、利润总额	900	158			1 058
减:所得税费用	250	30			280
四、净利润	650	128			778

（二）同一控制下的吸收合并

在同一控制下的吸收合并中，合并方主要涉及合并日取得被合并方资产、负债入账价值的确定，以及合并中取得有关净资产的入账价值与支付的合并对价账面价值之间差额的处理。

1.合并中取得资产、负债入账价值的确定

合并方对同一控制下吸收合并中取得的资产、负债应当按照相关资产、负债在被合并方的原账面价值入账。与控股合并相比，两者的主要区别在于，合并方应通过编制日常会计分录将被合并方的各项资产、负债登记入账，反映在合并方的个别报表之中，而不是通过工作底稿反映在合并报表之中。

需要说明的是，对于合并方与被合并方在企业合并前采用的会计政策不同的，在将被合并方的相关资产和负债并入合并方的账簿和报表进行核算之前，首先应基于重要性原则，统一被合并方的会计政策，即应当按照合并方的会计政策对被合并方的有关资产、负债的账面价值进行调整后，以调整后的账面价值确认。

2.合并差额的处理

（1）以发行权益性证券方式进行的该类合并，合并方在确认了合并中取得的被合并方的资产和负债的入账价值后，所确认的净资产入账价值与发行股份面值总额的差额，应记入资本公积（资本溢价或股本溢价），资本公积（资本溢价或股本溢价）的余额不足冲减的，相应冲减盈余公积和未分配利润。(2) 以支付现金、非现金资产方式进行的该类合并，所确认的净资产入账价值与支付的现金、非现金资产账面价值的差额，相应调整资本公积（资本溢价或股本溢价），资本公积（资本溢价或股本溢价）的余额不足冲减的，应冲减盈余公积和未分配利润。

【例6-4】20×4年11月8日，W公司向Y公司的股东定向增发1 700万股普通股（每股面值为1元，市价为11.8元）对Y公司进行吸收合并，并于当日取得Y公司净资产。当日，W公司和Y公司资产、负债情况见表6-7。

表6-7　**资产负债表(简表)**

20×4年11月8日　　单位：万元

项目	W公司	Y公司	
	账面价值	账面价值	公允价值
资产：			
货币资金	788	133	133
应收账款	245	435	435
存货	450	568	650
长期股权投资	2 000	400	400
固定资产	450	765	983
无形资产	550	140	170
商誉	0	0	0
资产总计	4 483	2 441	2 771
负债和所有者权益：			
短期借款	598	230	230
应付账款	365	280	280
其他负债	100	200	200
负债合计	1 063	710	710
股本	1 500	700	700
资本公积	550	356	686
盈余公积	620	195	195
未分配利润	750	480	480
所有者权益合计	3 420	1 731	2 061
负债和所有者权益总计	4 483	2 441	2 771

本例中假定W公司和Y公司合并前其共同的母公司为A公司。该项合并中参与合并的企业在合并前及合并后均为A公司最终控制，为同一控制下的企业合并。自11月8日开始，W公司能够对Y公司净资产实施控制，该日即为合并日。

因合并后Y公司失去其法人资格，W公司应确认合并中取得的Y公司的各项资产和负债，假定W公司与Y公司在合并前采用的会计政策相同。

W公司对该项合并应进行的账务处理为：

借：货币资金	1 330 000	
库存商品（存货）	5 680 000	
应收账款	4 350 000	
长期股权投资	4 000 000	
固定资产	7 650 000	
无形资产	1 400 000	
贷：短期借款		2 300 000
应付账款		2 800 000
其他应付款（其他负债）		2 000 000
股本		17 000 000
资本公积		310 000

（三）合并方为进行企业合并发生的有关费用的处理

合并方为进行企业合并发生的有关费用，指合并方为进行企业合并发生的各项直接相关费用，如为进行企业合并支付的审计费用、进行资产评估的费用和有关的法律咨询费用等增量费用。

在同一控制下企业合并进行过程中发生的各项直接相关的费用，应于发生时费用化计入当期损益。借记“管理费用”等科目，贷记“银行存款”等科目。但以下两种情况除外：

1.以发行债券方式进行的企业合并，与发行债券相关的佣金、手续费等应按照《企业会计准则第22号——金融工具确认和计量》的规定进行核算，即该部分费用虽然与筹集用于企业合并的对价直接相关，但其核算应遵照金融工具准则的原则，有关的费用应计入负债的初始计量金额中。债券如为折价发行的，该部分费用应增加折价的金额；债券如为溢价发行的，该部分费用应减少溢价的金额。

2.发行权益性证券作为合并对价的，与所发行权益性证券相关的佣金、手续费等应按照《企业会计准则第37号——金融工具列报》的规定进行核算，即与发行权益性证券相关的费用，不管其是否与企业合并直接相关，均应自所发行权益性证券的发行收入中扣减。在权益性工具发行有溢价的情况下，自溢价收入中扣除；在权益性证券发行无溢价或溢价金额不足以扣减的情况下，应当冲减盈余公积和未分配利润。

企业专设的购并部门发生的日常管理费用，如果该部门的设置并不是与某项企业合并直接相关，而是企业的一个常设部门，其设置的目的是为了寻找相关的购并机会等，维持该部门日常运转的有关费用，不属于与企业合并直接相关的费用，应当于发生时费用化计入当期损益。

第三节 非同一控制下企业合并的处理

非同一控制下的企业合并，是指参与合并各方在合并前后不受同一方或相同的多方最终控制的合并交易，主要涉及购买方及购买日的确定、企业合并成本的确定、合并中取得各项可辨认资产、负债的确认和计量以及合并差额的处理等。

一、非同一控制下企业合并的处理原则

非同一控制下企业合并的会计处理原则是购买法，购买法把企业看作是合并方购入被合并方净资产的一项交易，这一交易与企业直接从外界购入存货、固定资产等资产实质上相同。

（一）确定购买方

采用购买法核算企业合并的首要前提是确定购买方。购买方是指在企业合并中取得对另一方或多方控制权的一方。合并中一方取得了另一方半数以上有表决权股份的，除非有明确的证据表明该股份不能形成控制，一般认为取得控股权的一方为购买方。

在某些情况下，即使一方没有取得另一方半数以上有表决权股份，但存在以下情况时，一般也可认为其获得了对另一方的控制权，如：

1.通过与其他投资者签订协议，实质上拥有被购买企业半数以上表决权。例如，P公司拥有S公司45%的表决权资本，W公司拥有S公司20%的表决权资本。P公司与W公司达成协议，W公司在S公司的权益由P公司代表。在这种情况下，P公司实质上拥有S公司65%表决权资本的控制权，在S公司的章程等没有特别规定的情况下，表明P公司实质上控制S公司。

2.按照法律或协议等的规定，具有主导被购买企业财务和经营决策的权力。例如，P公司拥有S公司40%的表决权资本，同时，根据法律或协议规定，P公司可以决定S公司的财务和生产经营等政策，达到对S公司的财务和经营政策实施控制。

3.有权任免被购买企业董事会或类似权力机构绝大多数成员。这种情况是指虽然投资企业拥有被投资单位50%或以下表决权资本，但根据章程、协议等有权任免被投资单位董事会或类似机构的绝大多数成员，以达到实质上控制的目的。

4.在被购买企业董事会或类似权力机构具有绝大多数投票权。这种情况是指虽然投资企业拥有被投资单位50%或以下表决权资本，但能够控制被投资单位董事会等类似权力机构的会议，从而能够控制其财务和经营政策，达到对被投资单位的控制。

（二）确定购买日

购买日是购买方获得对被购买方控制权的日期，即企业合并交易进行过程中，发生控制权转移的日期。非同一控制下企业合并中的购买日的确定原则与同一控制下企业合并中的合并日的确定原则相同。企业在实务操作中，应当结合合同或协议的约定及其他有关的影响因素，按照实质重于形式的原则进行判断。

企业合并涉及一次以上交换交易的，例如通过分阶段取得股份最终实现合并，购买日

是指按照有关标准判断购买方最终取得对被购买企业控制权的日期。例如，P企业于20×1年7月16日取得S公司25%的股权（假定能够对被投资单位施加重大影响），在与取得股权相关的风险和报酬发生转移的情况下，P企业应确认对S公司的长期股权投资。在已经拥有B公司25%股权的基础上，P企业又于20×2年11月8日取得S公司30%的股权，在其持股比例达到55%的情况下，假定于当日开始能够对S公司实施控制，则20×2年11月8日为第二次购买股权的交易日，同时因在当日能够对S公司实施控制，形成企业合并的购买日。

（三）确定企业合并成本

在非同一控制下的企业合并中，合并成本为购买方在购买日为取得对被购买方的控制权而付出的资产、发生或承担的负债以及发行的权益性证券的公允价值。具体来讲，企业合并成本包括购买方在购买日支付的下列项目的合计金额：

1.作为合并对价的现金及非现金资产的公允价值。以非货币性资产作为合并对价的，其合并成本为所支付对价的公允价值，该公允价值与作为合并对价的非货币性资产账面价值的差额，作为资产的处置损益，计入合并方合并当期的个别利润表。

2.发行的权益性证券的公允价值。如果购买方为上市公司，且发行股票作为合并对价的，那么该权益性证券的公允价值即为股票的市价。购买方应以股票面值计入“股本”，市价与面值差额计入“资本公积”。

3.因企业合并发生或承担的债务的公允价值。因企业合并而承担的各项负债，应采用按照适用利率计算的未来现金流量的现值作为其公允价值。

4.在合并合同或协议中对可能影响合并成本的未来事项做出约定的，符合《企业会计准则第13号——或有事项》规定的确认条件的，应确认的支出也应作为企业合并成本的一部分。如参与合并各方可能在企业合并合同或协议中规定，如果被购买方在企业合并后连续两年净利润超过一定水平，购买方需支付额外的对价，在购买日预计被购买方的盈利水平很可能会达到合同规定的标准的情况下，应将按照合同或协议约定需支付的金额并入合并成本。

需要说明的是，对于通过多次交换交易分步实现的企业合并，其企业合并成本为每一单项交换交易的成本之和。

（四）企业合并成本在取得的可辨认资产和负债之间的分配

非同一控制下的企业合并中，通过企业合并交易，购买方无论是取得对被购买方生产经营决策的控制权还是取得被购买方的全部净资产，从本质上看，取得的均是对被购买方净资产的控制权。

在控股合并的情况下，购买方在其个别财务报表中应确认所形成的对被购买方的长期股权投资，该长期股权投资所代表的是购买方对合并中取得的被购买方各项资产、负债享有的份额，具体体现在合并财务报表中应列示的有关资产、负债。

在吸收合并的情况下，合并中取得的被购买方各项可辨认资产、负债等直接体现为购买方账簿及个别财务报表中的资产、负债项目。

1.合并中取得的被购买方除无形资产以外的其他各项资产（不仅限于被购买方原已确

认的资产），其所带来的经济利益很可能流入企业且公允价值能够可靠地计量的，应当单独予以确认并按照公允价值计量。合并中取得的无形资产，其公允价值能够可靠地计量的，应当单独确认为无形资产并按照公允价值计量。

2.合并中取得的被购买方除或有负债以外的其他各项负债，履行有关的义务很可能导致经济利益流出企业且公允价值能够可靠地计量的，应当单独予以确认并按照公允价值计量。

3.合并中取得的被购买方或有负债，其公允价值能够可靠地计量的，应当单独确认为负债并按照公允价值计量。

在按照规定确定了合并中应予确认的各项可辨认资产、负债的公允价值后，其计税基础与账面价值不同形成暂时性差异的，应当按照所得税会计准则的规定确认相应的递延所得税资产或递延所得税负债。

（五）企业合并成本与合并中取得的被购买方可辨认净资产公允价值份额差额的处理

购买方对于企业合并成本与确认的可辨认净资产公允价值份额的差额，应视情况分别处理：

1.企业合并成本大于合并中取得的被购买方可辨认净资产公允价值份额的差额应确认为商誉。在控股合并的情况下，该差额是指在合并财务报表中应予列示的商誉，即长期股权投资的成本与购买日按照持股比例计算确定应享有被购买方可辨认净资产公允价值份额之间的差额；在吸收合并的情况下，该差额是购买方在其账簿及个别财务报表中应确认的商誉。

商誉在确认以后，持有期间不要求摊销，应当按照《企业会计准则第8号——资产减值》的规定对其价值进行测试，按照账面价值与可收回金额孰低的原则计量，对于可收回金额低于账面价值的部分，计提减值准备，有关减值准备在提取以后，不能够转回。

2.企业合并成本小于合并中取得的被购买方可辨认净资产公允价值份额的部分，应计入合并当期损益。

该种情况下，购买方首先要对合并中取得的资产、负债的公允价值、作为合并对价的非现金资产或发行的权益性证券等的公允价值进行复核，如果复核结果表明所确定的各项资产和负债的公允价值是恰当的，应将企业合并成本低于取得的被购买方可辨认净资产公允价值份额之间的差额，计入合并当期的营业外收入，并在会计报表附注中予以说明。

在吸收合并的情况下，上述企业合并成本小于合并中取得的被购买方可辨认净资产公允价值份额的差额，应计入购买方合并当期的个别利润表；在控股合并的情况下，因购买日不需要编制合并利润表，该差额体现在合并日编制的合并资产负债表上，应调整合并资产负债表的盈余公积和未分配利润。

（六）合并中发生的各项直接相关费用的处理

非同一控制下企业合并中发生的与企业合并直接相关的费用，包括为进行合并而发生的会计审计费用、法律服务费用、咨询费用等。《企业会计准则解释第4号》规定：非同一控制下的企业合并中，购买方为企业合并发生的审计、法律服务、评估咨询等中介费用以及其他相关管理费用，应当于发生时计入当期损益。

与同一控制下企业合并进行过程中发生的有关费用相一致，这里所称合并中发生的各项直接相关费用，不包括与为进行企业合并发行的权益性证券或发行的债务相关的手续费、佣金等。该部分费用应按照《企业会计准则解释第4号》的相关规定处理，即应当计入权益性证券或债务性证券的初始确认金额。

二、会计处理

（一）非同一控制下的控股合并

该合并方式下，购买方所涉及的会计处理问题主要是两个方面：一是购买日因进行企业合并形成的对被购买方的长期股权投资初始投资成本的确定，该成本与作为合并对价支付的有关资产账面价值之间差额的处理；二是购买日合并财务报表的编制。

1.长期股权投资的确认与计量

非同一控制下的控股合并中，购买方应当按照确定的企业合并成本作为长期股权投资的初始投资成本。企业合并成本包括购买方付出的资产、发生或承担的负债、发行的权益性证券的公允价值。

具体进行会计处理时，对于非同一控制下控股合并形成的长期股权投资，应在购买日按企业合并成本（不含应自被投资单位收取的现金股利或利润），借记“长期股权投资”科目，按享有被投资单位已宣告但尚未发放的现金股利或利润，借记“应收股利”科目，按支付合并对价的账面价值，贷记有关资产或借记有关负债科目，按其差额，贷记“营业外收入”或“投资收益” 等科目。按发生的直接相关费用，借记“管理费用”科目，贷记“银行存款”等科目。

购买方为取得对被购买方的控制权，以支付非货币性资产为对价的，有关非货币性资产在购买日的公允价值与其账面价值的差额，应作为资产的处置损益；如果作为对价的非货币性资产为固定资产或无形资产的，处置损益应计入“营业外收入”或“营业外支出”科目；如果以库存商品等作为合并对价的，应按库存商品的公允价值，贷记“主营业务收入”科目，并同时结转相关的成本。

【例6-5】A公司于20×4年11月8日以一台设备和一项专利权对B公司投资，取得B公司90%的股权，取得该部分股权后能够控制B公司的生产经营决策和财务政策。该设备的账面价值为500万元（原价700万元，累计折旧150万元，减值准备50万元），其公允价值550万元；该专利权的账面价值为180万元（账面原值为250万元，累计摊销为70万元），公允价值为200万元。为核实B公司的资产价值，A公司聘请专业资产评估机构对B公司的资产进行评估，支付评估费用10万元。假定合并前A公司与B公司不存在任何关联方关系，不考虑其他相关税费。

根据上述资料，A公司与B公司在合并前不存在任何关联方关系，应作为非同一控制下的控股合并处理。A公司的相关会计处理如下：

借：固定资产清理	5 000 000
累计折旧	1 500 000

借：固定资产减值准备　　500 000
　　贷：固定资产　　7 000 000
借：长期股权投资——B公司　　7 500 000
　　累计摊销　　700 000
　　贷：无形资产　　2 500 000
　　　　固定资产清理　　5 000 000
　　　　营业外收入　　700 000
借：管理费用　　100 000
　　贷：银行存款　　100 000

2.购买日合并财务报表的编制

非同一控制下的企业合并，在购买日只需编制合并资产负债表，无须编制合并利润表等反映一定时期经营成果或现金流量情况的报表。

在编制合并资产负债表时，应遵循编制合并财务报表的基本程序，应当在合并工作底稿中：（1）对子公司的个别报表进行调整：除了存在与母公司会计政策和会计期间不一致的情况，需要对该子公司的个别财务报表进行调整外，还应当根据母公司为该子公司设置的备查簿中记录的，购买日取得的被购买方可辨认资产、负债的公允价值为基础，对被购买方的个别财务报表进行调整。（2）对母公司的个别财务报表进行调整：按权益法调整母公司对子公司的长期股权投资。（3）在按上述原则对母、子公司的个别财务报表进行调整后，再编制抵销分录；购买方合并成本大于合并中取得的被购买方可辨认净资产公允价值份额的差额，确认为合并资产负债表中的商誉；购买方合并成本小于合并中取得的被购买方可辨认净资产公允价值份额的差额，在购买日合并资产负债表中调整盈余公积和未分配利润。

【例6-6】20×4年11月8日W公司向Y公司的股东定向增发1 000万股普通股（每股面值1元，市场价格为12.70元），取得了Y公司60%的股权。合并当日，W公司和Y公司的财务状况见【例6-4】的表6-7所示。编制购买方于购买日的合并资产负债表。

（1）W公司在个别报表中确认长期股权投资

借：长期股权投资　　12 700 000
　　贷：股本　　10 000 000
　　　　资本公积——股本溢价　　2 700 000

（2）在合并报表工作底稿中编制调整分录

将子公司Y的净资产由账面价值调整为公允价值：

借：存货　　820 000
　　固定资产　　2 180 000
　　无形资产　　300 000
　　贷：资本公积　　3 300 000

将母公司W公司对Y公司的长期股权投资由成本法转化成权益法：

由于W公司对Y公司的长期股权投资的初始投资成本（即合并成本）为1 270万元，大于享有投资时Y公司可辨认净资产公允价值份额1 236.60万元（2 061×60%），因此，不需要在合并工作底稿中对W公司的长期股权投资的初始成本进行调整。长期股权投资初始投资成本大于合并中取得被购买方可辨认净资产公允价值份额应确认为商誉。

合并商誉=企业合并成本−合并中取得被购买方可辨认净资产公允价值份额

=1 270−2 061×60%=33.40（万元）

（3）在合并工作底稿中编制抵销分录

借：股本	7 000 000	
资本公积	6 860 000	
盈余公积	1 950 000	
未分配利润	4 800 000	
商誉	334 000	
贷：长期股权投资		12 700 000
少数股东权益		8 244 000

（4）编制合并资产负债表（见表6−8）

（二）非同一控制下的吸收合并

1. 合并中取得资产、负债的入账价值的确定。非同一控制下的吸收合并，购买方在购买日应当将合并中取得的符合确认条件的各项可辨认资产、负债，按其公允价值确认为本企业的资产和负债；作为合并对价的有关非货币性资产在购买日的公允价值与其账面价值的差额，应作为资产处置损益计入合并当期的利润表。

2. 合并差额的处理。确定的企业合并成本与所取得的被购买方可辨认净资产公允价值之间的差额，视情况分别确认为商誉或是计入企业合并当期的损益。其具体处理原则与非同一控制下的控股合并类似，不同点在于非同一控制下的吸收合并中，合并中取得的可辨认资产和负债是作为个别报表中项目列示，合并中产生的商誉也是作为购买方账簿及个别财务报表中的资产列示。

【例6−7】沿用【例6−4】中的资料，假定W公司和Y公司在合并前不受同一方或相同的多方控制，同时假定W公司与Y公司在合并前采用的会计政策相同。则W公司在此项吸收合并中的会计处理如下：

借：货币资金	1 330 000	
库存商品（存货）	6 500 000	
应收账款	4 350 000	
长期股权投资	4 000 000	
固定资产	9 830 000	
无形资产	1 700 000	
商誉	172 890 000	
贷：短期借款		2 300 000

贷：应付账款　　2 800 000
　　其他应付款（其他负债）　　2 000 000
　　股本　　17 000 000
　　资本公积　　183 600 000

表6-8

合并资产负债表(简表)

20×4年11月8日　　单位：万元

项　目	W公司	Y公司	抵销分录		合并金额
			借方	贷方	
资产：					
货币资金	788	133			921
应收账款	245	435			680
存货	450	650			1 100
长期股权投资	2 000	400		1 270	1 130
固定资产	450	983			1 433
无形资产	550	170			720
商誉	0	0	33.4		33.4
资产总计	4 483	2 771			6 017.4
负债和所有者权益：					
短期借款	598	230			828
应付账款	365	280			645
其他负债	100	200			300
负债合计	1 063	710			1 773
股本	1 500	700	700		1 500
资本公积	550	686	686		550
盈余公积	620	195	195		620
未分配利润	750	480	480		750
少数股东权益	0	0		824.4	824.4
所有者权益合计	3 420	2 061			4 244.4
负债和所有者权益总计	4 483	2 771			6 017.4

第四节 企业合并中特殊问题的处理

一、通过多次交易分步实现的企业合并

（一）同一控制下的企业合并

如果企业合并并非通过一次交换交易实现，而是通过多次交换交易分步实现的，则企业在每一单项交易发生时，应确认对被投资单位的投资。投资企业在持有被投资单位的部分股权后，通过增加持股比例等达到对被投资单位形成控制的，购买方应区分个别和合并财务报表分别进行处理：

1.个别财务报表

通过多次交易分步实现同一控制下企业合并，合并日，按照取得被合并方所有者权益账面价值的份额作为长期股权投资的初始投资成本，合并日长期股权投资初始投资成本，与达到合并前的长期股权投资账面价值加上合并日取得股份新支付对价的账面价值之和的差额，调整资本公积（资本溢价或股本溢价），资本公积不足冲减的，冲减留存收益。合并日之前持有的被合并方的股权涉及其他综合收益的也直接转入资本公积（资本溢价或股本溢价），并按以下原则进行会计处理：

（1）合并方于合并日之前持有的被合并方的股权投资，保持其账面价值不变。其中，合并日前持有的股权投资作为长期股权投资并采用成本法核算的，为成本法核算下至合并日应有的账面价值；合并日前持有的股权投资作为长期股权投资并采用权益法核算的，为权益法核算下至合并日应有的账面价值；合并日前持有的股权投资作为金融资产并按公允价值计量的，为至合并日的账面价值。

（2）这里所谓的被合并方账面所有者权益，是指被合并方的所有者权益相对于最终控制方而言的账面价值。如果被合并方本身编制合并财务报表的，被合并方的账面所有者权益的价值应当以其合并财务报表为基础确定。

（3）如果通过多次交易实现同一控制下吸收合并的，按照同一控制下吸收合并相同的原则进行会计处理。

2.合并财务报表

多次交易分步实现的同一控制下企业合并，合并日原所持股权采用权益法核算、按被投资单位实现净利润和原持股比例计算确认的损益、其他综合收益，以及其他净资产变动部分，在合并财务报表中予以冲回，即冲回原权益法下确认的损益和其他综合收益，并转入资本公积（资本溢价或股本溢价）。

合并方的财务报表比较数据追溯调整的期间应不早于双方处于最终控制方的控制之下孰晚的时间。

（二）非同一控制下的企业合并

如果企业合并并非通过一次交换交易实现，而是通过多次交换交易分步实现的，则企业在每一单项交易发生时，应确认对被投资单位的投资。投资企业在持有被投资单位的部分股权后，通过增加持股比例等达到对被投资单位形成控制的，购买方应当区分个别和合

并财务报表分别进行处理。

1.个别财务报表

在个别财务报表中，购买方应当以购买日之前所持被购买方的股权投资的账面价值与购买日新增股权投资成本之和，作为该项投资的初始投资成本；购买日之前持有的被购买方的股权涉及其他综合收益（资本公积——其他资本公积）的，应当在处置该项投资时将与其相关的其他综合收益转入当期投资收益，并按以下原则进行会计处理：

（1）购买方于购买日之前持有的被购买方的股权投资，保持其账面价值不变。其中：购买日前持有的股权投资作为长期股权投资并采用成本法核算的，为成本法核算下至购买日应有的账面价值；购买日前持有的股权投资作为长期股权投资并采用权益法核算的，为权益法核算下至购买日应有的账面价值；购买日前持有的股权投资作为金融资产并按公允价值计量的，为至购买日的账面价值。

（2）追加的投资，按照购买日支付对价的公允价值计量，并确认长期股权投资。购买方应当以购买日之前所持被购买方的股权投资的账面价值与购买日新增投资成本之和，作为该项投资的初始投资成本。

（3）购买方对于购买日之前持有的被购买方的股权投资涉及其他综合收益的，例如，购买方原持有的股权投资按照权益法核算时，被购买方持有的可供出售金融资产公允价值变动确认的其他综合收益（记入“资本公积——其他资本公积”科目），购买方按持股比例计算应享有的份额并确认为其他综合收益（记入“资本公积——其他资本公积”科目）的部分，不予处理。待购买方出售被购买方股权时，再按出售股权相对应的其他综合收益部分转入出售当期的损益。

（4）如果通过多次交易完成非同一控制下的吸收合并时，按照非同一控制下吸收合并的原则进行会计处理。

2.合并财务报表

在合并财务报表中，购买方对于购买日之前持有的被购买方的股权，应当按照该股权在购买日的公允价值进行重新计量，并按照以下原则处理：

（1）购买方对于购买日之前持有的被购买方的股权，按照该股权在购买日的公允价值进行重新计量，公允价值与其账面价值的差额计入当期投资收益。

（2）购买日之前持有的被购买方的股权于购买日的公允价值，与购买日新购入股权所支付对价的公允价值之和，为合并财务报表中的合并成本。

（3）在按上述计算的合并成本基础上，比较购买日被购买方可辨认净资产公允价值的份额，确定购买日应予确认的商誉，或者应计入发生当期损益的金额。

（4）购买方对于购买日之前持有的被购买方的股权涉及其他综合收益的，与其相关的其他综合收益应当转为购买日所属当期投资收益。

【例6-8】20×1年1月1日，P公司以550万元取得S公司30%的股份，取得投资时S公司净资产的公允价值为1 800万元。20×2年1月1日，P公司另支付1 500万元取得S公司50%的股份，能够对S公司实施控制。购买日S公司可辨认净资产公允价值为2 500万元

(其中股本为13 00万元，资本公积为300万元，盈余公积为500万元，未分配利润为400万元)。P公司之前所取得的30%股权于购买日的公允价值为750万元。S公司自20×1年1月1日P公司取得投资后至20×2年1月1日进一步购买股份前实现的留存收益为700万元，未进行利润分配。

（1）P公司在个别报表中的处理

20×1年1月1日，P公司取得对S公司长期股权投资的成本为550万元。20×2年1月1日，P公司进一步取得S公司50%的股权时，支付价款1500万元。该项长期股权投资于购买日的账面价值为2 050万元。P公司于购买日的账务处理如下：

借：长期股权投资　15 000 000

　贷：银行存款　15 000 000

（2）P公司在合并财务报表中的处理

①计算合并成本：

合并成本=750+1 500=2 250（万元）

②计算应计入损益的金额：

应计入损益的金额=750−550=200（万元）

借：长期股权投资　2 000 000

　贷：投资收益　2 000 000

③计算商誉：

在合并财务报表中应体现的商誉=2 250−2 500×80%=250（万元）

在合并工作底稿上的合并抵销分录为：

借：股本　13 000 000

　资本公积　3 000 000

　盈余公积　5 000 000

　未分配利润　4 000 000

　商誉　2 500 000

　贷：长期股权投资　22 500 000

　　少数股东权益　5 000 000

二、反向购买的处理

非同一控制下的企业合并，以发行权益性证券交换股权的方式进行的，通常发行权益性证券的一方为购买方。但某些企业合并中，发行权益性证券的一方因其生产经营决策在合并后被参与合并的另一方所控制的，发行权益性证券的一方虽然为法律上的母公司，但其为会计上的被购买方，该类企业合并通常称为“反向购买”。例如，A公司为一家规模较小的上市公司，B公司为一家规模较大的公司。B公司拟通过收购A公司的方式达到上市目的，但该交易是通过A公司向B公司原股东发行普通股，用以交换B公司原股东持有的对B公司股权方式实现。该项交易后，B公司原控股股东持有A公司50%以上股权，A公司持有B公司50%以上股权，A公司为法律上的母公司、B公司为法律上的子公司，但从会计角度，A公司为被购买方，B公司为购买方。

（一）企业合并成本

反向购买中，法律上的子公司（购买方）的企业合并成本是指其如果以发行权益性证券的方式为获取在合并后报告主体的股权比例，应向法律上母公司（被购买方）的股东发行的权益性证券数量与其公允价值计算的结果。购买方的权益性证券在购买日存在公开报价的，通常应以公开报价作为其公允价值；购买方的权益性证券在购买日不存在可靠公开报价的，应参照购买方的公允价值和被购买方的公允价值两者之中有更为明显证据支持的一个作为基础，确定购买方假定应发行权益性证券的公允价值。

（二）合并财务报表的编制

反向购买后，法律上的母公司应当遵从以下原则编制合并财务报表：

1.合并财务报表中，法律上子公司的资产、负债应以其在合并前的账面价值进行确认和计量。

2.合并财务报表中的留存收益和其他权益余额应当反映的是法律上子公司在合并前的留存收益和其他权益余额。

3.合并财务报表中的权益性工具的金额应当反映法律上子公司合并前发行在外的股份面值，以及假定在确定该项企业合并成本过程中新发行的权益性工具的金额。但是在合并财务报表中的权益结构应当反映法律上母公司的权益结构，即法律上母公司发行在外权益性证券的数量和种类。

4.法律上母公司的有关可辨认资产、负债在并入合并财务报表时，应以其在购买日确定的公允价值进行合并，企业合并成本大于合并中取得的法律上母公司（被购买方）可辨认净资产公允价值的份额体现为商誉，小于合并中取得的法律上母公司（被购买方）可辨认净资产公允价值的份额确认为合并当期损益。

5.合并财务报表的比较信息应当是法律上子公司的比较信息（即法律上子公司的前期合并财务报表）。

6.法律上子公司的有关股东在合并过程中未将其持有的股份转换为对法律上母公司股份的，该部分股东享有的权益份额在合并财务报表中应作为少数股东权益列示。因法律上子公司的部分股东未将其持有的股份转换为法律上母公司的股权，其享有的权益份额仍仅限于对法律上子公司的部分，该部分少数股东权益反映的是少数股东按持股比例计算享有法律上子公司合并前净资产账面价值的份额。另外，对于法律上母公司的所有股东，虽然该项合并中其被认为是被购买方，但其享有合并形成报告主体的净资产及损益，不应作为少数股东权益列示。

上述反向购买的会计处理原则仅适用于合并财务报表的编制。法律上母公司在该项合并中形成的对法律上子公司长期股权投资成本的确定，应当遵从《企业会计准则第2号——长期股权投资》的相关规定。

【例6-9】P上市公司于20×8年6月30日通过定向增发本企业普通股对S企业进行合并，取得S企业100%股权。假定不考虑所得税影响。P公司及S企业在合并前简化资产负债表见表6-9。

表6-9　**P公司及S企业合并前资产负债表**　单位：万元

报表项目	P公司	S公司
存货	2 500	5 500
固定资产	18 000	60 000
资产总额	20 500	65 500
短期借款	1 300	2 500
长期借款	200	3 000
负债总额	1 500	5 500
股本	1 000	1 000
资本公积		
盈余公积	5 000	15 000
未分配利润	13 000	44 000
所有者权益总额	19 000	60 000

其他资料：

（1）20×8年6月30日，P公司通过定向增发本企业普通股，以2股换1股的比例自S企业原股东处取得了S企业全部股权。P公司共发行了2 000万股普通股以取得S企业全部1 000万股普通股。

（2）P公司普通股在20×8年6月30日的公允价值为18元，S企业每股普通股当日的公允价值为45元。P公司、S企业每股普通股的面值为1元。

（3）20×8年6月30日，P公司除一项非流动资产（固定资产）公允价值较账面价值高2 700万元以外，其他资产、负债项目的公允价值与其账面价值相同。

（4）假定P公司与S企业在合并前不存在任何关联方关系。

对于该项企业合并，虽然在合并中发行权益性证券的一方为P公司，但因其生产经营决策的控制权在合并后由S企业原股东控制，S企业应为购买方，P公司为被购买方。

（1）确定该项合并中S企业的合并成本：

P公司在该项合并中向S企业原股东增发了2 000万股普通股，合并后S企业原股东持有P公司的股权比例为66.67%（2 000/3 000），如果假定S企业发行本企业普通股在合并后主体享有同样的股权比例，则S企业应当发行的普通股股数为500万股（1 000÷66.67%−1 000），其公允价值为22 500万元（500万股×45元），企业合并成本为22 500万元。

相当于S公司在个别报表中的会计处理：

借：长期股权投资　　225 000 000

　　贷：股本　　5 000 000

　　　　资本公积　　220 000 000

这一分录会使S公司个别报表中的非流动资产（长期股权投资）增加22 500万元，股本增加500万元，资本公积增加22 000万元。

（2）在合并工作底稿中对子公司P个别报表的调整：

借：固定资产　　27 000 000

　　贷：资本公积　　27 000 000

这一分录会使合并工作底稿中P公司的固定资产增加2 700万元，资本公积增加2 700万元。

（3）在合并工作底稿中编制S公司长期股权投资与P公司所有者权益的抵销分录：

借：股本　　10 000 000

　　资本公积　　27 000 000

　　盈余公积　　50 000 000

　　未分配利润　　130 000 000

　　商誉　　8 000 000

　　贷：长期股权投资　　225 000 000

该抵销分录会使S公司长期股权投资减少22 500万元，会将子公司P的所有者权益全部抵销，同时在合并报表中会产生商誉800万元。

（4）合并资产负债表，见表6-10。

（5）上例中，S企业的全部股东中假定只有其中的90%以原持有的对S企业股权换取了P公司增发的普通股。P公司应发行的普通股股数为1 800万股（1 000×90%×2）。企业合并后，S企业的股东拥有合并后报告主体的股权比例为64.29%（1 800/2 800）。通过假定S企业向P公司发行本企业普通股在合并后主体享有同样的股权比例，在计算S企业需发行的普通股数量时，不考虑少数股权的因素，故S企业应当发行的普通股股数为500万股（1 000×90%÷64.29%－1 000×90%），S企业在该项合并中的企业合并成本为22 500万元，S企业未参与股权交换的股东拥有S企业的股份为10%，享有S企业合并前净资产的份额为6 000万元，在合并财务报表中应作为少数股东权益列示。

三、购买子公司少数股权的处理

企业在取得对子公司的控制权，形成企业合并后，自子公司的少数股东处取得少数股东拥有的对该子公司全部或部分少数股权，该类交易或事项发生以后，应当遵循以下原则分别母公司个别财务报表以及合并财务报表两种情况进行处理：

（1）从母公司个别财务报表角度，其自子公司少数股东处新取得的长期股权投资应当按照《企业会计准则第2号——长期股权投资》第六条的规定，即以支付现金资产、非现金资产或发行权益性证券的公允价值来确定追加投资的入账价值。

表6-10

合并资产负债表

20×8年6月30日

单位：万元

报表项目	P公司	调整分录		S公司*	调整分录		抵销分录		合并金额
		借方	贷方		借方	贷方	借方	贷方	
存货	2 500			5 500					8 000
固定资产	18 000	2 700		60 000					80 700
长期股权投资				22 500				22 500	0
商誉							800		800
资产总额	20 500	2 700		88 000			800	22 500	89 500
短期借款	1 300			2 500					3 800
长期借款	200			3 000					3 200
负债总额	1 500			5 500					7 000
股本	1 000			1 500			1 000		1 500
资本公积			2 700	22 000			2 700		22 000
盈余公积	5 000			15 000			5 000		15 000
未分配利润	13 000			44 000			13 000		44 000
所有者权益总额	19 000		2 700	82 500			21 700		82 500

注：S公司报表中的金额为发行500万普通股之后的金额。

（2）在合并财务报表中，子公司的资产、负债应以购买日（或合并日）开始持续计算的金额反映。

购买子公司少数股权的交易日，母公司新取得的长期股权投资与按照新增持股比例计算应享有子公司自购买日（或合并日）开始持续计算的可辨认净资产份额之间的差额，应当调整合并财务报表中的资本公积（资本溢价或股本溢价），资本公积（资本溢价或股本溢价）的余额不足冲减的，调整留存收益。

【例6-10】A公司于20×1年12月29日以23 000万元取得对B公司60%的股权，能够对B公司实施控制，形成非同一控制下的企业合并。20×2年12月25日A公司又出资6 000万元自B公司的其他股东处取得B公司20%的股权。A公司与B公司及B公司的少数股东在相关交易发生前不存在任何关联方关系。

（1）20×1年12月29日，A公司在取得B公司60%股权时，B公司可辨认净资产公允价值总额为25 000万元。

（2）20×2年12月25日，B公司有关资产、负债的账面价值、自购买日开始持续计算的金额（对母公司的价值）见表6-11。

表6-11　　**20×2年12月25日B公司有关资产、负债的情况**　　单位：万元

项　目	B公司的账面价值	B公司资产、负债自购买日开始持续计算的金额
存　货	1 800	1 800
应收款项	7 150	7 150
固定资产	9 400	10 500
无形资产	2 600	3 600
其他资产	4 700	7 900
应付款项	1 350	1 350
其他负债	1 700	1 700
净资产	28 700	34 000

分析：

（1）A公司个别会计报表中的处理

20×1年12月29日为该非同一控制下企业合并的购买日，A公司取得对B公司长期股权投资的成本为23 000万元。

20×2年12月25日，A公司在进一步取得B公司20%的少数股权时，支付价款6 000万元。会计分录为：

借：长期股权投资　　60 000 000

　　贷：银行存款　　60 000 000

该项长期股权投资在20×2年12月25日的账面余额为29 000万元。在合并资产负债表中应确认的商誉8 000万元（23 000−25 000×60%）。

（2）编制合并财务报表时的处理

①对子公司B公司个别财务报表的调整。表6-12中已列出B公司以合并日净资产公允价值为基础持续计算的金额，相当于已对其净资产进行了调整。

②将A公司对B公司的长期股权投资（原60%的部分）由成本法转换为权益法。

假设B公司净资产的变动为其他权益变动，从20×1年12月29日至20×2年12月25日，B公司净资产变动9 000万元（34 000−25 000）。

借：长期股权投资　　54 000 000

　　贷：资本公积　　54 000 000

③对A公司新取得的长期股权投资与按照新增持股比例计算应享有子公司自购买日开始持续计算的可辨认净资产份额之间的差额进行调整。

新取得的长期股权投资为6 000万元，按照新增持股比例计算应享有子公司自购买日

开始持续计算的可辨认净资产份额为6 800万元（34 000×20%），差额为800万元，应编制以下调整分录：

借：长期股权投资　　　　8 000 000

　贷：资本公积　　　　8 000 000

④编制长期股权投资与子公司所有者权益的抵销分录，确认商誉。

借：B公司所有者权益　　　　340 000 000

　　商誉　　　　80 000 000

　　贷：长期股权投资（230 000 000+60 000 000+54 000 000+8 000 000）　352 000 000

　　　　少数股东权益　　　　68 000 000

四、不丧失控制权情况下处置部分对子公司投资的处理

企业持有对子公司投资后，如将对子公司部分股权出售，但出售后仍保留对被投资单位控制权，被投资单位仍为其子公司的情况下，出售股权的交易应区别母公司个别财务报表与合并财务报表分别处理：

（1）从母公司个别财务报表角度，应作为长期股权投资的处置，确认有关处置损益。即出售股权取得的价款或对价的公允价值与所处置投资账面价值的差额，应作为投资收益或是投资损失计入处置投资当期母公司的个别利润表。

（2）在合并财务报表中，因出售部分股权后，母公司仍能够对被投资单位实施控制，被投资单位应当纳入母公司合并财务报表。在合并财务报表中，处置长期股权投资取得的价款（或对价的公允价值）与处置长期股权投资相对应享有子公司净资产的差额应当计入资本公积（资本溢价或股本溢价），余额不足冲减的，应当调整留存收益。

【例6-11】A公司于20×7年2月20日取得B公司80%股权，成本为8 600万元，购买日B公司可辨认净资产公允价值总额为9 800万元。假定该项合并为非同一控制下企业合并，且按照税法规定该项合并为应税合并。20×9年1月2日，A公司将其持有的对B公司长期股权投资其中的25%对外出售，取得价款2 600万元。出售投资当日，B公司自A公司取得其80%股权之日持续计算的应当纳入A公司合并财务报表的可辨认净资产总额为12 000万元。该项交易后，A公司仍能够控制B公司的财务和生产经营决策。

本例中A公司出售部分B公司股权后，因仍能够对B公司实施控制，该交易属于不丧失控制权情况下处置部分对子公司投资，A公司应当分别个别财务报表和合并财务报表进行处理：

（1）A公司个别财务报表

借：银行存款　　　　26 000 000

　　贷：长期股权投资　　　　21 500 000

　　　　投资收益　　　　4 500 000

（2）A公司合并财务报表

①在合并工作底稿中对子公司B公司的个别报表进行调整。将20×9年1月2日B公司的净资产调整为以合并日公允价值为基础持续计算的金额，该金额本例为12 000万元，调

整分录略。

②对A公司个别报表进行调整。将A公司对B公司的长期股权投资由成本法转换为权益法。假设在此期间B公司所有者权益的变动为2 200万元（12 000−9 800），全部为其他权益变动，则对于原80%的持股比例：

借：长期股权投资　　17 600 000

　贷：资本公积　　17 600 000

对于卖出的25%部分（80%持股比例的25%部分），由于该部分在个别报表中减少长期股权投资2 150万元，但这部分股权在合并报表中的金额应为2 400万元（12 000×80%×25%）。因此，应调整在个别报表中多确认的投资收益250万元（2 400−2 150）。

借：投资收益　　2 500 000

　贷：长期股权投资　　2 500 000

在合并工作底稿中长期股权投资经过调整后金额为7 960万元（（8 600−2 150）+1 760−250）。

在合并工作底稿中，处置该项长期股权投资产生的投资收益经调整后的金额为200万元（450−250）。这一金额就是：出售B公司股权取得的价款2 600万元与所处置股权相对应B公司净资产2 400万元（12 000×80%×25%）之间的差额。根据会计准则要求，应当调整增加合并资产负债表中的资本公积，会计分录为：

借：投资收益　　2 000 000

　贷：资本公积　　2 000 000

③编制抵销分录。应确认的商誉760万元（8 600−9 800×80%）。出售后A公司持有B公司的股份比例为60%（80%×75%），少数股东持有B公司股份40%。

借：B公司所有者权益　　120 000 000

　　商誉　　7 600 000

　贷：长期股权投资　　79 600 000

　　　少数股东权益　　48 000 000

【章末练习】

1.A、B公司分别为甲公司控制下的两家子公司，其中B公司是甲公司设立的全资子公司。A公司于20×6年2月10日自母公司（甲公司）取得B公司100%的股权，合并后B公司仍然维持其独立法人资格继续经营。为进行该项企业合并，A公司发行了600万股本公司普通股（每股面值1元）作为对价。假定A、B公司采用的会计政策相同。合并日，A公司和B公司的所有者权益构成见表6−12，甲公司合并报表中B公司净资产与B公司个别资产负债表中的所有者权益相同。

要求：根据上述资料，编制A公司在合并日的账务处理和合并工作底稿中的抵销分录。

表6-12 合并日的所有者权益 金额：万元

项　目	A公司	B公司
股　本	3 600	600
资本公积	1 000	200
盈余公积	800	400
未分配利润	2 000	800
合　计	7 400	2 000

2. 20×6年12月7日，A公司向B公司的股东定向增发2 500万股普通股（每股面值为1元，市价为11元）对B公司进行吸收合并，并于当日取得B公司净资产。当日，A公司和B公司的资产、负债情况见表6-13。

表6-13 资产负债表(简表)

20×6年12月7日 单位：万元

项　目	A公司	B公司	
	账面价值	账面价值	公允价值
货币资金	300	100	100
应收账款	200	300	300
存货	500	400	500
长期股权投资	1 800	800	800
固定资产	540	600	700
无形资产	560	100	200
商誉	0	0	0
资产总计	3 900	2 300	2 600
短期借款	500	300	300
应付账款	300	150	150
其他负债	100	350	350
负债合计	900	800	800
股本	1 200	700	700
资本公积	500	300	600
盈余公积	600	200	200
未分配利润	700	300	300
所有者权益合计	3 000	1 500	1 800
负债和所有者权益总计	3 900	2 300	2 600

要求：

（1）假设A、B公司同时受P公司控制，编制A公司的会计分录。

（2）假设A、B公司在合并前无关联方关系，编制A公司的会计分录。

3.20×4年12月1日，甲公司取得了乙公司10%的股权作为可供出售金融资产，取得时支付现金2 300万元，20×4年12月31日其公允价值为2 350万元。20×5年1月31日，甲公司以定向增发股票的方式购买同一集团内另一企业持有的乙公司45%的股权。为取得该股权，甲公司增发2 000万股普通股，每股面值为1元，每股公允价值为5.3元；支付发行费用50万元，原10%股权在该日公允价值为2 350万元。取得该股权时，相对于最终控制方而言的乙公司可辨认净资产账面价值为23 000万元，其中：股权10 000万元，资本公积4 000万元，盈余公积960万元，未分配利润8 040万元。进一步取得投资后，甲公司能够对乙公司实施控制。假定甲公司和乙公司采用的会计政策、会计期间相同。甲公司按净利润的10%提取法定盈余公积，不考虑所得税等因素且甲公司有足够的资本公积——股本溢价。

要求：

（1）编制20×4年12月1日至20×5年1月31日甲公司个别报表有关会计分录。

（2）编制合并日合并报表中的调整分录和抵销分录。

第七章 合并财务报表：控制权取得日后的合并财务报表

本章全面论述了合并财务报表合并范围的确定以及合并财务报表的编制和列报等。在学习和理解本章内容时应重点关注以下几个方面的内容：（1）理解合并财务报表的性质和特点；（2）掌握合并财务报表的合并范围；（3）理解并掌握合并财务报表的编制程序；（4）掌握同一控制下合并财务报表的编制方法；（5）掌握非同一控制下合并财务报表的编制方法。在这些内容中，重点是内部交易调整分录和抵销分录的编写。由于企业集团的内部交易较多，过多地讲解内部交易的抵销可能会影响我们对合并财务报表编制程序的理解，为了避免这个问题，本教材将企业集团内部交易的抵销处理专门放在第八章讲解。除了学习本章内容外，还应当认真阅读《企业会计准则第33号——合并财务报表》及相关指南等。

第一节 合并财务报表概述

一、合并财务报表的含义

合并财务报表，简称合并报表，是以母公司和子公司组成的企业集团为一报告主体，以母公司和子公司单独编制的个别财务报表为基础，由母公司编制的综合反映企业集团财务状况、经营成果和现金流量的财务报表。

在控股经营的情况下，母公司和子公司都是独立的法人实体，分别编制自身的财务报表，分别反映企业本身的生产经营情况，这些个别的财务报表并不能够有效地反映整个企业集团的资源总量和来源，提供企业集团整体对外交易的成果。因此，需要将控股母公司与被控股子公司的相关信息综合起来编制财务报表，以满足母公司及企业集团的投资者、债权人和其他报表使用者了解企业集团整体经营状况的信息需要。

（一）合并财务报表与企业合并方式的关系

合并财务报表与企业合并有密切的联系，但要注意的是，并非每种合并方式下都需要编制合并财务报表。

合并财务报表的编制，与是否属于同一控制下的合并无关，而与企业合并的法律结果有关。在吸收合并方式下，合并前后两个或多个企业被其中一个企业合并，因为合并后只有一个独立的法律主体和会计主体，显然不需要编制合并财务报表。在新设合并方式下，合并前后的两个或多个企业共同组成一个新的企业，最终也只有一个独立的法律主体和会计主体存在，当然也不需要编制合并财务报表。只有在控股合并方式下，合并方和被合并方仍然是独立的法律主体和会计主体。作为各自独立的法律主体和会计主体，合并方和被合并方需要各自独立编制财务报表。但这些个别主体的财务报表，不论是否进行汇总，均不能如实地反映企业集团这一经济意义上的整体的财务状况、经营成果和现金流量信息，不能满足企业集团利益相关各方的决策需要，因此需要编制合并财务报表。

（二）合并财务报表的特点

合并财务报表的特点，主要可以从与个别财务报表的比较来看。相对于个别财务报表，合并财务报表有以下特点：

（1）反映的对象不同。合并财务报表以由若干个法人企业组成的企业集团为报告主体，反映企业集团整体的财务会计信息；而个别财务报表则以单个的独立法人企业为报告主体，只反映单个企业的财务会计信息。

（2）编制的主体不同。合并财务报表由企业集团的控股公司或母公司编制，个别财务报表由单个企业单独编制。

（3）编制的基础不同。合并财务报表的编制基础是构成企业集团的母、子公司的个别财务报表，个别财务报表的编制基础是各单个企业的会计账簿记录资料。

（4）编制的方法不同。合并财务报表采用工作底稿这一形式，通过在工作底稿中编制调整和抵销分录，对个别财务报表数据进行加总、调整、抵销以形成合并财务报表；个别财务报表则通过分析总分类账簿和明细分类账簿等记录，直接或间接计算填列个别财务报表。

（三）合并财务报表的局限性

合并财务报表是根据母、子公司的个别财务报表编制的，其局限性主要表现在以下几个方面：

（1）合并财务报表涉及多个法人主体，多元化经营的企业集团，母公司与子公司经营活动往往跨越不同行业界限。行业与经营范围的差异，必然会影响合并财务报表信息的可理解性和相关性。

（2）对于跨国企业集团，由于境外子公司个别财务报表的折算采用的汇率不同，加上各国通货膨胀程度各异，合并财务报表的相关性也会受到影响。

（3）对于需要了解特定公司特定信息的报表使用人来讲，合并财务报表不能提供企业集团中具体个体的偿债能力、股利支付能力和获利能力等有用的信息。

合并财务报表的局限性，需要依靠分部报告以及关联方关系及其交易的披露才能在一定程度上予以弥补。

二、合并财务报表的种类

（一）按编制的时间及目的不同进行分类

合并财务报表按编制的时间和目的不同，分为合并日合并财务报表和合并日后合并财务报表两类。

合并日合并财务报表，是指在取得控股权当天编制的合并财务报表。同一控制下的企业合并，母公司在合并日编制的合并财务报表包括合并资产负债表、期初至合并日的合并利润表和合并现金流量表；非同一控制下的企业合并，母公司在购买日只编制合并资产负债表。

合并日后合并财务报表，是指控股合并日后的每一个资产负债表日编制的合并财务报表。同合并日相比，合并日后各报告期内发生了投资收益的确认、内部交易、股利分配等许多控股权取得日前不曾发生的经济事项，对与之相关的财务报表数据进行抵销和调整，就成了合并日后合并财务报表和合并日合并财务报表编制过程中最主要的不同之处。

（二）按反映的具体内容不同进行分类

合并财务报表主要包括合并资产负债表、合并利润表、合并所有者权益变动表（或合并股东权益变动表）和合并现金流量表，分别从不同的方面反映企业集团的财务状况、经营成果及其现金流量情况，构成一个完整的合并财务报表体系。

1.合并资产负债表。合并资产负债表是反映母公司和子公司所形成的企业集团某一特定日期财务状况的报表。

2.合并利润表。合并利润表是反映母公司和子公司所形成的企业集团整体在一定期间内经营成果的报表。

3.合并所有者权益变动表（或合并股东权益变动表）。合并所有者权益变动表（或合并股东权益变动表）是反映母公司在一定期间内，包括经营成果分配在内的所有者（或股东）权益增减变动情况的报表。它是从母公司的角度，站在母公司所有者的立场反映企业所有者（或股东）在母公司中的权益增减变动情况的。

4.合并现金流量表。合并现金流量表是反映母公司和子公司所形成的企业集团在一定期间内现金流入量、流出量以及现金净增减变动情况的报表。

5.附注。

总体上来说，合并财务报表的格式与个别财务报表的格式基本相似。从合并资产负债表来说，主要是在“所有者权益（股东权益）”部分增加了反映少数股东权益情况的“少数股东权益”项目。从合并利润表来说，增加了“归属于母公司股东的净利润”和“少数股东损益”项目。从股东权益变动表来说，增加了反映少数股东权益的相关项目。合并现金流量表在“投资活动产生的现金流量”中增加了“处置子公司及其他营业单位收到的现金净额”项目。

第二节 合并范围的确定

一、合并范围的确定原则

合并范围，是指可纳入合并财务报表的主体范围。正确界定合并范围是编制合并财务报表的重要前提，对于避免合并财务报表实务中的主观随意性、提高合并财务报表的相关性，有重要的意义。

我国合并财务报表准则规定，合并财务报表的合并范围应当以控制为基础予以确定。如此，为合理确定合并范围，需要对“控制”这一概念的含义和判断标准有正确的认识。

二、“控制”的基本含义

控制，是指投资方拥有对被投资方的权力，通过参与被投资方的相关活动而享有可变回报，并且有能力运用对被投资方的权力影响其回报金额。因此，投资方要实现控制，必须具备两个基本要素：一是因涉入被投资方而享有可变回报；二是拥有对被投资方的权力，并且有能力运用对被投资方的权力影响其回报金额。投资方仅当同时具备上述两个基本要素时，才控制被投资方。投资方在判断能否控制被投资方时，具体判断依据如下：

（一）判断投资方是否通过参与被投资方的相关活动享有可变回报

1.可变回报的定义

在评价投资方是否控制被投资方时，投资方需要确定其是否通过参与被投资方的相关活动而享有可变回报。可变回报是不固定的并可能随着被投资方业绩而变化的回报。其可以仅是正回报，仅是负回报，或者两者兼有。

2.可变回报的形式

从被投资方获取股利是投资方的可变回报的通常表现形式。除此之外，可变回报的形式主要包括：

（1）被投资方经济利益的其他分配（例如，被投资方发行的债务工具产生的利息）、投资方对被投资方的投资的价值变动。

（2）因向被投资方的资产或负债提供服务而得到的报酬、因提供信用支持或流动性支持收取的费用或承担的损失、被投资方清算时在其剩余净资产中所享有的权益、税收利益、因参与被投资方的相关活动而获得的未来流动性。

（3）其他利益持有方无法得到的回报。例如，投资方将自身资产与被投资方的资产整合以实现规模经济，达到节约成本的目的；投资方通过参与被投资方的相关活动，保证稀缺资源的供应、获得专有技术或者限制被投资方某些运营或资产，从而达到提高投资方其他资产价值的目的。

投资方在评价其享有被投资方的回报是否可变以及可变的程度时，需要基于合同安排的实质，而不是法律形式。例如，投资方持有固定利息的债券投资时，由于债券存在违约风险，投资方需要承担被投资方不履约而产生的信用风险，因此投资方享有的固定利息回报是一种可变回报。又如，投资方管理被投资方资产而获得的固定管理费也是一种可变回报，投资方是否能获得此回报依赖于被投资方是否能够获得足够的收益以支付该固定管理费。

（二）判断投资方是否对被投资方拥有权力，并能够运用此权力影响其回报金额

1.权力的含义

投资方能够主导被投资方的相关活动时，称投资方对被投资方享有“权力”。

权力源于权利，权力最常见的产生方式是通过权益工具授予的表决权，但有时也可以通过其他合同安排产生。在判断投资方是否拥有对被投资方的权力时，应区分投资方及其他方享有的权利是实质性权利还是保护性权利，仅实质性权利才应当被加以考虑。实质性权利，是指持有人在对相关活动进行决策时，有实际能力行使的可执行权利。保护性权利

是指仅为了保护权利持有人利益却没有赋予持有人对相关活动决策权的一项权利。例如，贷款方限制借款方进行会对借款方信用风险产生不利影响从而损害贷款方利益的活动的权利；贷款方在借款方发生违约行为时扣押其资产的权利。保护性权利通常仅适用于被投资方的活动发生根本性改变或某些例外情况时。

判断一项权利是否为实质性权利，应当综合考虑包括但不限于以下各项相关因素：

（1）权利持有人行使权利是否存在经济或其他方面的障碍。

（2）当权利由多方持有或行权需要多方同意时，是否存在实际可行的机制使得这些权利持有人在其愿意的情况下能够一致行使权利。

（3）权利持有人能否从权利行使中获利。

2.相关活动

（1）识别相关活动。

权力定义中的“相关活动”是指对被投资方的回报产生重大影响的活动。从权力的定义中可以看出，要判断投资方是否拥有对被投资方的权力，首先需要识别被投资方的相关活动。

对许多企业而言，经营和财务活动通常对其回报产生重大影响。但是，不同企业的相关活动可能是不同的，应当根据企业的行业特征、业务特点、发展阶段、市场环境等具体情况来进行判断。这些活动可能包括但不限于：商品或劳务的销售和购买；金融资产的管理；资产的购买和处置；研究与开发活动；确定资本结构和获取融资。

（2）分析相关活动的决策机制。

判断被投资方的相关活动后，了解谁拥有对被投资方的权力的下一个重要步骤是分析此类活动的决策机制。分析被投资方相关活动的决策机制时，应当重点关注被投资方设立的目的和设计以及如何做出有关下列活动的决策，例如：变更战略方向，包括收购和处置子公司；购买或处置主要资本性资产；委任董事及其他关键管理人员并确定其酬劳；批准年度计划、预算和股利政策。

3.权力的来源

如前所述，投资方对被投资方的权力可能源自各种权利，例如，表决权或潜在表决权、委派或罢免有能力主导被投资方相关活动的被投资方关键管理人员或其他主体的权利、决定被投资方进行某项交易或否决某项交易的权利、由管理合同授予的决策权利。这些权利单独或者结合在一起，可能赋予对被投资方的权力。除非有确凿证据表明投资方不能主导被投资方的相关活动，下列情况表明投资方对被投资方拥有权力：

（1）通过直接或间接方式拥有被投资方半数以上表决权。

表决权是指对被投资方经营计划、投资方案、年度财务预算方案和决算方案、利润分配方案和弥补亏损方案、内部管理机构的设置、聘任或解聘公司经理及其报酬、公司的基本管理制度等事项进行表决而持有的权利。表决权比例通常与其出资比例或持股比例是一致的，但公司章程另有规定的除外。

当被投资方的相关活动由持有半数以上表决权的投资方表决决定，或者主导相关活动的权力机构的多数成员由持有半数以上表决权的投资方指派，而且权力机构的决策由多数成员主导时，持有半数以上表决权的投资方拥有对被投资方的权力。例如，A企业和B企业分别持有C企业60%和40%的普通股，C企业的相关活动由股东会议上多数表决权主导，在股东会议上，每股普通股享有一票表决权。假设不存在其他因素，C企业的相关活动由持有C企业大多数表决权的一方主导，因此A企业拥有对C企业的权力。

投资方拥有被投资方半数以上表决权，通常包括如下三种情况：

①投资方直接拥有被投资方半数以上表决权。

②投资方间接拥有被投资方半数以上表决权。如图7-1（1）所示，假定P公司拥有S_1公司80%的表决权，而S_1公司又拥有S_3公司70%的表决权。在这种情况下，P公司间接拥有S_3公司70%的表决权。

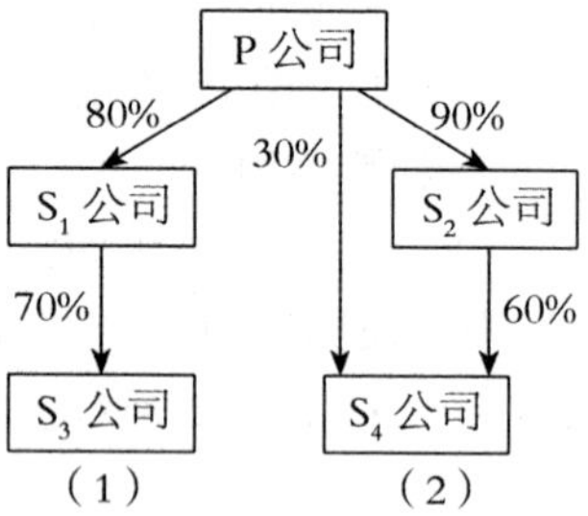

图7-1　投资方直接或间接拥有被投资方半数以上表决权示意图

③投资方直接和间接方式合计拥有被投资方半数以上表决权。直接和间接方式合计拥有半数以上表决权，是指投资方以直接方式拥有某一被投资方半数以下的表决权，同时又通过其他方式如通过子公司拥有被投资方一部分的表决权，两者合计拥有该被投资方半数以上的表决权。例如，如图7-1（2）所示，P公司拥有S_2公司90%的表决权，拥有S_4公司30%的表决权；S_2公司拥有S_4公司60%的表决权。在这种情况下，P公司间接拥有S_4公司60%的表决权，与直接拥有的30%表决权合计，P公司共拥有S_4公司90%的表决权。

要注意的是，确定持有半数以上表决权的投资方是否拥有对被投资方的权力，关键在于该投资方是否拥有主导被投资方相关活动的现时能力。在被投资方相关活动被政府、法院、管理人、接管人、清算人或监管人等其他方主导时，投资方无法凭借其拥有的表决权主导被投资方的相关活动，因此，投资方此时即使持有被投资方过半数的表决权，也不拥有对被投资方的权力。

（2）直接或间接相结合也只拥有被投资方半数或半数以下表决权，但仍然可以通过表决权判断拥有对被投资方的权力。

持有半数或半数以下表决权的投资方（或者虽持有半数以上表决权，但仅凭自身表决权比例仍不足以主导被投资方相关活动的投资方），应综合考虑下列事实和情况，以判断其持有的表决权与相关事实和情况相结合是否可以赋予投资方对被投资方的权力：

①考虑持有的表决权相对于其他投资方持有的表决权份额的大小，以及其他投资方持有表决权的分散程度。例如，A投资者持有被投资方48%的表决权，剩余表决权由数千位股东持有，但除A之外，没有任何股东持有超过1%的表决权，没有任何股东与其他股东达成了协议或能够做出共同决策。在这种情况下，A投资者无须考虑任何其他证据，即可以其持有表决权的绝对规模和与其他股东持有表决权的相对规模为基础，断定其拥有足够的、具有决定性的表决权以满足拥有对被投资方的权力的标准。

②考虑与其他表决权持有人的协议。投资方自己拥有的表决权不足，但通过与其他表

决权持有人的协议使其可以控制足以主导被投资方相关活动的表决权，从而拥有被投资方的权力。该类协议需要确保投资方能够主导其他表决权持有人的表决，即，其他表决权持有人按照投资方的意愿进行表决，而不是与其他表决权持有人协商根据双方协商一致的结果进行表决。例如，A企业持有E企业40%的普通股，B企业、C企业、D企业各持有E企业20%的普通股。E企业的相关活动由其董事会主导，董事会中3名董事由A企业任命，剩余3名分别由B企业、C企业和D企业任命。A企业和B企业单独签订合同，规定B企业任命的董事必须与A企业任命的董事以相同方式进行表决。若不存在其他因素，该合同安排赋予A企业在董事会议上获得涉及相关活动的大多数表决权，从而使得A企业拥有对E企业的权力。

③考虑其他合同安排产生的权利。投资方可能通过拥有的表决权和其他决策权相结合的方式使其目前有能力主导被投资方的相关活动。例如，合同安排赋予投资方在被投资方的权力机构中指派若干成员的权利，而该等成员足以主导权力机构对相关活动的决策。

④如果结合表决权和上述第①至③项所列因素，仍不足以判断投资方能否控制被投资方，则还需要考虑是否存在其他事实或情况，能够证明投资方拥有主导被投资方相关活动的现时能力。

例如：投资方能够任命或批准被投资方的关键管理人员，这些关键管理人员能够主导被投资方的相关活动；投资方能够出于自身利益决定或者否决被投资方的重大交易；投资方能够控制被投资方董事会等类似权力机构成员的任命程序，或者从其他表决权持有人手中获得代理权；投资方与被投资方的关键管理人员或董事会等类似权力机构中的多数成员存在关联方关系；投资方与被投资方之间存在特殊关系，如被投资方的关键管理人员是投资方的现任或前任职工、被投资方的经营依赖于投资方、被投资方活动的重大部分有投资方参与其中或者是以投资方的名义进行、投资方自被投资方承担可变回报的风险或享有可变回报的收益的程度远超过其持有的表决权或其他类似权利的比例等。

（3）在确定能否控制被投资方时对潜在表决权的考虑。

潜在表决权是获得被投资方表决权的权利，例如可转换工具、认股权证、远期股权购买合同或期权所产生的权利。确定潜在表决权是否赋予其持有者权力时，仅考虑满足实质性权利要求的潜在表决权。例如，A公司与B公司分别持有被投资方70%和30%的表决权。历史上，A公司一直通过表决权主导被投资方的相关活动。除此之外，根据A公司与B公司签订的期权合同，B公司可以在目前及未来两年内以固定价格购买A公司持有的被投资方50%的表决权。根据该价格及期权合约的条款设计，B公司到期行权的可能性极小。在这种情况下，B公司目前拥有购买A公司表决权的可行使期权一旦行权将使B公司拥有被投资方80%表决权。但由于在目前及预计未来两年内B公司行权的可能性极小，因此这些期权并不构成实质性权利，在评估B公司对被投资方是否拥有权力时不应予以考虑。

（4）持有被投资方半数以上表决权但并不拥有对被投资方的权力的情况。

判断持有半数以上表决权的投资方是否拥有对被投资方的权力，关键在于该投资方是否拥有主导被投资方相关活动的现时能力。在被投资方相关活动被政府、法院、管理人、接管人、清算人或监管人等其他方主导时，投资方无法凭借其拥有的表决权主导被投资方的相关活动，因此，投资方此时即使持有被投资方过半数的表决权，也不拥有对被投资方的权力。

另外，半数以上表决权通过，只是做出决策的通常做法，有些情况下，根据相关章程、协议或其他法律文件，主导相关活动的决策所要求的表决权比例高于持有半数以上表决权的一方持有的表决权比例。例如，被投资方的公司章程规定，与相关活动有关的决策必须由出席会议的投资方所持2/3以上的表决权通过。在这种情况下，持有半数以上但不足2/3表决权的投资方，虽然其表决权比例超过半数，但该表决权本身不足以赋予投资方权力。

（5）权力来自表决权以外的其他权利——来自合同安排。

在某些情况下，某些主体的投资方对其的权力并非源自表决权，被投资方的相关活动由一项或多项合同安排决定，例如证券化产品、资产支持融资工具、部分投资基金等结构化主体。结构化主体，是指在确定其控制方时没有将表决权或类似权利作为决定性因素而设计的主体。通常情况下，结构化主体在合同约定的范围内开展业务活动，表决权或类似权利仅与行政性管理事务相关。

4.权力与回报之间的联系

投资方必须不仅拥有对被投资方的权力和因涉入被投资方而承担或有权获得可变回报，而且要有能力使用权力来影响因涉入被投资方而获得的回报。只有当投资方不仅拥有对被投资方的权力、通过参与被投资方的相关活动而享有可变回报，并且有能力运用对被投资方的权力来影响其回报金额时，投资方才控制被投资方。

三、纳入合并范围的特殊情况——对被投资方可分割部分的控制

投资方通常应当对是否控制被投资方整体进行判断。但在少数情况下，如果有确凿证据表明同时满足下列条件并符合相关法律法规规定的，投资方应当将被投资方的一部分视为被投资方可分割的部分：

1.该部分的资产是偿付该部分负债或该部分其他权益的唯一来源，不能用于偿还该部分以外的被投资方的其他负债；

2.除与该部分相关的各方外，其他方不享有与该部分资产相关的权利，也不享有与该部分资产剩余现金流量相关的权利。

确定可分割部分后，投资方应基于控制的判断标准判断是否控制该可分割部分。如果投资方控制可分割部分，则应将其进行合并。

四、合并范围的豁免——投资性主体

（一）豁免规定

母公司应当将其全部子公司（包括母公司所控制的被投资单位可分割部分、结构化主体）纳入合并范围。但是，如果母公司是投资性主体，则只应将那些为投资性主体的投资活动提供相关服务的子公司纳入合并范围；其他子公司不应予以合并，母公司对其他子公司的投资应当按照公允价值计量且其变动计入当期损益。

一个投资性主体的母公司如果其本身不是投资性主体，则应当将其控制的全部主体，包括投资性主体以及通过投资性主体间接控制的主体，纳入合并范围。

（二）投资性主体的定义

当母公司同时满足以下三个条件时，该母公司属于投资性主体：

1.该公司以向投资者提供投资管理服务为目的，从一个或多个投资者处获取资金，这是投资性主体与其他主体的显著区别。

2.该公司的唯一经营目的，是通过资本增值、投资收益或两者兼有而让投资者获得回报，而不是与被投资者合作开发、生产或销售某种产品。

3.该公司按照公允价值对几乎所有投资的业绩进行考量和评价。

（三）因投资性主体转换引起的合并范围的变化

当母公司由非投资性主体转变为投资性主体时，自转变日起仅将为其投资活动提供相关服务的子公司纳入合并范围，对其他子公司不再予以合并。当母公司由投资性主体转变为非投资性主体时，应将原未纳入合并范围的子公司于转变日纳入合并范围。

五、控制的持续评估

控制的评估是持续的，当环境或情况发生变化时，投资方需要评估控制的两个基本要素是否发生了变化。如果有任何事实或情况表明控制的两个基本要素发生了变化，投资方应重新评估对被投资方是否具有控制。

第三节 合并财务报表编制的原则、前期准备事项及其程序

一、合并财务报表的编制原则

合并财务报表的编制者是母公司，但所对应的会计主体是由母公司及其控制的所有子公司所构成的企业集团。因此，合并财务报表的编制除遵循财务报表编制的一般原则和要求如真实可靠、内容完整等外，还应当遵循以下原则和要求：

1.合并财务报表利用母公司和子公司编制的反映各自财务状况、经营成果和现金流量的财务报表提供的数据，通过合并财务报表的特有方法进行编制。

2.合并财务报表反映的是企业集团的财务状况、经营成果和现金流量，反映的是由多个法人企业组成的一个会计主体的财务情况、经营成果和现金流量，在编制合并财务报表时对于母公司与子公司、子公司相互之间发生的经济业务，应当视同同一会计主体内部业务处理。

3.合并财务报表涉及多个法人主体，涉及的经营活动的范围很广，母公司与子公司经营活动往往跨越不同行业界限，有时母公司与子公司经营活动甚至相差很大。合并财务报表要综合反映这样的会计主体的财务状况、经营成果和现金流量，必然会涉及重要性的判断。如对于一些项目对企业集团中的某一企业具有重要性，但对整个企业集团则不一定具

有重要性的情况，需要根据重要性的要求对财务报表项目进行取舍。此外，母公司与子公司、子公司相互之间发生的经济业务，对整个企业集团财务状况、经营成果和现金流量影响不大时，也可根据重要性原则不编制抵销分录而直接编制合并财务报表。

二、合并财务报表编制的前期准备事项

合并财务报表的编制涉及多个子公司，有的合并财务报表合并范围甚至包括数百个子公司。为了使编制的合并财务报表准确、全面反映企业集团的真实情况，必须做好一系列的前提准备。这些前提准备事项主要有如下几项：

1.统一母、子公司的会计政策

会计政策是指企业进行会计核算和编制财务报表时所采用的会计原则、会计程序和会计处理方法，是编制财务报表的基础。统一母公司和子公司的会计政策是保证母子公司财务报表各项目反映内容一致的基础，为此，在编制财务报表前，应当统一母公司和子公司的会计政策。

2.统一母、子公司的资产负债表日及会计期间

财务报表是反映一定日期的财务状况、一定会计期间的经营成果和现金流量的，为使子公司的资产负债表日和会计期间与母公司的资产负债表日和会计期间保持一致，以便于子公司提供相同资产负债表日和会计期间的财务报表，编制合并财务报表前必须统一企业集团内母公司和子公司的资产负债表日和会计期间。

3.对子公司以外币表示的财务报表进行折算

对母公司和子公司的财务报表进行合并，母、子公司个别财务报表所采用的货币计量单位应当一致。由于我国允许外币业务比较多的企业采用某一外币作为记账本位币，境外企业一般也是采用其所在国或地区的货币作为其记账本位币，因此在将这些企业的财务报表纳入合并财务报表时，必须将其折算为以母公司所采用的记账本位币表示的财务报表。

4.收集编制合并财务报表的相关资料

合并财务报表以母公司和子公司的财务报表以及其他有关资料为依据。为编制合并财务报表，母公司应当要求子公司及时提供下列有关资料：(1) 子公司相应期间的财务报表；(2) 与母公司及与其他子公司之间发生的内部购销交易、债权债务、投资及其产生的现金流量和未实现内部销售损益的期初、期末余额及变动情况等资料；(3) 子公司所有者权益变动和利润分配的有关资料；(4) 编制合并财务报表所需要的其他资料。

三、合并财务报表的编制程序

合并财务报表的编制工作必须按照一定的程序有步骤地进行（如图7-2所示）。

合并财务报表的编制程序大致如下：

1.设置合并工作底稿。在合并工作底稿中，对母公司和纳入合并范围的子公司的个别财务报表各项目的数额进行汇总、调整和抵销处理，最终计算得出合并财务报表各项目的合并数。合并工作底稿的基本格式见表7-1。

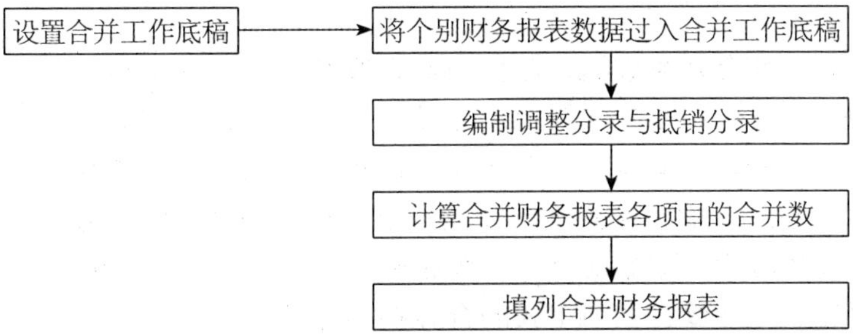

图 7-2　合并财务报表的编制程序

表 7-1

合并工作底稿

××××年度　　　　单位：万元

项　目	母公司	子公司	合计数	调整分录		抵销分录		少数股东权益	合并数
				借方	贷方	借方	贷方		
资产负债表项目：									
……									
利润表项目：									
……									
所有者权益变动表中的有关利润分配项目：									
……									

2. 将母公司、纳入合并范围的子公司个别资产负债表、利润表及所有者权益变动表各项目的数据过入合并工作底稿。

3. 编制调整分录与抵销分录，将母公司与子公司、子公司相互之间发生的经济业务对个别财务报表有关项目的影响进行调整、抵销处理。

4. 计算合并财务报表各项目的合并数。即在母公司和纳入合并范围的子公司的个别财务报表各项目加总数额的基础上，加减调整分录与抵销分录发生额，计算出合并财务报表中的资产项目、负债项目、所有者权益项目、收入项目、费用项目和利润分配项目的合并数。

（1）资产类项目，其合并数根据该项目的加总数额，加上该项目调整分录与抵销分录的借方发生额，减去该项目调整分录与抵销分录的贷方发生额计算确定。

（2）负债类项目和所有者权益类项目，其合并数根据该项目的加总数额，减去该项目调整分录与抵销分录的借方发生额，加上该项目调整分录与抵销分录的贷方发生额计算确定。

（3）收入项目，其合并数根据该项目的加总数额，减去该项目调整分录与抵销分录的借方发生额，加上该项目调整分录与抵销分录的贷方发生额计算确定。

（4）费用项目和利润分配项目，其合并数根据该项目加总的数额，加上该项目调整分录与抵销分录的借方发生额，减去该项目调整分录与抵销分录的贷方发生额计算确定。

5.填列合并财务报表。即根据合并工作底稿中计算出的资产、负债、所有者权益、收入、费用类各项目的合并数，填列正式的合并财务报表。

四、编制合并财务报表需要调整和抵销的项目

1.编制合并资产负债表需要调整和抵销的项目

合并资产负债表是以母公司和纳入合并范围的子公司的个别资产负债表为基础编制的。对于企业集团内部发生的经济业务，发生内部经济业务的两方都在其个别资产负债表中进行了反映。因此，如果简单地将母、子公司的资产、负债和所有者权益类各项目的数额加总，数额中必然包含有重复计算的因素。作为反映企业集团整体财务状况的合并资产负债表，必须将这些重复计算的因素予以扣除，对这些重复计算的因素进行调整和抵销处理。

编制合并资产负债表时需要进行调整和抵销处理的项目主要有：（1）母公司对子公司股权投资项目与子公司所有者权益（或股东权益）项目；（2）母公司与子公司、子公司相互之间发生的内部债权债务项目；（3）存货项目，即内部购进存货价值中包含的未实现内部销售损益；（4）固定资产项目（包括固定资产原价和累计折旧项目），即内部购进固定资产价值中包含的未实现内部销售损益；（5）无形资产项目，即内部购进无形资产价值包含的未实现内部销售损益。

2.编制合并利润表和合并所有者权益变动表需要调整和抵销的项目

合并利润表和合并所有者权益变动表是以母公司和纳入合并范围的子公司的个别利润表和个别所有者权益变动表为基础编制的。在编制合并利润表和合并所有者权益变动表时，也需要将以个别财务报表为基础计算的收入和费用等项目的加总数额中包含的重复计算的因素予以扣除。

编制合并利润表和合并所有者权益变动表时需要进行调整和抵销处理的项目主要有：（1）内部销售收入和内部销售成本项目；（2）内部投资收益项目，包括内部利息收入与利息支出项目、内部投资收益项目；（3）资产减值损失项目，即与内部交易相关的内部应收账款、存货、固定资产、无形资产等项目的资产减值损失；（4）纳入合并范围的子公司利润分配项目。

3.编制合并现金流量表需要抵销的项目

合并现金流量表以母公司和纳入合并范围的子公司的个别现金流量表为基础，在抵销母公司与子公司、子公司相互之间发生的内部交易对合并现金流量表的影响后，由母公司编制。

编制合并现金流量表时需要进行抵销的内容主要有：（1）母公司与子公司、子公司相互之间当期以现金投资或收购股权增加的投资所产生的现金流量相互抵销；（2）母公司与子公司、子公司相互之间当期取得投资收益收到的现金与分配股利、利润或偿付利息支付的现金相互抵销；（3）母公司与子公司、子公司相互之间以现金结算债权与债务所产生的现金流量相互抵销；（4）母公司与子公司、子公司相互之间当期销售商品所产生的现金流量相互抵销；（5）母公司与子公司、子公司相互之间处置固定资产、无形资产和其他长期资产收回的现金净额与购建固定资产、无形资产和其他长期资产支付的现金相互抵销；（6）母公司与子公司、子公司相互之间当期发生的其他内部交易所产生的现金流量相互抵销。

第四节 同一控制下企业合并合并日后合并财务报表的编制

对于同一控制下企业合并，编制合并日后合并财务报表时，首先将母公司对子公司长期股权投资由成本法核算的结果调整为权益法核算的结果，使母公司对子公司长期股权投资项目反映其在子公司所有者权益中所拥有权益的变动情况；其次对母公司对子公司长期股权投资项目与子公司所有者权益项目等相关的项目进行抵销处理，将内部交易对个别财务报表的影响予以抵销；最后在编制合并日合并工作底稿的基础上，编制合并财务报表。

一、合并日后合并财务报表的调整处理

对于属于同一控制下企业合并中取得的子公司的个别财务报表，如果不存在与母公司会计政策和会计期间不一致的情况，则不需要对该子公司的个别财务报表进行调整。

在母公司的个别财务报表中，为使母公司“长期股权投资”项目金额与子公司股东权益各项目金额建立对应关系，从而为下一步抵销分录的编制建立基础，习惯上需要将母公司长期股权投资成本法核算的结果调整为权益法核算的结果。将成本法的核算结果调整为权益法的核算结果时，应当自取得对子公司长期股权投资的年度起，逐年按照子公司当年实现的净利润中属于母公司享有的份额，调整增加对子公司长期股权投资的金额，并调整增加当年投资收益；对于子公司当期分派的现金股利或宣告分派的股利中母公司享有的份额，则调整冲减长期股权投资的账面价值，同时调整减少原确认的投资收益。

在取得对子公司长期股权投资的第二年，将成本法核算的结果调整为权益法核算的结果时，则在调整计算第一年年末权益法核算的对子公司长期股权投资的金额的基础上，按第二年子公司实现的净利润中母公司所拥有的份额，调增长期股权投资的金额；按子公司分派或宣告分派的现金股利中母公司所拥有的份额，调减长期股权投资的金额。以后年度的调整，比照上述做法进行调整处理。

子公司除净损益以外所有者权益的其他变动，在按照权益法对成本法核算的结果进行调整时，应当根据母公司在子公司本期因除净损益以外所有者权益的其他变动而计入资本公积的金额中所享有的份额，对长期股权投资的金额进行调整，即按照子公司当期计入资

本公积的金额中母公司所拥有的份额，在增加长期股权投资的同时，增加自身资本公积。在以后年度将成本法核算的结果调整为权益法核算的结果时，也必须考虑这一因素对长期股权投资的金额进行调整。

值得注意的是，将母公司对子公司长期股权投资的成本法核算的结果按权益法调整，是会计实务工作者长期以来的习惯做法。实际上，只要能将受对子公司长期股权投资影响的“长期股权投资”和“投资收益”等有关报表项目的影响金额抵销，在成本法基础上进行抵销和在权益法基础上进行抵销并无实质性区别，只不过抵销分录涉及的具体项目不完全相同。

【例7-1】甲公司与A公司的最终控制方为S公司。甲公司20×4年1月1日以28 600万元的价格取得A公司80%的股权，价款以银行存款支付。股权取得日A公司股东权益账面价值总额为32 000万元，其中股本为20 000万元，资本公积为8 000万元，盈余公积为1 200万元，未分配利润为2 800万元。在最终控制方S公司的合并财务报表中，A公司净资产的账面价值为32 000万元。

A公司20×4中全年实现净利润10 500万元，经公司董事会提议并经股东会批准，20×4年提取盈余公积2 000万元,向股东宣告分派现金股利4 500万元。20×4年12月31日，A公司股东权益总额为38 000万元，其中股本为20 000万元，资本公积为8 000万元，盈余公积为3 200万元，未分配利润为6 800万元。

甲公司和A公司20×4年度个别财务报表见表7-2、表7-3和表7-4，A公司采用的会计政策与甲公司一致，假设不考虑相关税费的影响。

表7-2　　资产负债表

会企01表

编制单位：　　20×4年12月31日　　单位：万元

资　产	甲公司	A公司	负债和所有者权益	甲公司	A公司
流动资产：			流动负债：		
货币资金	5 700	6 500	短期借款	10 000	4 800
以公允价值计量且其变动计入当期损益的金融资产	3 000	5 000	以公允价值计量且其变动计入当期损益的金融负债	4 000	2 400
衍生金融资产			衍生金融负债		
应收票据	7 200	3 600	应付票据	13 000	3 600
应收账款	8 500	5 100	应付账款	18 000	5 200
预付款项	1 500	2 500	预收款项	4 000	3 900
应收利息			应付职工薪酬	5 000	1 600
应收股利	4 800	0	应交税费	2 700	1 400
其他应收款	500	1 300	应付利息		
存货	37 000	18 000	应付股利	5 000	4 500

续表

资　产	甲公司	A公司	负债和所有者权益	甲公司	A公司
一年内到期的非流动资产			其他应付款	300	700
其他流动资产	1 800	1 000	一年内到期的非流动负债		
			其他流动负债	2 000	900
流动资产合计	70 000	43 000	流动负债合计	64 000	29 000
非流动资产：			非流动负债：		
可供出售金融资产	8 000	0	长期借款	4 000	5 000
持有至到期投资	13 000	4 000	应付债券	20 000	7 000
长期应收款		0	长期应付款	6 000	0
长期股权投资	40 000		专项应付款		
投资性房地产			预计负债		
固定资产	28 000	26 000	递延所得税负债		
在建工程	13 000	4 200	其他非流动负债	0	0
工程物资		0	非流动负债合计	30 000	12 000
固定资产清理			负债合计	94 000	41 000
生产性生物资产			股东权益：		
油气资产			股本	40 000	20 000
无形资产	6 000	1 800	其他权益工具		
开发支出			其中：优先股		
商誉	2 000		永续债		
长期待摊费用			资本公积	10 000	8 000
递延所得税资产			减：库存股		
其他非流动资产			其他综合收益		
非流动资产合计	110 000	36 000	专项储备		
			盈余公积	18 000	3 200
			未分配利润	18 000	6 800
			股东权益合计	86 000	38 000
资产总计	180 000	79 000	负债和股东权益总计	180 000	79 000

表7-3　　**利润表**　　会企02表

编制单位：　　20×4年度　　单位：万元

项　目	甲公司	A公司
一、营业收入	150 000	94 800
减：营业成本	96 000	73 000
营业税金及附加	1 800	1 000
销售费用	5 200	3 400
管理费用	6 000	3 900
财务费用	1 200	800
资产减值损失	600	300
加：公允价值变动损益（损失以“-”号填列）	0	0
投资收益（损失以“-”号填列）	9 800	200
其中：对联营企业和合营企业的投资收益（损失以“-”号填列）		
二、营业利润（亏损以“-”号填列）	49 000	12 600
加：营业外收入	1 600	2 400
减：营业外支出	2 600	1 000
其中：非流动资产处置损失		
三、利润总额（亏损总额以“-”号填列）	48 000	14 000
减：所得税费用	12 000	3 500
四、净利润（净亏损以“-”号填列）	36 000	10 500
五、其他综合收益的税后净额		
……		
六、综合收益总额	36 000	10 500
七、每股收益：		
（一）基本每股收益		
（二）稀释每股收益		

表7-4　　股东权益变动表　　会企04表

编制单位：　　20×4年度　　单位：万元

项目	甲公司									A公司								
	股本	其他权益工具	资本公积	减：库存股	其他综合收益	专项储备	盈余公积	未分配利润	股东权益合计	股本	其他权益工具	资本公积	减：库存股	其他综合收益	专项储备	盈余公积	未分配利润	股东权益合计
一、上年年末余额	40 000		10 000				11 000	9 000	70 000	20 000		8 000				1 200	2 800	32 000
加：会计政策变更																		
前期差错更正																		
二、本年年初余额	40 000		10 000				11 000	9 000	70 000	20 000		8 000				1 200	2 800	32 000
三、本年增减变动金额（减少以“-”号填列）																		
（一）综合收益总额								36 000	36 000								10 500	10 500
（二）所有者投入和减少资本																		
1.所有者投入的普通股																		
2.其他权益工具持有者投入资本																		
3.股份支付计入所有者权益的金额																		
4.其他																		
（三）利润分配																		
1.提取盈余公积							7 000	7 000								2 000	2 000	
2.对所有者（或股东）的分配								20 000	20 000								4 500	4 500
3.其他																		
（四）股东权益内部结转																		
1.资本公积转增股本																		
2.盈余公积转增股本																		
3.盈余公积弥补亏损																		
4.其他																		
四、本年年末余额	40 000		10 000				18 000	18 000	86 000	20 000		8 000				3 200	6 800	38 000

本例中，A公司当年实现净利润10 500万元，经公司董事会提议并经股东会批准，20×4年提取盈余公积2 000万元，向股东宣告分派现金股利4 500万元。成本法下，甲公司对A公司长期股权投资取得时的账面价值为25 600万元，20×4年12月31日长期股权投资账面价值仍为25 600万元，同时甲公司根据所享有的A公司当年宣告分配的现金股利份额确认投资收益3 600万元。将成本法核算的结果调整为权益法核算的结果相关的调整分录如下：

借：长期股权投资——A公司	84 000 000		①
贷：投资收益		84 000 000	
借：投资收益	36 000 000		②
贷：长期股权投资——A公司		36 000 000	

经过上述调整分录后，甲公司对A公司长期股权投资的账面价值为30 400万元（25 600 + 8 400 − 3 600）。甲公司对A公司长期股权投资的账面价值30 400万元正好与母公司在A公司股东权益中所拥有的份额（38 000万元×80%）相等。

二、合并日后合并财务报表的抵销处理

1.长期股权投资与子公司所有者权益的抵销处理

母公司对子公司进行的长期股权投资，一方面反映为长期股权投资以外的其他资产的减少，另一方面反映为长期股权投资的增加，在母公司个别资产负债表中作为资产类项目中的长期股权投资列示。子公司接受这一投资时，一方面增加资产，另一方面作为实收资本（或股本，下同）等处理，在其个别资产负债表中一方面反映为实收资本等的增加，另一方面反映为相对应的资产的增加。从企业集团整体来看，母公司对子公司进行的长期股权投资实际上相当于母公司将资本拨付下属核算单位，并不引起整个企业集团的资产、负债和所有者权益的增减变动。因此，编制合并财务报表时，应当在母公司与子公司财务报表数据简单相加的基础上，将母公司对子公司长期股权投资项目与子公司所有者权益项目予以抵销。

根据母公司在子公司所有者权益中拥有份额的多少不同，可以将子公司分为全资子公司和非全资子公司。对于全资子公司，进行抵销处理时将对子公司长期股权投资的金额与子公司所有者权益全额抵销；而对于非全资子公司，则将长期股权投资与子公司所有者权益中母公司所拥有的金额进行抵销，不属于母公司的份额，即属于子公司少数股东的权益，应将其转为少数股东权益。

接【例7-1】，经过调整后甲公司对A公司长期股权投资的金额为30 400万元；A公司股东权益总额为38 000万元，甲公司拥有80%的股权，即在子公司股东权益中拥有30 400万元；其余20%则属于少数股东权益。长期股权投资与子公司所有者权益抵销时,其抵销分录如下：

借：股本	200 000 000	③
资本公积	80 000 000	
盈余公积	32 000 000	
未分配利润	68 000 000	

贷：长期股权投资		304 000 000
少数股东权益		76 000 000

2.对子公司的投资收益与子公司当年利润分配的抵销处理

编制合并利润表时，是将子公司的营业收入、营业成本和期间费用视为母公司本身的营业收入、营业成本和期间费用同等看待，与母公司相应的项目进行合并。母公司对某一子公司在合并工作底稿中按权益法调整后确定的投资收益，实际上就是该子公司当期实现的净利润，也就是子公司当期营业收入减去营业成本和期间费用、所得税费用等后的余额与母公司持股比例相乘的结果。因此，编制合并利润表时，必须将对子公司长期股权投资的投资收益予以抵销。同时，为使合并财务报表反映母公司股东权益变动的情况，应当相应地将子公司个别所有者权益变动表中本年利润分配各项目的金额，包括提取盈余公积、对所有者（或股东）的分配和期末未分配利润的金额予以抵销。

要注意到，从单一企业来讲，当年实现的净利润加上年初未分配利润是企业利润分配的来源，企业对其进行分配，提取盈余公积、向股东分配股利，以及留待以后年度的未分配利润（未分配利润可以理解为将这部分利润分配到下一会计年度）等，则是利润分配的去向。而子公司当年实现的净利润，可以分为两部分：一部分属于母公司所有，即母公司的投资收益；另一部分则属于少数股东所有，即少数股东本期收益。因此，接【例7-1】，甲公司对子公司的投资收益与子公司当年利润分配抵销处理时，其抵销分录如下：

借：投资收益	84 000 000		④
少数股东损益	21 000 000		
未分配利润（年初）	28 000 000		
贷：提取盈余公积		20 000 000	
对所有者（或股东）的分配		45 000 000	
未分配利润		68 000 000	

另外，本例中A公司本年宣告分派现金股利4 500万元，股利款项尚未支付，A公司已将其计列应付股利4 500万元。甲公司根据A公司宣告分派现金股利的公告，按照其所享有的金额，已确认应收股利，并在其资产负债表中计列应收股利3 600万元。这属于母公司与子公司之间的债权债务，在编制合并财务报表时必须将其予以抵销，其抵销分录如下：

借：应付股利	36 000 000		⑤
贷：应收股利		36 000 000	

根据上述调整分录①和②和抵销分录③至⑤，编制合并工作底稿见表7-5。

表7-5

合并工作底稿

20×4年度

单位：万元

项目	母公司	子公司	合计数	调整分录		抵销分录		少数股东权益	合并数
				借方	贷方	借方	贷方		
流动资产：									
货币资金	5 700	6 500	12 200						12 200
以公允价值计量且其变动计入当期损益的金融资产	3 000	5 000	8 000						8 000
衍生金融资产									
应收票据	7 200	3 600	10 800						10 800
应收账款	8 500	5 100	13 600						13 600
预付款项	1 500	2 500	4 000						4 000
应收股利	4 800	0	4 800				3 600⑤		1 200
其他应收款	500	1 300	1 800						1 800
存货	37 000	18 000	55 000						55 000
其他流动资产	1 800	1 000	2 800						2 800
流动资产合计	70 000	43 000	113 000				3 600		109 400
非流动资产：									
可供出售金融资产	8 000	0	8 000						8 000
持有至到期投资	13 000	4 000	17 000						17 000
长期股权投资	40 000	0	40 000	8 400①	3 600②		30 400③		14 400
固定资产原价	28 000	26 000	54 000						54 000
在建工程	13 000	4 200	17 200						17 200
无形资产	6 000	1 800	7 800						7 800
商誉	2 000	0	2 000						2 000
其他非流动资产	0	0	0						0
非流动资产合计	110 000	36 000	146 000	8 400	3 600		30 400		120 400
资产总计	180 000	79 000	259 000	8 400	3 600		34 000		229 800
流动负债：									
短期借款	10 000	4 800	14 800						14 800
以公允价值计量且其变动计入当期损益的金融负债	4 000	2 400	6 400						6 400
衍生金融负债									
应付票据	13 000	3 600	16 600						16 600
应付账款	18 000	5 200	23 200						23 200
预收款项	4 000	3 900	7 900						7 900
应付职工薪酬	5 000	1 600	6 600						6 600
应交税费	2 700	1 400	4 100						4 100
应付股利	5 000	4 500	9 500			3 600⑤			5 900
其他应付款	300	700	1 000						1 000

续表

项目	母公司	子公司	合计数	调整分录		抵销分录		少数股东权益	合并数
				借方	贷方	借方	贷方		
其他流动负债	2 000	900	2 900						2 900
流动负债合计	64 000	29 000	93 000			3 600			89 400
非流动负债：									
长期借款	4 000	5 000	9 000						9 000
应付债券	20 000	7 000	27 000						27 000
长期应付款	6 000	0	6 000						6 000
其他非流动负债	0	0	0						0
非流动负债合计	30 000	12 000	42 000						42 000
负债合计	94 000	41 000	135 000			3 600			131 400
股东权益：									
股本	40 000	20 000	60 000			20 000③			40 000
资本公积	10 000	8 000	18 000			8 000③			10 000
盈余公积	18 000	3 200	21 200			3 200③			18 000
未分配利润（见本表最后）	18 000	6 800	24 800						22 800
少数股东权益								7 600③	7 600
股东权益合计									98 400
负债和股东权益总计	180 000	79 000	259 000						229 800
一、营业收入	150 000	94 800	244 800						244 800
减：营业成本	96 000	73 000	169 000						169 000
营业税金及附加	1 800	1 000	2 800						2 800
销售费用	5 200	3 400	8 600						8 600
管理费用	6 000	3 900	9 900						9 900
财务费用	1 200	800	2 000						2 000
资产减值损失	600	300	900						900
加：公允价值变动收益	0	0	0						0
投资收益	9 800	200	10 000	3 600②	8 400①	8 400④			6 400
二、营业利润	49 000	12 600	61 600	3 600	8 400	8 400			58 000
加：营业外收入	1 600	2 400	4 000						4 000
减：营业外支出	2 600	1 000	3 600						3 600
三、利润总额	48 000	14 000	62 000	3 600	8 400	8 400			58 400
减：所得税费用	12 000	3 500	15 500						15 500
四、净利润	36 000	10 500	46 500	3 600	8 400	8 400			42 900
归属于母公司股东的净利润									40 800
少数股东损益									2 100

续表

项 目	母公司	子公司	合计数	调整分录		抵销分录		少数股东权益	合并数
				借方	贷方	借方	贷方		
五、其他综合收益的税后净额									
六、综合收益总额									
归属于母公司股东的综合收益总额									40 800
归属于少数股东的综合收益总额									2 100
所有者权益变动表中的有关项目									
一、年初未分配利润	9 000	2 800	11 800			2 800④			9 000
二、本年增减变动金额									
三、利润分配									
1.提取盈余公积	7 000	2 000	9 000				2 000④		7 000
2.对所有者（或股东）的分配	20 000	4 500	24 500				4 500④		20 000
四、年末未分配利润	18 000	6 800	24 800	3 600	8 400	6 800③ 18 000	6 800④ 13 300	2 100④	22 800*

注：22 800=24 800+（8 400−3 600）+（13 300−18 000）−2 100=40 800+9 000−7 000−20 000

三、合并财务报表的编制

根据上述合并工作底稿，可以编制甲公司20×4年度合并资产负债表、合并利润表和合并股东权益变动表见表7-6、表7-7、表7-8。

表7-6　　合并资产负债表　　会合01表

编制单位：甲公司　　20×4年12月31日　　单位：万元

资 产	年末余额	年初余额	负债和所有者权益	年末余额	年初余额
流动资产：			流动负债：		
货币资金	12 200		短期借款	14 800	
以公允价值计量且其变动计入当期损益的金融资产	8 000		以公允价值计量且其变动计入当期损益的金融负债	6 400	
衍生金融资产			衍生金融负债		
应收票据	10 800		应付票据	16 600	
应收账款	13 600		应付账款	23 200	
预付款项	4 000		预收款项	7 900	
应收利息			应付职工薪酬	6 600	
应收股利	1 200		应交税费	4 100	
其他应收款	1 800		应付利息		
存货	55 000		应付股利	5 900	

续表

资　产	年末余额	年初余额	负债和所有者权益	年末余额	年初余额
一年内到期的非流动资产			其他应付款	1 000	
其他流动资产	2 800		一年内到期的非流动负债		
			其他流动负债	2 900	
流动资产合计	109 400		流动负债合计	89 400	
非流动资产：			非流动负债：		
可供出售金融资产	8 000		长期借款	9 000	
持有至到期投资	17 000		应付债券	27 000	
长期应收款			长期应付款	6 000	
长期股权投资	14 400		专项应付款		
投资性房地产			预计负债		
固定资产	54 000		递延所得税负债		
在建工程	17 200		其他非流动负债		
工程物资			非流动负债合计	42 000	
固定资产清理			负债合计	131 400	
生产性生物资产			股东权益：		
油气资产			股本	40 000	
无形资产	7 800		其他权益工具		
开发支出			其中：优先股		
商誉	2 000		永续债		
长期待摊费用			资本公积	10 000	
递延所得税资产			减：库存股		
其他非流动资产			其他综合收益		
非流动资产合计	120 400		专项储备		
			盈余公积	18 000	
			未分配利润	22 800	
			归属于母公司股东权益合计	90 800	
			少数股东权益	7 600	
资产总计	229 800		负债和股东权益总计	229 800	

表7-7　　合并利润表(简化)　　会合02表

编制单位：甲公司　　20×4年度　　单位：万元

项　目	本年金额	上年金额
一、营业收入	244 800	
减：营业成本	169 000	
营业税金及附加	2 800	
销售费用	8 600	
管理费用	9 900	
财务费用	2 000	
资产减值损失	900	
加：公允价值变动收益（损失以“-”号填列）	0	
投资收益（损失以“-”号填列）	6 400	
其中：对联营企业和合营企业的投资收益（损失以“-”号填列）		
二、营业利润（亏损以“-”号填列）	58 000	
加：营业外收入	4 000	
其中：非流动资产处置利得		
减：营业外支出	3 600	
其中：非流动资产处置损失	0	
三、利润总额（亏损总额以“-”号填列）	58 400	
减：所得税费用	15 500	
四、净利润（净亏损以“-”号填列）	42 900	
归属于母公司股东的净利润	40 800	
少数股东损益	2 100	
五、其他综合收益的税后净额		
……		
六、综合收益总额	42 900	
归属于母公司股东的综合收益总额	40 800	
归属于少数股东的综合收益总额	2 100	
七、每股收益：		
（一）基本每股收益		
（二）稀释每股收益		

表7-8　　**合并股东权益变动表(简化)**　　会合04表

编制单位：甲公司　　20×4年度　　单位：万元

项目	本年余额							上年余额						
	归属于母公司股东的权益					少数股东权益	股东权益合计	归属于母公司股东的权益					少数股东权益	股东权益合计
	股本	资本公积	盈余公积	未分配利润	其他			股本	资本公积	盈余公积	未分配利润	其他		
一、上年年末余额	40 000	10 000	11 000	9 000			70 000							
加：会计政策变更						6 400	6 400							
前期差错更正														
二、本年年初余额	40 000	10 000	11 000	9 000		6 400	76 400							
三、本年增减变动金额（减少以“-”号填列）				40 800		2 100	42 900							
（一）综合收益总额				40 800		2 100	42 900							
（二）所有者投入和减少资本														
1.所有者投入的普通股														
2.其他权益工具持有者投入资本														
3.股份支付计入所有者权益的金额														
4.其他														
上述（一）和（二）小计														
（三）利润分配			7 000	27 000		900	20 900							
1.提取盈余公积			7 000	7 000										
2.对所有者（或股东）的分配				20 000		900	20 900							
3.其他														
（四）股东权益内部结转														
1.资本公积转增股本														
2.盈余公积转增股本														
3.盈余公积弥补亏损														
4.其他														
四、本年年末余额	40 000	10 000	18 000	22 800		7 600	98 000							

第五节　非同一控制下企业合并购买日后合并财务报表的编制

母公司在非同一控制下企业合并中取得子公司后，在未来控制该子公司的情况下，每一会计期末都需要将其纳入合并范围，编制合并财务报表。

一、购买日后合并财务报表的调整

在对非同一控制下企业合并中取得的子公司编制合并财务报表时，除了存在与母公司会计政策和会计期间不一致的情况，需要对该子公司的个别财务报表进行调整外，还应当根据母公司为该子公司设置的备查簿的记录，以该子公司各项可辨认资产、负债及或有负债等在购买日的公允价值为基础，通过编制调整分录，对该子公司的个别财务报表进行调整，以使子公司的个别财务报表反映为在购买日公允价值基础上确定的可辨认资产、负债及或有负债在资产负债表日的金额。

然后，将母公司对子公司的长期股权投资采用成本法核算的结果，调整为采用权益法核算的结果，对母公司的财务报表进行相应的调整。

【例7-2】甲公司20×4年1月1日以定向增发公司普通股股票10 000万股的方式，购买取得A公司70%的股权。甲公司普通股股票面值每股为1元，市场价格每股为2.95元。

A公司在购买日股东权益总额为32 000万元，其中股本为20 000万元，资本公积为8 000万元，盈余公积为1 200万元，未分配利润为2 800万元。A公司在购买日应收某公司账款账面价值为3 920万元，公允价值为3 820万元；某项存货的账面价值为20 000万元，公允价值为21 100万元；某项固定资产账面价值为18 000万元，公允价值为21 000万元。假设甲公司并购A公司属于非同一控制下的企业合并，购买日编制的合并资产负债表中确认合并商誉4 300万元。

A公司20×4年全年实现净利润10 500万元；A公司当年提取盈余公积2 000万元，向股东分配现金股利4 500万元。A公司20×4年12月31日股东权益总额为38 000万元，其中股本为20 000万元，资本公积为8 000万元，盈余公积为3 200万元，未分配利润为6 800万元。截至20×4年12月31日，应收账款按购买日评估确认的金额收回，评估确认的坏账已核销；购买日发生评估增值的存货，当年已全部实现对外销售；购买日固定资产原价评估增值系公司用办公楼增值，该办公楼采用的折旧方法为年限平均法，该办公楼剩余折旧年限为20年，假定该办公楼评估增值在未来20年内平均摊销。不考虑相关税费的影响。

甲公司和A公司20×4年12月31日个别资产负债表、利润表和股东权益变动表见表7-9、表7-10和表7-11。

表7-9 **资产负债表(简化)** 会企01表

编制单位： 20×4年12月31日 单位：万元

资产	甲公司	A公司	负债和所有者权益	甲公司	A公司
流动资产：			流动负债：		
货币资金	5 700	6 500	短期借款	10 000	4 800
以公允价值计量且其变动计入当期损益的金融资产	3 000	5 000	以公允价值计量且其变动计入当期损益的金融负债	4 000	2 400
应收票据	7 200	3 600	应付票据	13 000	3 600
应收账款	8 500	5 100	应付账款	18 000	5 200
预付款项	1 500	2 500	预收款项	4 000	3 900
应收股利	4 800	0	应付职工薪酬	5 000	1 600
其他应收款	500	1 300	应交税费	2 700	1 400
存货	37 000	18 000	应付股利	5 000	4 500
其他流动资产	1 800	1 000	其他应付款	300	700
			其他流动负债	2 000	900
流动资产合计	70 000	43 000	流动负债合计	64 000	29 000
非流动资产：			非流动负债：		
可供出售金融资产	9 000	0	长期借款	4 000	5 000
持有至到期投资	14 000	4 000	应付债券	20 000	7 000
长期股权投资	69 500	0	长期应付款	6 000	0
固定资产	28 000	26 000	其他非流动负债	0	0
在建工程	13 000	4 200	非流动负债合计	30 000	12 000
无形资产	6 000	1 800	负债合计	94 000	41 000
商誉					
其他非流动资产			股东权益：		
非流动资产合计	139 500	36 000	股本	50 000	20 000
			资本公积	29 500	8 000
			盈余公积	18 000	3 200
			未分配利润	18 000	6 800
			股东权益合计	115 500	38 000
资产总计	209 500	79 000	负债和股东权益总计	209 500	79 000

表7-10　　利润表(简化)　　会企02表

编制单位：　　20×4年度　　单位：万元

项　目	甲公司	A公司
一、营业收入	150 000	94 800
减：营业成本	96 000	73 000
营业税金及附加	1 800	1 000
销售费用	5 200	3 400
管理费用	6 000	3 900
财务费用	1 200	800
资产减值损失	600	300
加：公允价值变动损益（损失以“-”号填列）	0	0
投资收益（损失以“-”号填列）	9 800	200
其中：对联营企业和合营企业的投资收益（损失以“-”号填列）		
二、营业利润（亏损以“-”号填列）	49 000	12 600
加：营业外收入	1 600	2 400
其中：非流动资产处置利得		
减：营业外支出	2 600	1 000
其中：非流动资产处置损失		
三、利润总额（亏损总额以“-”号填列）	48 000	14 000
减：所得税费用	12 000	3 500
四、净利润（净亏损以“-”号填列）	36 000	10 500
五、其他综合收益的税后净额		
六、综合收益总额	36 000	10 500
七、每股收益：		
（一）基本每股收益		
（二）稀释每股收益		

表7-11　**股东权益变动表(简化)**　会企04表

编制单位：　20×4年度　单位：万元

项　目	甲公司					A公司				
	股本	资本公积	盈余公积	未分配利润	股东权益合计	股本	资本公积	盈余公积	未分配利润	股东权益合计
一、上年年末余额	40 000	10 000	11 000	9 000	70 000	20 000	8 000	1 200	2 800	32 000
加：会计政策变更										
前期差错更正										
二、本年年初余额	40 000	10 000	11 000	9 000	70 000	20 000	8 000	1 200	2 800	32 000
三、本年增减变动金额(减少以“-”号填列)										
(一) 综合收益总额				36 000	36 000				10 500	10 500
(二) 所有者投入和减少资本										
1.所有者投入的普通股	10 000	19 500			29 500					
2.其他权益工具持有者投入资本										
3.股份支付计入所有者权益的金额										
4.其他										
(三) 利润分配										
1.提取盈余公积			7 000	7 000				2 000	2 000	
2.对所有者（或股东）的分配				20 000	20 000				4 500	4 500
3.其他										
(四) 股东权益内部结转										
1.资本公积转增股本										
2盈余公积转增股本										
3.盈余公积弥补亏损										
4.其他										
四、本年年末余额	50 000	29 500	18 000	18 000	115 500	20 000	8 000	3 200	6 800	38 000

1.对子公司的个别财务报表进行调整

按公允价值对A公司财务报表项目进行调整。根据购买日A公司资产和负债的公允价值与账面价值之间的差额，调整A公司相关公允价值变动的资产和负债项目及资本公积项目。在合并工作底稿中，其调整分录如下：

借：存货	11 000 000		①
固定资产	30 000 000		
贷：应收账款		1 000 000	
资本公积		40 000 000	

子公司个别财务报表是按其资产、负债的原账面价值为基础编制的，其当期计算的净利润也是按其资产、负债的原账面价值为基础计算的结果。而公允价值与原账面价值存在差额的资产和负债，在经营过程中因使用、转销或偿付而实现其公允价值，其实现的公允价值对子公司当期净利润的影响需要予以反映。因此，需要调整A公司购买日资产和负债的公允价值与原账面价值之间的差额对A公司本年净利润的影响。在合并工作底稿中，其调整分录如下：

借：营业成本	11 000 000		②
管理费用	1 500 000		
应收账款	1 000 000		
贷：存货		1 1000 000	
固定资产		1 500 000	
资产减值损失		1 000 000	

上述调整，对A公司当年净利润的影响数为-1 150万元（因购买日应收账款公允价值减值的实现而调减资产减值损失100万元-因购买日存货公允价值增值的实现而调增营业成本1 100万元-因按固定资产公允价值增值计算的折旧而调增管理费用150万元）。调整后A公司本年净利润为9 350万元（10 500-1 150），本年年末未分配利润为5 650万元（年初未分配利润2 800万元+ 本年净利润9 350万元-提取盈余公积2 000万元-分派股利4 500万元）。A公司本年净利润中属于少数股东的损益为2 805万元（9 350 × 30%）。

2.将长期股权投资按成本法核算的结果调整为按权益法核算的结果

因购买日A公司资产和负债的公允价值与原账面价值之间的差额对A公司本年净利润的影响，权益法下甲公司对A公司投资的投资收益为6 545万元（9 350×70%）。在将按成本法核算的结果调整为按权益法核算的结果时，对长期股权投资及相关项目进行调整，其调整分录如下：

借：长期股权投资——A公司	65 450 000		③
投资收益	31 500 000		
贷：投资收益		65 450 000	
长期股权投资		31 500 000	

权益法下甲公司对A公司长期股权投资的年末余额为32 895万元（29 500+6 545−4 500×70%），少数股东权益的年末余额为12 255万元（10 800＋2 805－4 500×30%）。

二、购买日后合并财务报表的抵销处理

通过编制合并抵销分录，将母公司对子公司长期股权投资与子公司所有者权益等内部交易对个别财务报表的影响予以抵销。

1.长期股权投资与子公司所有者权益的抵销处理

将甲公司对A公司的长期股权投资与其在A公司股东权益中拥有的份额予以抵销。在合并工作底稿中其抵销分录如下：

借：股本	200 000 000		④
资本公积	120 000 000		
盈余公积	32 000 000		
未分配利润	56 500 000		
商誉	43 000 000		
贷：长期股权投资——A公司		328 950 000	
少数股东权益		122 550 000	

2.对子公司的投资收益与子公司当年利润分配的抵销处理

将甲公司对A公司投资的投资收益与A公司本年利润分配有关的金额予以抵销。在合并工作底稿中其抵销分录如下：

借：投资收益	65 450 000		⑤
少数股东损益	28 050 000		
未分配利润（年初）	28 000 000		
贷：提取盈余公积		20 000 000	
对所有者（或股东）的分配		45 000 000	
未分配利润		56 500 000	

3.应收股利与应付股利的抵销处理

本例中A公司本年宣告分派现金股利4 500万元，股利款项尚未支付，A公司已将其计列应付股利4 500万元。甲公司根据A公司宣告分派现金股利的公告，按照其应享有的金额，已确认应收股利，并在其资产负债表中计列应收股利3 150万元。这属于母公司与子公司之间的债权债务，在编制合并财务报表时必须将其予以抵销，其抵销分录如下：

借：应付股利	31 500 000		⑥
贷：应收股利		31 500 000	

三、编制合并工作底稿并编制合并财务报表

根据上述调整分录和抵销分录，甲公司可以编制合并工作底稿见表7-12。

表7-12

合并工作底稿

20×4年度

单位：万元

项　目	母公司	子公司	合计数	调整分录		抵销分录		少数股东权益	合并数
				借方	贷方	借方	贷方		
流动资产：									
货币资金	5 700	6 500	12 200						12 200
以公允价值计量且其变动计入当期损益的金融资产	3 000	5 000	8 000						8 000
应收票据	7 200	3 600	10 800						10 800
应收账款	8 500	5 100	13 600	100②	100①				13 600
预付款项	1 500	2 500	4 000						4 000
应收股利	4 800	0	4 800				3 150⑥		1 650
其他应收款	500	1 300	1 800						1 800
存货	37 000	18 000	55 000	1 100①	1 100②				55 000
其他流动资产	1 800	1 000	2 800						2 800
流动资产合计	70 000	43 000	113 000	1 200	1 200		3 150		109 850
非流动资产：									
可供出售金融资产	9 000	0	9 000						9 000
持有至到期投资	14 000	4 000	18 000						18 000
长期股权投资 其中：对A公司的投资	69 500 29 500	0	69 500	6 545③	3 150③		32 895④		40 000
固定资产	28 000	26 000	54 000	3 000①	150②				56 850
在建工程	13 000	4 200	17 200						17 200
无形资产	6 000	1 800	7 800						7 800
商誉						4 300④			4 300
其他非流动资产									
非流动资产合计	139 500	36 000	175 500	9 545	3 300	4 300	32 895		153 150
资产总计	209 500	79 000	288 500	10 745	4 500	4 300	36 045		263 000
流动负债：									
短期借款	10 000	4 800	14 800						14 800
以公允价值计量且其变动计入当期损益的金融负债	4 000	2 400	6 400						6 400
应付票据	13 000	3 600	16 600						16 600
应付账款	18 000	5 200	23 200						23 200
预收款项	4 000	3 900	7 900						7 900
应付职工薪酬	5 000	1 600	6 600						6 600
应交税费	2 700	1 400	4 100						4 100
应付股利	5 000	4 500	9 500			3 150⑥			6 350

续表

项　目	母公司	子公司	合计数	调整分录		抵销分录		少数股东权益	合并数
				借方	贷方	借方	贷方		
其他应付款	300	700	1 000						1 000
其他流动负债	2 000	900	2 900						2 900
流动负债合计	64 000	29 000	93 000			3 150			89 850
非流动负债：									
长期借款	4 000	5 000	9 000						9 000
应付债券	20 000	7 000	27 000						27 000
长期应付款	6 000	0	6 000						6 000
其他非流动负债	0	0	0						0
非流动负债合计	30 000	12 000	42 000						42 000
负债合计	94 000	41 000	135 000			3 150			131 850
股东权益：									
股本	50 000	20 000	70 000			20 000④			50 000
资本公积	29 500	8 000	37 500		4 000①	12 000④			29 500
盈余公积	18 000	3 200	21 200			3 200④			18 000
未分配利润									21 395
股东权益合计	115 500	38 000	153 500						118 895
少数股东权益									12 255
负债和股东权益总计	209 500	79 000	288 500						263 000
一、营业收入	150 000	94 800	244 800						244 800
减：营业成本	96 000	73 000	169 000	1 100②					170 100
营业税金及附加	1 800	1 000	2 800						2 800
销售费用	5 200	3 400	8 600						8 600
管理费用	6 000	3 900	9 900	150②					10 050
财务费用	1 200	800	2 000						2 000
资产减值损失	600	300	900		100②				800
加：公允价值变动收益	0	0	0						0
投资收益 （其中：对A公司的投资收益）	9 800 3 150	200	10 000	3 150③	6 545③	6 545⑤			6 850 0
二、营业利润	49 000	12 600	61 600	4 400	6 645	6 545			57 300
加：营业外收入	1 600	2 400	4 000						4 000
减：营业外支出	2 600	1 000	3 600						3 600
三、利润总额	48 000	14 000	62 000	4 400	6 645	6 545			57 700
减：所得税费用	12 000	3 500	15 500						15 500
四、净利润	3 6000	10 500	46 500	4 400	6 645	6 545			42 200
归属于母公司股东的净利润									39 395
少数股东损益								2 805⑤	2 805

续表

项目	母公司	子公司	合计数	调整分录		抵销分录		少数股东权益	合并数
				借方	贷方	借方	贷方		
五、其他综合收益的税后净额									
……									
六、综合收益总额	36 000	10 500	46 500	4 400	6 645	6 545			42 200
归属于母公司股东的综合收益总额									39 395
归属于少数股东的综合收益总额								2 805	2 805
所有者权益变动表中的有关项目									
一、年初未分配利润	9 000	2 800	11 800			2 800⑤			9 000
二、本年增减变动金额									
净利润	36 000	10 500	46 500	4 400	6 645	9 345			39 400
三、利润分配									
1.提取盈余公积	7 000	2 000	9 000				2 000⑤		7 000
2.对所有者（或股东）的分配	20 000	4 500	24 500				4 500⑤		2 000
四、年末未分配利润	18 000	6 800	24 800	4 400	6 645	5 650④ 14 995	5 650⑤ 12 150	2 805	21 395*

注：21 395=24 800+（6 645−4 400）+（12 150−14 995）−2 805

最后，甲公司应在编制上述合并工作底稿，计算各项目合并数后，根据合并数编制合并资产负债表、合并利润表以及合并股东权益变动表（略）。

第六节 合并现金流量表的编制

现金流量表要求按照收付实现制反映企业经济业务所引起的现金流入和流出，已经被世界上一些主要国家的会计实务所采用。其编制方法有直接法和间接法两种。我国已经明确规定企业对外报送的现金流量表采用直接法编制。

一、合并现金流量表概述

合并现金流量表是综合反映母公司及其子公司组成的企业集团在一定会计期间经营活动、投资活动、筹资活动等三大类现金流入、现金流出数量以及其增减变动情况的财务报表。合并现金流量表以母公司和子公司的个别现金流量表为基础，在抵销母公司与子公司、子公司相互之间发生的内部交易对合并现金流量表的影响后，由母公司编制。合并现金流量表也可以以合并资产负债表和合并利润表为依据进行编制。

合并现金流量表的编制原理、编制方法和编制程序与合并资产负债表、合并利润表的编制原理、编制方法和编制程序相同，即根据当期母公司与子公司以及子公司相互之间发生的影响其现金流量增减变动的内部交易，编制相应的抵销分录，通过抵销分录将个别现金流量表中重复反映的现金流入量和现金流出量予以抵销，在此基础上计算合并现金流量表的各项目的合并数，并填制合并现金流量表。

合并现金流量表补充资料，既可以以母公司和所有子公司的个别现金流量表为基础，在抵销母公司与子公司、子公司相互之间发生的内部交易对合并现金流量表的影响后进行编制，也可以直接根据合并资产负债表和合并利润表进行编制。

二、编制合并现金流量表需要抵销的项目

在以母公司和子公司个别现金流量表为基础编制合并现金流量表时，需要进行抵销的内容主要有：

1.母公司与子公司、子公司相互之间当期以现金投资或收购股权增加的投资所产生的现金流量应当抵销。当母公司从子公司中购买其持有的其他企业的股票时，由此所产生的现金流量，在购买股权的母公司的个别现金流量表中，表现为“投资活动产生的现金流量”中“投资支付的现金”的增加，而在出售股权的子公司的个别现金流量表中则表现为“投资活动产生的现金流量”中“收回投资收到的现金”的增加。在母公司对子公司投资的情况下，其所产生的现金流量在母公司的个别现金流量表中表现为“投资活动产生的现金流量”中“投资支付的现金”的增加，而在接受投资的子公司个别现金流量表中则表现为“筹资活动产生的现金流量”中“吸收投资收到的现金”的增加。因此，编制合并现金流量表时需要将其抵销。

2.母公司与子公司、子公司相互之间当期取得投资收益收到的现金，应当与分配股利、利润或偿付利息支付的现金相互抵销。母公司对子公司投资以及子公司之间进行投资分配现金股利或利润时，由此所产生的现金流量，在股利或利润支付方的个别现金流量表中表现为“筹资活动产生的现金流量”中“分配股利、利润或偿付利息支付的现金”的增加，而在收到股利或利润方的个别现金流量表中则表现为“投资活动产生的现金流量”中“取得投资收益收到的现金”的增加，在编制合并现金流量表时必须将其予以抵销。

3.母公司与子公司、子公司相互之间以现金结算的债权债务所产生的现金流量应当抵销。以现金结算内部债权债务，对于债权方来说表现为现金的流入，而对于债务方来说则表现为现金的流出。在以现金结算的债权债务属于母公司与子公司、子公司相互之间内部销售商品和提供劳务所产生的情况下，从其个别现金流量表来说，在债权方的个别现金流量表中表现为“销售商品、提供劳务收到的现金”的增加，而在债务方的个别现金流量表中则表现为“购买商品、接受劳务支付的现金”的增加。在编制合并现金流量表时必须将由此所产生的现金流量予以抵销。在以现金结算的债权债务属于内部往来所产生的情况下，在债权方的个别现金流量表中表现为“收到的其他与经营活动有关的现金”的增加，在债务方的个别现金流量表中表现为“支付的其他与经营活动有关的现金“的增加。在编制合并现金流量表时必须将由此所产生的现金流量予以抵销。

4.母公司与子公司、子公司相互之间当期销售商品和提供劳务所产生的现金流量应当抵销。在母公司与子公司、子公司相互之间当期销售商品和提供劳务没有形成固定资产、在建工程、无形资产等资产的情况下，内部销售商品和提供劳务所产生的现金流量，在销售方的个别现金流量表中表现为“销售商品、提供劳务收到的现金”的增加，而在购买方的个别现金流量表中则表现为“购买商品、接受劳务支付的现金”的增加；在母公司与子公司、子公司相互之间当期销售商品和提供劳务形成固定资产、在建工程、无形资产等资产的情况下，内部销售商品和提供劳务所产生的现金流量，在销售方的个别现金流量表中表现为“销售商品、提供劳务收到的现金”的增加，而在购买方的个别现金流量表中表现为“购建固定资产、无形资产和其他长期资产支付的现金”的增加。在编制合并现金流量表时必须将由此所产生的现金流量予以抵销。

5.母公司与子公司、子公司相互之间处置固定资产、无形资产和其他长期资产收回的现金净额，应当与购建固定资产、无形资产和其他长期资产支付的现金相互抵销。内部处置固定资产时，由于处置固定资产等所产生的现金流量，在处置方个别现金流量表中表现为“处置固定资产、无形资产和其他长期资产收回的现金净额”的增加，而在购置该资产的一方个别现金流量表中表现为“购置固定资产、无形资产和其他长期资产支付的现金”的增加。在编制合并现金流量表时必须将由此所产生的现金流量予以抵销。

6.母公司与子公司、子公司相互之间当期发生的其他内部交易所产生的现金流量应当抵销。

第七节 本期增加子公司和减少子公司的合并处理

一、本期增加子公司的合并处理

在编制合并资产负债表时，以本期取得的子公司在合并资产负债表日的资产负债表为基础编制。对于本期投资或追加投资取得的子公司，不需要调整合并资产负债表的期初数。但为了提高会计信息的可比性，应当在合并财务报表附注中披露本期取得的子公司对合并财务报表的财务状况的影响，即披露本期取得的子公司在购买日或合并日的资产和负债金额，包括流动资产、长期股权投资、固定资产、无形资产及其他资产和流动负债、长期负债等的金额。

在编制合并利润表时，应当以本期取得的子公司自取得控制权日起至本期期末为会计期间的财务报表为基础编制，将本期取得的子公司自取得控制权日起至本期期末的收入、费用和利润通过合并纳入合并财务报表之中。同时，为了提高会计信息的可比性，应在合并财务报表附注中披露本期取得的子公司对合并财务报表的经营成果的影响，以及对前期相关金额的影响，即披露本期取得的子公司自取得控制权日至本期期末止的经营成果，包括营业收入、营业利润、利润总额、所得税费用和净利润等。

在编制合并现金流量表时，应当将本期取得的子公司自取得控制权日起至本期期末止的现金流量的信息纳入合并现金流量表，并将取得子公司所支付的现金扣除子公司持有的现金及现金等价物后的净额，在有关投资活动类的“取得子公司及其他营业单位支付的现金”项目反映，如为负数，在有关投资活动类的“收到的其他与投资活动有关的现金”项目反映。

二、本期减少子公司的合并处理

在本期出售转让子公司部分股份或全部股份，丧失对该子公司的控制权而使其成为非子公司的情况下，应当将其排除在合并财务报表的合并范围之外。

在编制合并资产负债表时，不需要对该出售转让股份而成为非子公司的资产负债表进行合并。但为了提高会计信息的可比性，应当在合并财务报表附注中披露该子公司成为非子公司对合并财务报表的财务状况以及对前期相关金额的影响，即披露该子公司在丧失控制权日以及上年年末的资产和负债金额，具体包括流动资产、长期股权投资、固定资产、无形资产及其他资产和流动负债、长期负债等。

编制合并利润表时，则应当以该子公司期初至丧失控制权成为非子公司之日止的利润表为基础，将该子公司自期初至丧失控制权之日止的收入、成本、利润纳入合并利润表。同时为提高会计信息的可比性，在合并财务报表附注中披露该子公司成为非子公司对合并财务报表的经营成果以及对前期相关金额的影响，即披露该子公司自期初至丧失控制权日止的经营成果以及上年度的经营成果，具体包括营业收入、营业利润、利润总额、所得税费用和净利润等。

在编制合并现金流量表时，应当将该子公司自期初至丧失控制权之日止的现金流量的信息纳入合并现金流量表，并将出售该子公司所收到的现金扣除子公司持有的现金和现金等价物以及相关处置费用后的净额，在有关投资活动类的“处置子公司及其他营业单位所收到的现金”项目反映，如为负数，在有关投资活动类的“支付的其他与投资活动有关的现金”项目反映。

【章末练习】

1.甲公司和乙公司不存在关联方关系。2013年1月1日，甲公司用银行存款2 000万元从证券市场上购入乙公司发行在外60%的股份从而能够控制乙公司。合并当日，乙公司所有者权益账面价值与可辨认净资产公允价值相等，其中包括：股本2 000万元，资本公积500万元，盈余公积50万元，未分配利润450万元。

2013年，乙公司实现净利润750万元，提取盈余公积75万元；宣告分派现金股利200万元，无其他所有者权益变动。假设甲、乙公司无内部交易。

要求：

（1）编制对乙公司的投资从成本法调整为权益法的分录。

（2）编制对乙公司长期股权投资业务的抵销分录。

2.甲股份有限公司（以下简称甲公司）系一家上市公司，为增值税一般纳税人，适用的增值税税率为17%。2013年1月2日，甲公司以银行存款2 800万元为合并对价，从乙公司的原股东丙公司处取得乙公司80%的股份。甲公司与丙公司不存在关联方关系。

购买日乙公司所有者权益账面价值为3 000万元，其中股本为2 000万元，资本公积为800万元，盈余公积50万元，未分配利润为150万元。除表7-13的项目外，乙公司其他资产、负债的账面价值与其公允价值相同。

表7-13　**购买日乙公司账面价值与公允价值不同的项目明细**　单位：万元

项目	账面价值	公允价值
存货	300	500
固定资产	500（原价1 000，累计折旧500）	600
小计	800	1 100

乙公司上述固定资产预计使用年限为10年，已使用5年，预计净残值为0，采用年限平均法计提折旧，折旧费计入当期管理费用。

2013年乙公司共实现净利润1 000万元，提取盈余公积100万元，向股东分配现金股利100万元。2013年，甲公司取得投资时乙公司上述存货对外出售80%。

假设甲公司与乙公司无其他内部交易，不考虑相关税费的影响。

要求：编制2013年12月31日甲公司合并财务报表所涉及的调整和抵销分录。

3.续上题，2014年乙公司实现净利润1 200万元，提取盈余公积120万元，向股东分配现金股利500万元。2014年，甲公司取得投资时乙公司存货剩余20%全部对外售出。

假设甲公司与乙公司无其他内部交易，不考虑相关税费的影响。

要求：编制2014年12月31日甲公司合并财务报表所涉及的调整和抵销分录。

第八章

合并财务报表：公司间交易的抵销

本章主要讲述合并财务报表编制过程中，母公司与子公司以及子公司相互之间内部交易抵销的会计处理。在学习本章内容时，要着重关注以下内容：（1）理解和掌握公司间债权债务交易的抵销处理；（2）理解和掌握公司间存货交易的抵销处理；（3）理解和掌握公司间固定资产交易的抵销处理；（4）理解和掌握公司间现金流交易的抵销处理。在学习本章内容时，要注意从合并财务报表编制程序的角度理解公司间交易的抵销处理，连续编制合并财务报表时公司间交易的抵销是本章的难点。除了学习本章内容外，还应当认真阅读《企业会计准则第33号——合并财务报表》及相关指南等。

第一节 内部商品交易的抵销

一、内部销售收入和内部销售成本的抵销处理

内部销售收入是指企业集团内部母公司与子公司、子公司相互之间（以下称成员企业）发生的购销活动所产生的销售收入。内部销售成本是指企业集团内部母公司与子公司、子公司相互之间发生的内部销售商品的销售成本。

（一）购买企业内部购进的商品当期全部实现销售时的抵销处理

对于企业集团内部商品购销业务，销售企业和购买企业都在个别利润表做了反映。销售企业在本期确认了内部销售收入、结转了销售成本、计算了内部销售损益，并在其个别利润表中反映；购买企业一方面要对已实现对外销售的商品确认销售收入，另一方面要结转所销售的内部购进商品的成本，并在其个别利润表中分别作为营业收入和营业成本反映，确认损益。但从企业集团整体来看，这一购销业务只是实现了一次销售，其销售收入只是购买企业对外销售该商品的销售收入，其销售成本只是销售企业销售该商品的成本。因此在编制合并财务报表时，就必须将重复反映的内部销售收入与内部销售成本予以抵销。进行抵销处理时，应借记“营业收入”等项目，贷记“营业成本”等项目。

【例8-1】甲公司拥有A公司70%的股权，系A公司的母公司。甲公司本期个别利润表的营业收入中有3 000万元系向A公司销售商品取得的销售收入，销售成本为2 100万元。A公司在本期将该商品全部售出，销售收入为3 750万元，销售成本为3 000万元。甲公司和A公司对该业务分别在其个别利润表中进行了列示。

对此，编制合并财务报表将内部销售收入和内部销售成本予以抵销时，其抵销分录如下：

借：营业收入　　30 000 000

　　贷：营业成本　　30 000 000

（二）购买企业内部购进的商品未实现对外销售时的抵销处理

在内部购进的商品未实现对外销售的情况下，销售企业确认了内部销售收入，结转了销售成本，计算了内部销售利润，并在其利润表中进行了列示。这一业务从整个企业集团来看，实际上只是商品存放地点发生了变动，并没有真正实现企业集团对外销售，不应确认销售收入、结转销售成本以及计算损益。因此，应当将销售企业由此确认的内部销售收入和内部销售成本予以抵销。

对购买企业来说，该业务则以支付的内部购货价款作为存货成本入账，同时由于在本期内未实现对外销售，在其个别资产负债表中作为存货列示。要注意的是，购买企业内部购进的商品作为期末存货时，其存货价值中包含包括两部分：一部分为真正的存货成本（即销售企业销售该商品的成本），另一部分为销售企业的销售毛利（即销售收入减去销售成本的差额）。对于期末存货价值中包含的这部分销售毛利，从企业集团整体来看，并不是真正实现的利润，通常称之为未实现内部销售损益。因为如前所述，从整个企业整体来看，集团内部企业之间的商品购销活动实际上相当于一个企业内部物资调拨活动，既不会实现利润，也不会增加商品的价值。因此，在编制合并财务报表时，应当将存货价值中包含的未实现内部销售损益予以抵销。

【例8-2】甲公司系A公司的母公司。甲公司本期个别利润表的营业收入中有2 000万元系向A公司销售商品实现的收入，销售成本为1 400万元，销售毛利率为30%。A公司本期从甲公司购入的商品在本期均未实现销售，期末存货价值中包含有2 000万元从甲公司购进的商品，该存货价值中包含的未实现内部销售损益为600万元。

编制合并财务报表将内部销售收入、内部销售成本及存货价值中包含的未实现内部销售损益抵销时，其抵销分录如下：

借：营业收入　　20 000 000

　　贷：营业成本　　14 000 000

　　　　存货　　6 000 000

（三）内部购进的商品部分实现对外销售部分形成期末存货时的抵销处理

在这种情况下，可以将内部购买的商品分解为两部分来理解：一部分为当期购进并全部实现对外销售；另一部分为当期购进但未实现对外销售而形成期末存货。【例8-1】介绍的就是前一部分的抵销处理，【例8-2】介绍的则是后一部分的抵销处理。将这两种抵销处理合并在一起，则就是第三种情况下的抵销处理。

【例8-3】甲公司系A公司的母公司。甲公司本期个别利润表的营业收入中有5 000万元系向A公司销售商品取得的销售收入，销售成本为3 500万元，销售毛利率为30%。A公司在本期将该批内部购进商品的60%实现销售，销售收入为3 750万元，销售成本为3 000万元，销售毛利率为20%，并列示于其个别利润表中；该批商品另外的40%则形成A公司期末存货2 000万元，列示于A公司的个别资产负债表之中。在编制合并财务报表时，其抵销处理如下：

借：营业收入（50 000 000×60%）　　30 000 000
　　贷：营业成本（50 000 000×60%）　　30 000 000
借：营业收入（50 000 000×40%）　　20 000 000
　　贷：营业成本（35 000 000×40%）　　14 000 000
　　　　存货(（50 000 000－35 000 000）×40%)　　6 000 000

对于内部销售收入的抵销，也可按照如下方法进行抵销处理：（1）假定全部对外销售，按照内部销售收入的数额，借记"营业收入"项目，贷记"营业成本"项目；（2）按照期末存货价值中包含的未实现内部销售损益的数额，借记"营业成本"项目，贷记"存货"项目。将其内部销售收入、销售成本以及期末存货价值中包含的未实现内部销售损益抵销，编制抵销分录如下：

借：营业收入　　50 000 000
　　贷：营业成本　　50 000 000
借：营业成本　　6 000 000
　　贷：存货　　6 000 000

（四）购买企业内部购进的商品作为固定资产使用时的抵销处理

在集团内成员企业将自身的产品销售给其他成员企业作为固定资产使用的情况下，销售企业在销售时确认内部销售收入、结转成本和计算损益，并在其个别财务报表中列示；对于购买企业来说，则以购买价格（在此不考虑安装及运输费用）作为固定资产原值记账，该固定资产入账价值中既包括销售企业生产该产品的成本，也包括销售企业销售该产品所实现的销售利润。如前所述，从整个企业集团来看，集团内部成员企业之间的购销活动实际上相当于一个企业内部物资调拨活动，既不会实现利润，也不会增加产品的价值。因此，编制合并财务报表时应将销售企业由于该固定资产交易所实现的销售收入、结转的销售成本予以抵销，并将内部交易形成的固定资产原价中包含的未实现内部销售损益予以抵销。

【例8-4】母公司个别利润表的营业收入中有500万元系向子公司销售其生产的设备所取得的收入，该设备生产成本为400万元。子公司个别资产负债表固定资产原价中包含有该设备的原价，该设备系12月购入并投入使用，本期未计提折旧。该固定资产原价中包含有100万元未实现内部销售损益，对此，在编制合并财务报表时，需要将母公司相应的销售收入和销售成本予以抵销，并将该固定资产原价中包含的未实现内部销售损益予以抵销。其抵销分录如下：

借：营业收入　　5 000 000
　　贷：营业成本　　4 000 000
　　　　固定资产　　1 000 000

二、连续编制合并财务报表时内部销售商品的抵销处理

在连续编制合并财务报表的情况下，首先必须将上期抵销的存货价值中包含的未实现内部销售损益对本期期初未分配利润的影响予以抵销，调整本期期初未分配利润的数额；然后再对本期内部购销业务进行抵销处理，其具体抵销处理程序和方法如下：

1.将上期抵销的存货价值中包含的未实现内部销售损益对本期期初未分配利润的影响进行抵销，即按照上期内部购进存货价值中包含的未实现内部销售损益的数额，借记“期初未分配利润”项目，贷记“营业成本”项目。这一抵销分录，可以理解为上期内部购进存货价值中包含的未实现内部销售损益在本期视同已实现利润，将未实现内部销售损益转为已实现利润，冲减当期的合并销售成本。

2.对于本期发生的内部购销活动，将内部销售收入、内部销售成本及内部购进存货价值中包含的未实现内部销售损益予以抵销，即按照销售企业内部销售收入的数额，借记“营业收入”项目，贷记“营业成本”项目。

3.将期末内部购进存货价值中包含的未实现内部销售损益予以抵销。对于期末内部购销形成的存货（包括上期结转形成的本期存货），应按照购买企业期末内部购进存货价值中包含的未实现内部销售损益的数额，借记“营业成本”项目，贷记“存货”项目。这一抵销分录实际上可以理解为本期期末内部购进存货全部作为本期购进形成的存货处理，按本期销售企业的销售毛利率进行抵销处理。

【例8-5】上期甲公司与A公司内部购销资料、内部购销业务的抵销处理见【例8-3】。本期甲公司个别财务报表中向A公司销售商品取得销售收入6 000万元，销售成本为4 200万元，甲公司本期销售毛利率与上期相同，为30%。A公司个别财务报表中从甲公司购进商品本期实现对外销售收入为5 625万元，销售成本为4 500万元，销售毛利率为20%；期末内部购进形成的存货为3 500万元（期初存货2 000 + 本期购进存货6 000−本期销售成本4 500），存货价值中包含的未实现内部销售损益为1 050万元。编制合并财务报表时应进行如下抵销处理：

（1）调整期初未分配利润的数额：

借：期初未分配利润　　6 000 000

　　贷：营业成本　　6 000 000

（2）抵销本期内部销售收入：

借：营业收入　　60 000 000

　　贷：营业成本　　60 000 000

（3）抵销期末存货价值中包含的未实现内部销售损益：

借：营业成本　　10 500 000

　　贷：存货　　10 500 000

第二节 内部债权债务的抵销处理

一、内部债权债务的抵销概述

母公司与子公司、子公司相互之间的债权和债务项目，是指母公司与子公司、子公司相互之间的应收账款与应付账款、预付账款和预收账款、应付债券与持有至到期投资等项目。这种内部债权债务，从母公司与子公司组成的企业集团整体角度来看，它只是企业集团内部资金运动，既不增加企业集团的资产，也不增加负债。为此，在编制合并财务报表时，应当将内部债权债务项目予以抵销。

在编制合并资产负债表时需要进行抵销处理的内部债权债务项目主要包括：（1）应收账款与应付账款；（2）应收票据与应付票据；（3）预付账款与预收账款；（4）长期债券投资与应付债券；（5）应收股利与应付股利；（6）其他应收款与其他应付款。

【例8-6】甲公司系A公司的母公司。甲公司个别资产负债表应收账款中有600万元为应收A公司账款，应收票据中有400万元为应收A公司票据，持有至到期投资中有A公司发行的债券2 500万元。

甲公司在编制合并财务报表时，应当将这些内部债权债务予以抵销。其抵销分录如下：

（1）将内部应收账款与应付账款抵销：

借：应付账款	6 000 000	
贷：应收账款		6 000 000

（2）将内部应收票据与应付票据抵销：

借：应付票据	4 000 000	
贷：应收票据		4 000 000

（3）将持有至到期投资与应付债券抵销：

借：应付债券	25 000 000	
贷：持有至到期投资		25 000 000

二、内部应收款项及其坏账准备的抵销处理

（一）初次编制合并财务报表时的抵销处理

这里的应收账款、应收票据等也包括应收子公司账款、应收子公司票据等。企业对于包括应收账款、应收票据、预付账款以及其他应收款在内的所有应收款项，应当根据其公允价值变动情况，确认资产减值损失，计提坏账准备。在对子公司的应收款项计提坏账准备的情况下，在编制合并财务报表时，随着内部应收款项的抵销，与此相联系也应当将该内部应收款项计提的坏账准备予以抵销。将内部应收款项抵销时，按内部应付款项的金额，借记“应付账款”、“应付票据”等项目，贷记“应收账款”、“应收票据”等项目；将内部应收款项计提的坏账准备抵销时，按各内部应收款项计提的相应坏账准备期末余额，借记“应收账款”、“应收票据”等项目，贷记“资产减值损失”项目。

【例8-7】甲公司为A公司的母公司。甲公司本期个别资产负债表应收账款中有580万

元为应收A公司账款，该应收账款账面余额为600万元，甲公司当年计提坏账准备20万元；应收票据中有390万元为应收A公司票据，该应收票据账面余额为400万元，甲公司当年计提坏账准备10万元。A公司本期个别资产负债表中应付账款和应付票据中列示有应付甲公司账款600万元和应付甲公司票据400万元。

在编制合并财务报表时，甲公司应当将内部应收账款与应付账款相互抵销，同时还应将内部应收账款和应收票据计提的坏账准备予以抵销，其抵销分录为：

（1）将应收账款与应付账款抵销：

借：应付账款　　6 000 000

　　贷：应收账款　　6 000 000

（2）将应收票据与应付票据抵销：

借：应付票据　　4 000 000

　　贷：应收票据　　4 000 000

（3）将坏账准备与资产减值损失抵销：

借：应收账款　　200 000

　　应收票据　　100 000

　　贷：资产减值损失　　300 000

（二）连续编制合并财务报表时的抵销处理

首先，将内部应收款项与应付款项予以抵销，即按内部应付款项的数额，借记"应付账款""应付票据"等项目，贷记"应收账款""应收票据"等项目。

其次，应将上期资产减值损失中抵销的各内部应收款项计提的相应坏账准备对本期期初未分配利润的影响予以抵销，即按上期资产减值损失项目中抵销的各内部应收款项计提的相应坏账准备的数额，借记"应收账款""应收票据"等项目，贷记"期初未分配利润"项目。

最后，对本期各内部应收款项在个别财务报表中补提或者冲销的相应坏账准备的数额也应予以抵销，即按照本期期末内部应收款项在个别资产负债表中补提的坏账准备的数额，借记"应收账款""应收票据"等项目，贷记"资产减值损失"项目（或按照本期期末各内部应收款项在个别资产负债表中冲销的相应坏账准备的数额，借记"资产减值损失"项目，贷记"应收账款""应收票据"等项目）。

1.内部应收款项坏账准备本期余额与上期余额相等时的抵销处理

【例8-8】接【例8-7】。甲公司为A公司的母公司。甲公司和A公司上期内部应收款项、坏账准备情况、内部债权债务的抵销见【例8-7】。甲公司本期个别资产负债表应收账款中有应收A公司账款580万元，该应收账款系上期发生的，账面余额为600万元，甲公司上期对其计提坏账准备20万元，该坏账准备结转到本期；应收A公司票据390万元，该应收票据系上期发生的，账面余额为400万元，甲公司上期对其计提坏账准备10万元，该坏账准备结转到本期。本期对上述内部应收账款和应收票据未计提坏账准备。

甲公司在合并工作底稿中应进行如下抵销处理：

（1）将上期内部应收款项计提的坏账准备抵销。在这种情况下，母公司个别资产负债表中坏账准备余额可以理解为实际上是上期结转而来的余额，因此只需要将上期内部应收账款计提的坏账准备予以抵销，同时调整本期期初未分配利润的数额。其抵销分录如下：

借：应收账款　　200 000
　　应收票据　　100 000
　　贷：期初未分配利润　　300 000

（2）将内部应收账款、应收票据与应付账款、应付票据抵销：

借：应付账款　　6 000 000
　　贷：应收账款　　6 000 000
借：应付票据　　4 000 000
　　贷：应收票据　　4 000 000

2.内部应收款项坏账准备本期余额大于上期余额时的抵销处理

【例8-9】接【例8-7】。甲公司为A公司的母公司。甲公司和A公司上期内部应收款项、坏账准备情况、内部债权债务的抵销见【例8-7】。甲公司本期个别资产负债表应收账款中有应收A公司账款735万元，该应收账款账面余额为800万元，甲公司对该应收账款累计计提坏账准备65万元，其中20万元系上期结转至本期的，本期对其补提坏账准备45万元；应收A公司票据875万元，该应收票据账面余额为900万元，甲公司对该应收票据累计计提坏账准备25万元，其中10万元系上期结转至本期的，本期对其补提坏账准备15万元。

甲公司在合并工作底稿中应进行如下抵销处理：

（1）抵销上期内部应收款项计提的坏账准备，并调整期初未分配利润的数额：

借：应收账款　　200 000
　　应收票据　　100 000
　　贷：期初未分配利润　　300 000

（2）抵销内部应收账款、应收票据与应付账款、应付票据：

借：应付账款　　8 000 000
　　贷：应收账款　　8 000 000
借：应付票据　　9 000 000
　　贷：应收票据　　9 000 000

（3）抵销本期内部应收款项增加计提的坏账准备与资产减值损失：

借：应收账款　　450 000
　　应收票据　　150 000
　　贷：资产减值损失　　600 000

（三）内部应收款项坏账准备本期余额小于上期余额时的抵销处理

【例8-10】接【例8-7】。甲公司为A公司的母公司。甲公司和A公司上期内部应收款项、坏账准备情况、内部债权债务的抵销见【例8-7】。甲公司本期个别资产负债表应收账款中有应收A公司账款538万元，该应收账款账面余额为550万元，甲公司对该应收账款累计计提坏账准备12万元，其中上期结转至本期的坏账准备20万元，本期冲减坏账准备8万元；应收A公司票据374万元，该应收票据账面余额为380万元，甲公司对其累计计提坏账准备6万元，其中上期结转至本期的坏账准备10万元，本期冲减坏账准备4万元。

甲公司在合并工作底稿中应进行如下抵销处理：

（1）抵销上期内部应收款项计提的坏账准备，并调整期初未分配利润的数额：

借：应收账款	200 000	
应收票据	100 000	
贷：期初未分配利润		300 000

（2）抵销内部应收账款、应收票据与应付账款、应付票据：

借：应付账款	5 500 000	
贷：应收账款		5 500 000
借：应付票据	3 800 000	
贷：应收票据		3 800 000

（3）抵销本期内部应收款项冲销的坏账准备与资产减值损失：

借：资产减值损失	120 000	
贷：应收账款		80 000
应收票据		40 000

第三节 内部固定资产、无形资产交易的抵销处理

一、内部固定资产交易概述

内部固定资产交易，是指企业集团内部发生交易的一方涉及固定资产的购销业务。根据销售企业销售的是产品还是固定资产，可以将企业集团内部固定产交易划分为两种类型：第一种类型是企业集团内部企业将自身使用的固定资产变卖给企业集团内的其他企业作为固定资产使用；第二种类型是企业集团内部企业将自身生产的产品销售给企业集团内的其他企业作为固定资产使用。此外，还有另一类型的内部固定资产交易，即企业集团内部企业将自身使用的固定资产变卖给企业集团内的其他企业作为普通商品销售。这种类型的固定资产交易，属于固定资产的内部处置，在企业集团内部发生的情况极少，一般情况下发生的数量也不大。

严格说来，内部固定资产交易属于内部商品交易，其在编制合并财务报表时的抵销处理与一般内部商品交易的抵销处理有相通之处，但由于固定资产取得并投入使用后，往往要跨越若干个会计期间，并且在使用过程中通过计提折旧将其价值转移到产品生产成本或各会计期间的期间费用之中去，因而其抵销处理也有其特殊性。

二、内部固定资产交易当期的抵销处理

（一）内部固定资产交易的抵销处理

1.企业集团内部固定资产变卖交易的抵销处理

在合并工作底稿中编制抵销分录时，应当按照该内部交易固定资产的转让价格与其原

账面价值之间的差额，借记“营业外收入”科目，贷记“固定资产原价”项目。如果该内部交易固定资产的转让价格低于原账面价值，则按其差额，借记“固定资产原价”项目，贷记“营业外支出”项目。

【例8-11】A公司和B公司为甲公司控制下的两个子公司。A公司将其净值为1 280万元的某厂房以1 500万元的价格变卖给B公司作为固定资产使用。在该内部固定资产交易中，A公司因交易实现营业外收入220万元，B公司将该厂房以1 500万元的金额作为固定资产的原价入账，并列示于其个别资产负债表之中。编制合并财务报表时，甲公司必须将因该固定资产交易实现的营业外收入与固定资产原价中包含的未实现内部销售损益的数额予以抵销。其抵销分录如下：

借：营业外收入	2 200 000	
贷：固定资产原价		2 200 000

通过上述抵销处理，将该内部固定资产交易的未实现内部销售损益予以抵销，该厂房的原价通过抵销处理后调整为1 280万元。

2.企业集团内部企业将自身生产的产品销售给其他企业作为固定资产使用的交易的抵销处理

在合并工作底稿中编制抵销分录将其抵销时，应当按销售企业销售该产品的销售收入借记“营业收入”项目，按销售企业销售该产品结转的销售成本贷记“营业成本”项目，按销售收入与销售成本之间的差额（即固定资产原价中包含的未实现内部销售损益）贷记“固定资产原价”项目。

【例8-12】A公司和B公司为甲公司控制下的两个子公司。A公司于20×3年12月将自己生产的产品销售给B公司作为固定资产使用，A公司销售该产品的销售收入为1 680万元，销售成本为1 200万元，B公司以1 680万元的价格作为该固定资产的原价入账。在合并工作底稿中应进行如下抵销处理：

借：营业收入	16 800 000	
贷：营业成本		12 000 000
固定资产原价		4 800 000

（二）内部固定资产交易当期计提折旧的抵销处理

在发生内部固定资产交易当期，购买企业使用该内部交易固定资产并计提折旧，其折旧费用计入当期损益。由于购买企业是以该固定资产的取得成本作为其原价计提折旧，在取得成本中包含有销售企业由于该内部固定资产交易所产生的损益（即未实现内部销售损益），相应地，在该内部交易固定资产使用过程中其各期计提的折旧额中，也包含有未实现内部销售损益摊销的金额。因此，必须将当期该内部交易固定资产计提的折旧额中未实现内部销售损益的摊销金额即多计提的折旧数额，从该内部交易固定资产当期计提的折旧费用和该固定资产累计折旧中予以抵销。抵销处理时，应按当期多计提的折旧数额，借记“累计折旧”项目，贷记“管理费用”等项目。

【例8-13】A公司和B公司为甲公司控制下的两个子公司。A公司于20×2年12月1日将自己生产的产品销售给B公司作为固定资产使用，A公司销售该产品的销售收入为1 680万元，销售成本为1 200万元。B公司以1 680万元的价格作为该固定资产的原价入账。B公司购买的该固定资产用于公司的行政管理，假定B公司对该内部交易固定资产每年计提折旧420万元。甲公司在编制20×3年度合并财务报表时，应当进行如下抵销处理：

（1）将该内部交易固定资产相关销售收入与销售成本及原价中包含的未实现内部销售损益予以抵销：

借：营业收入　　16 800 000

　贷：营业成本　　12 000 000

　　固定资产原价　　4 800 000

（2）将当年计提的折旧和累计折旧中包含的未实现内部销售损益予以抵销。B公司对该固定资产每年计提折旧420万元，其中每年计提的折旧和累计折旧中均包含未实现内部销售损益的摊销额120万元。在合并工作底稿中应进行如下抵销处理：

借：累计折旧　　1 200 000

　贷：管理费用　　1 200 000

三、内部交易固定资产取得后至处置前期间的抵销处理

在以后的会计期间，具体抵销程序如下：

1.将内部交易固定资产原价中包含的未实现内部销售损益抵销，并调整期初未分配利润，即按照固定资产原价中包含的未实现内部销售损益的数额，借记“期初未分配利润”项目，贷记“固定资产原价”项目。

2.将以前会计期间内部交易固定资产多计提的累计折旧抵销，并调整期初未分配利润，即按照以前会计期间抵销该内部交易固定资产因包含未实现内部销售损益而多计提（或少计提）的累计折旧额，借记“累计折旧”项目，贷记“期初未分配利润”项目。

3.将当期由于该内部交易固定资产因包含未实现内部销售损益而多计提的折旧费用予以抵销，并调整本期计提的累计折旧额，即按照本期该内部交易固定资产多计提的折旧额，借记“累计折旧”项目，贷记“管理费用”等费项目。

【例8-14】接【例8-13】，B公司20×4年年末个别资产负债表中，该内部交易固定资产原价为1 680万元，累计折旧为840万元，该固定资产净值为840万元。该内部交易固定资产20×4年计提折旧420万元。

甲公司编制20×4年度合并财务报表时，应当进行如下抵销处理：

（1）借：期初未分配利润　　4 800 000

　　贷：固定资产原价　　4 800 000

（2）借：累计折旧　　1 200 000

　　贷：期初未分配利润　　1 200 000

（3）借：累计折旧　　1 200 000

贷：管理费用　　1 200 000

B公司20×5年个别资产负债表中，该内部交易固定资产原价为1 680万元，累计折旧为1 260万元，净值为420万元。该内部交易固定资产20×5年计提折旧420万元。

甲公司编制20×5年度合并财务报表时，应当进行如下抵销处理：

（1）借：期初未分配利润　　4 800 000
　　贷：固定资产原价　　4 800 000

（2）借：累计折旧　　2 400 000
　　贷：期初未分配利润　　2 400 000

（3）借：累计折旧　　1 200 000
　　贷：管理费用　　1 200 000

四、内部交易固定资产清理期间的抵销处理

固定资产清理时可能出现三种情况：（1）期满清理；（2）超期清理；（3）提前清理。编制合并财务报表时，应当根据具体情况进行抵销处理。

（一）内部交易固定资产使用期限届满进行清理期间的抵销处理

编制合并财务报表时首先必须调整期初未分配利润。其次，在固定资产进行清理的会计期间，固定资产在未进行清理前仍处于使用之中，仍需要计提折旧，本期计提折旧中仍然包含因内部未实现销售损益而多计提的折旧额，因此也需要将当期多计提的折旧额予以抵销。

另外要注意，随着内部交易固定资产的清理，该固定资产的原价、累计折旧和净值在B公司个别资产负债表中均无列示，故涉及“期初未分配利润”项目的抵销处理，均通过“营业外收入”项目或“营业外支出”项目进行。

【例8-15】接【例8-14】，20×6年12月该内部交易固定资产使用期满，B公司于20×6年12月对其进行清理。B公司对该固定资产清理时实现固定资产清理净收益14万元，在20×6年度个别利润表“营业外收入”项目中列示。随着对该固定资产的清理，该固定资产的原价和累计折旧转销，在20×6年12月31日B公司个别资产负债表“固定资产”项目中已无固定资产。此时，甲公司编制合并财务报表时，应当进行如下抵销处理：

（1）按照内部交易固定资产原价中包含的未实现内部销售损益，调整期初未分配利润：

借：期初未分配利润　　4 800 000
　　贷：营业外收入　　4 800 000

（2）按以前会计期间因固定资产原价中包含的未实现内部销售损益而多计提的累计折旧数额，调整期初未分配利润：

借：营业外收入　　3 600 000
　　贷：期初未分配利润　　3 600 000

（3）将本期因固定资产原价中包含的未实现内部销售损益而多计提的折旧额抵销：

借：营业外收入　　1 200 000

　　贷：管理费用　　1 200 000

以上三笔抵销分录，可以合并为以下抵销分录：

借：期初未分配利润　　1 200 000

　　贷：管理费用　　1 200 000

（二）内部交易固定资产超期使用进行清理期间的抵销处理

首先需要将该固定资产原价中包括的未实现内部销售损益予以抵销，并调整期初未分配利润。其次，要将以前会计期间因内部交易固定资产原价中包含的未实现内部销售损益而多计提的累计折旧予以抵销。最后，由于在该固定资产使用期满的会计期间仍然需要计提折旧，本期计提的折旧中仍然包含多计提的折旧，因此需要将多计提的折旧费用予以抵销，并调整已计提的累计折旧。

【例8-16】接【例8-14】，20×6年12月31日该内部交易固定资产使用期满，但该固定资产仍处于使用之中，B公司未对其进行清理报废。B公司20×6年度个别资产负债表固定资产仍列示该固定资产的原价1 680万元，累计折旧1 680万元；在其个别利润表列示该固定资产当年计提的折旧420万元。对此，甲公司在编制20×6年度合并财务报表时，应当进行如下抵销处理：

（1）将内部交易固定资产原价中包含的未实现内部销售损益抵销，并调整期初未分配利润：

借：期初未分配利润　　4 800 000

　　贷：固定资产原价　　4 800 000

（2）将因固定资产原价中包含的未实现内部销售损益而多计提的累计折旧抵销，并调整期初未分配利润：

借：累计折旧　　3 600 000

　　贷：期初未分配利润　　3 600 000

（3）将本期因固定资产原价中包含的未实现内部销售损益而多计提的折旧额抵销：

借：累计折旧　　1 200 000

　　贷：管理费用　　1 200 000

进一步假设该内部交易固定资产20×7年仍处于使用之中。B公司个别资产负债表中内部交易固定资产为1 680万元，累计折旧为1 680万元；由于固定资产超期使用不计提折旧，B公司个别利润表中无该内部固定资产计提的折旧费用。对此，甲公司在编制20×7年度合并财务报表时，应进行如下抵销处理：

（1）将固定资产原价中包含的未实现内部销售损益抵销，调整期初未分配利润：

借：期初未分配利润　　4 800 000

　　贷：固定资产原价　　4 800 000

（2）将累计折旧中包含的未实现内部销售损益抵销，调整期初未分配利润：

借：累计折旧　　4 800 000

贷：期初未分配利润　　4 800 000

（三）内部交易固定资产使用期限未满提前进行清理期间的抵销处理

首先，必须调整期初未分配利润；其次，在固定资产进行清理前仍需要计提折旧，本期计提的折旧中仍然包含多计提的折旧，需要将多计提的折旧费用予以抵销。

【例8-17】接【例8-14】，B公司于20×5年12月对该内部交易固定资产进行清理处置，在对其清理过程中取得清理净收益25万元，在其个别利润表中作为营业外收入列示。本例中，该内部交易固定资产于20×5年12月已经使用3年，B公司对该固定资产累计计提折旧1 260万元。

对此，甲公司在编制20×5年度合并财务报表时，应编制如下抵销分录：

（1）借：期初未分配利润　　4 800 000
　　贷：营业外收入　　4 800 000
（2）借：营业外收入　　2 400 000
　　贷：期初未分配利润　　2 400 000
（3）借：营业外收入　　1 200 000
　　贷：管理费用　　1 200 000

五、内部无形资产交易的抵销处理

内部无形资产交易是企业集团内部发生交易的一方涉及无形资产的交易，如企业集团内部某一成员企业将自身拥有的专利权、专有技术等转让给其他成员企业作为无形资产继续使用。对于内部无形资产交易，在编制合并财务报表时，首先必须将由于转让无形资产所产生的收入、成本及购入企业无形资产入账价值中包含的未实现内部销售损益予以抵销；其次，随着无形资产价值的摊销，无形资产价值中包含的未实现内部销售损益也随之计入当期费用，为此也必须对内部交易无形资产摊销计入的相关费用项目进行抵销处理。总体上，内部无形资产交易的抵销处理与内部固定资产交易的抵销处理类似，本书不再赘述。

【章末练习】

1.甲公司是乙公司的母公司，2014年有关内部交易资料如下：

（1）2014年6月，甲公司将本公司生产的A产品销售给乙公司，售价为600万元，成本为400万元。乙公司取得后作为管理用固定资产并于当月投入使用，预计使用年限为10年，预计净残值为零，采用年限平均法计提折旧。

（2）2014年9月，乙公司将其管理用固定资产出售给甲公司，售价为60万元，其原值为100万元，已计提折旧20万元。甲公司取得该固定资产后继续作为管理用固定资产使用。甲公司和乙公司对该固定资产均采用年限平均法计提折旧，尚可使用年限4年，预计净残值为零。

假设不需考虑相关税费影响，要求：

（1）根据资料（1）编制2014年有关内部销售存货的抵销分录。

（2）根据资料（2）编制2014年有关内部销售固定资产的抵销分录。

2.2014年1月1日，甲公司以银行存款取得乙公司80%股权，取得该投资时乙公司净资产的公允价值与其账面价值相等。假设甲公司与乙公司的会计政策一致，且无关联方关系。2014年度发生如下业务：

（1）甲公司将其成本为40万元的产品以50万的价格销售给乙公司。乙公司购入甲公司产品后作为存货管理，至2014年年末该存货未被使用。

（2）2014年年末，甲公司账簿记录显示应收乙公司账款为50万元，甲公司对该项应收账款计提了0.5万元坏账准备。

假设不需考虑相关税费影响，要求：

（1）编制2014年度合并财务报表时，上述内部存货购销业务抵销的分录。

（2）编制2014年度合并财务报表时，上述内部债权债务抵销的分录。

3.甲公司为乙公司的母公司，2013年年末甲公司账簿记录显示应收乙公司账款为2 000万元；2014年年末甲公司账簿记录显示应收乙公司账款为5 000万元。假设甲公司采用应收账款余额百分比法计提坏账准备，计提比例1%，甲、乙公司所得税税率均为25%。

要求：

（1）编制2013年有关内部债权债务抵销的分录。

（2）编制2014年有关内部债权债务抵销的分录。

附录一 章末练习参考答案

【第一章章末练习参考答案】

1.【解析】

根据《企业会计准则第22号——金融工具的确认和计量》的规定，交易性金融资产应以公允价值计量，由于该交易性金融资产是以外币计价的，在资产负债表日，不仅应考虑欧元股票市价的变动，还应一并考虑欧元与人民币之间汇率变动的影响。甲公司期末应计入当期损益的金额 = 4.2×10 000×7.4 − 4×10 000×7.6 = 310 800 − 304 000 = 6 800（元人民币）。

取得交易性金融资产时：

借：交易性金融资产（4×10 000×7.6）　　304 000

　　贷：银行存款——欧元（€40 000）　　304 000

期末按照公允价值调整：

借：交易性金融资产　　6 800

　　贷：公允价值变动损益　　6 800

2.【解析】

（1）编制20×4年第二季度外币业务的会计分录：

①4月1日

借：在建工程　　8 240 000

　　贷：银行存款——美元（$1 000 000）　　8 240 000

②4月20日

借：银行存款（500 000×8.20）　　4 100 000

　　财务费用　　25 000

　　贷：银行存款——美元（$500 000）　　4 125 000

③5月1日

借：在建工程　　8 250 000

　　贷：银行存款——美元（$1 000 000）　　8 250 000

④5月15日

借：银行存款——美元（$1 000 000）　　8 260 000

　　贷：应收账款——美元（$1 000 000）　　8 260 000

⑤6月30日

借：在建工程　　1 240 500

　　贷：应付利息（$150 000）　　1 240 500

第二季度利息为124.05万美元（1 000×6%×3/12×8.27），因为是专门借款，与资产支出不挂钩,应全部资本化。

（2）20×4年第二季度计入在建工程的汇兑损益：

长期借款：1 000×（8.27−8.26）=10（万元，贷方）

应付利息：15×（8.27−8.26）+15×（8.27−8.27）=0.15（万元，贷方）

计入在建工程的汇兑净损失=10+0.15=10.15（万元）

计入当期损益的汇兑损益：

银行存款账户产生的汇兑损益=（400−100−50−100+100）×8.27−（400×8.26−100×8.24−50×8.25−100×8.25+100×8.26）=−1（万元）

银行存款账户产生的汇兑损失=1（万元）

应收账款账户产生的汇兑损益=（300−100）×8.27−（300×8.26−100×8.26）=2（万元）

应收账款账户产生的汇兑收益=2（万元）

计入当期损益的汇兑净损失=2.5+1−2=1.5 （万元）

编制与期末汇兑差额相关的会计分录：

借：在建工程　　101 500

　　应收账款　　20 000

　　贷：银行存款　　10 000

　　　　财务费用　　10 000

　　　　长期借款　　100 000

　　　　应付利息　　1 500

3.【解析】

（1）借：应收账款——乙公司（欧元）（200×10 000×6.92）　　13 840 000

　　　　贷：主营业务收入　　13 840 000

（2）借：财务费用——汇兑差额[200×10 000×（6.87−6.92）]　　100 000

　　　　贷：应收账款——乙公司（欧元）　　100 000

（3）借：银行存款——人民币（200×10 000×6.8）　　13 600 000

　　　　财务费用——汇兑差额　　140 000

　　　　贷：应收账款——欧元　　13 740 000

（4）借：银行存款——美元（9 000×6.28）　　56 520

　　　　财务费用　　630

贷：银行存款——人民币（9 000×6.35） 57 150

（5）借：可供出售金融资产（2×5 000×6.84） 68 400

贷：银行存款——欧元 68 400

20×4年6月30日上述可供出售金融资产在资产负债表日的人民币金额以34 300元（1×5 000×6.86）入账，与原账面价值68 400元的差额为34 100元人民币，计入资本公积。

借：资本公积 34 100

贷：可供出售金融资产 34 100

【第二章章末练习参考答案】

1.【解析】

甲公司应确认的预计负债金额=（90+100）÷2=95（万元），其中，诉讼费2万元应计入管理费用，计入营业外支出的金额=95−2=93（万元）。

2.【解析】

若生产机床的单位成本为320万元，履行合同发生的损失=320−300=20（万元），不履行合同支付的违约金=300×10%=30（万元）。

（1）应确认预计负债20万元

借：营业外支出 200 000

贷：预计负债 200 000

（2）待产品完工后

借：预计负债 200 000

贷：库存商品 200 000

3.【解析】

（1）因辞退员工将支付补偿800万元和因撤销厂房租赁合同将支付违约金25万元属于与重组有关的直接支出。

因重组义务应确认的预计负债金额=800+25=825（万元）。

（2）因重组计划减少20×8年度利润总额=825+150=975（万元）。

会计分录：

借：营业外支出 250 000

贷：预计负债 250 000

借：管理费用 8 000 000

贷：应付职工薪酬 8 000 000

借：资产减值损失 1 500 000

贷：固定资产减值准备 1 500 000

（3）资料（2）应确认预计负债。预计负债的最佳估计数=（450+550）/2=500（万元）。

会计分录：

借：营业外支出　　5 000 000

　　贷：预计负债　　5 000 000

资料（3）不应确认预计负债。

理由：此项不是很可能导致经济利益流出企业，不符合或有事项确认预计负债的条件。

【第三章章末练习参考答案】

1.【解析】

（1）该折旧年限变更对2015年度税前利润的调减额＝｛［（403 000－（403 000－3 000）÷10×4］－1 000｝÷（6－4）－［（403 000－3 000）÷10］＝81 000（元）；

（2）该折旧年限变更对2015年度税后净利润的调减额＝81 000×（1－25%）＝60 750（元）。

2.【解析】

（1）首先将2014年少摊的费用110万元（（8 800/8－8 800/10）×6/12）补足：

借：以前年度损益调整　　1 100 000

　　贷：累计摊销　　1 100 000

（2）2014年应税支出少算165万元［（8 800×150%÷8×6/12）－（8 800×150%÷10×6/12）］，相应地多算应税所得165万元，多计应交所得税41.25万元，应作如下修正：

借：应交税费——应交所得税（165×25%）　　412 500

　　贷：以前年度损益调整　　412 500

（3）借：利润分配——未分配利润　　618 750

　　　　盈余公积　　68 750

　　　　贷：以前年度损益调整　　687 500

3.【解析】

该项会计政策变更对2008年的期初留存收益的影响金额＝（1 000－1 200）×（1－25%）＝－150（万元）

【第四章章末练习参考答案】

1.【解析】

未分配利润减少的金额=（3 000－300）×（1－25%）×（1－10%）=1 822.5（万元）。

2.【解析】

（1）借：预计负债　　5 000 000

　　　　贷：以前年度损益调整　　2 000 000

　　　　　　其他应付款　　3 000 000

（2）借：以前年度损益调整　　1 250 000

　　　　贷：递延所得税资产　　1 250 000

（3）借：应交税费——应交所得税　　750 000

贷：以前年度损益调整 750 000

（4）借：以前年度损益调整 1 500 000

贷：盈余公积 150 000

利润分配——未分配利润 1 350 000

3.【解析】

（1）结转成本

借：以前年度损益调整 87 000

贷：库存商品 87 000

（2）调整所得税

借：应交税费——应交所得税 21 750

贷：所得税费用 21 750

（3）将以前年度损益调整转入利润分配

借：利润分配——未分配利润 87 000

贷：以前年度损益调整 87 000

（4）调整利润分配的有关数字

借：盈余公积 8 700

贷：利润分配——未分配利润 8 700

【第五章章末练习参考答案】

1.【解析】

（1）P公司应当将该租赁认定为融资租赁，理由如下：

租赁期共4年占租赁资产可使用年限5年的80%，符合融资租赁的第3条判断标准。最低租赁付款额现值＝1 000 000×（P/A,6%,4）＋100 000×（P/F,6%,4）＝3 544 310（元），大于租赁资产公允价值的90%（3 600 000×90%＝3 240 000元），符合融资租赁的第4条判断标准。

（2）P公司在租赁期开始日（20×5年12月31日）的会计处理：

借：固定资产 3 544 310

未确认融资费用 555 690

贷：长期应付款——应付融资租赁款 4 100 000

借：固定资产 2 000

贷：银行存款 2 000

（3）融资各年末的会计处理：

①20×6年12月31日

支付租金：

借：长期应付款——应付融资租赁款 1 000 000

贷：银行存款 1 000 000

分摊未确认融资费用：

由于租入固定资产按最低租赁付款额现值入账，因此实际利率等于折现率6%。

借：财务费用　　212 659

　　贷：未确认融资费用　　212 659

计提固定资产折旧：

应计提的折旧总额 =（3 544 310 + 2 000）- 100 000 = 3 446 310（元）

应计提的折旧年限 = 4（年）

借：制造费用　　861 577.50

　　贷：累计折旧　　861 577.50

②20×7年12月31日

支付租金：

借：长期应付款——应付融资租赁款　　1 000 000

　　贷：银行存款　　1 000 000

分摊未确认融资费用：

借：财务费用　　165 418

　　贷：未确认融资费用　　165 418

计提固定资产折旧：

借：制造费用　　861 577.50

　　贷：累计折旧　　861 577.50

③20×8年12月31日

支付租金：

借：长期应付款——应付融资租赁款　　1 000 000

　　贷：银行存款　　1 000 000

分摊未确认融资费用：

借：财务费用　　115 343

　　贷：未确认融资费用　　115 343

计提固定资产折旧：

借：制造费用　　861 577.50

　　贷：累计折旧　　861 577.50

④20×9年12月31日

支付租金：

借：长期应付款——应付融资租赁款　　1 000 000

　　贷：银行存款　　1 000 000

分摊未确认融资费用：

借：财务费用　　62 270

　　贷：未确认融资费用　　62 270

计提固定资产折旧：

借：制造费用　　861 577.50

　　贷：累计折旧　　861 577.50

返还租赁资产：

借：长期应付款——应付融资租赁款　　100 000

　　累计折旧　　3 446 310

　　贷：固定资产——融资租入固定资产　　3 546 310

2.【解析】

（1）20×5年12月31日

最低租赁收款额＝1 000 000×4+100 000＝4 100 000（元）

借：长期应收款——应收融资租赁款　　4 100 000

　　未担保余值　　100 000

　　贷：融资租赁资产　　3 600 000

　　　　银行存款　　20 000

　　　　未实现融资收益　　580 000

（2）20×6年12月31日

收到租金：

借：银行存款　　1 000 000

　　贷：长期应收款——应收融资租赁款　　1 000 000

摊销未实现融资收益：

首先确定租赁内含利率R。

1 000 000×（P/A,4,R）+100 000×（P/F,4,R）+100 000×（P/F,4,R）=3 600 000+200 000

R=6.04%

每年未实现融资收益分摊表见表1。

借：未实现融资收益　　218 696.44

　　贷：租赁收入　　218 696.44

表1　**未实现融资收益分摊表**　单位：元

日期	租金	确认的融资收入	租赁投资净额减少额	租赁投资净额
①	②	③=期初⑤×6.04%	④=②－③	期末⑤=期初⑤－④
20×5.12.31				3 620 000
20×6.12.31	1 000 000	218 696.44	781 303.56	2 838 696.44
20×7.12.31	1 000 000	171 495.25	828 504.75	2 010 191.68
20×8.12.31	1 000 000	121 442.47	878 557.53	1 131 634.16
20×9.12.31	1 000 000	68 365.84	931 634.16	200 000
合计	4 000 000	580 000	3 420 000	

（3）20×7年12月31日—20×9年12月31日收到租金和分摊未实现融资收益的会计处理略。

（4）20×9年12月31日收回融资租赁资产的会计处理：

借：融资租赁资产　　200 000
　　贷：长期应收款——应收融资租赁款　　100 000
　　　　未担保余值　　100 000

3.【解析】

(1)

①20×1年12月31日出售设备时的会计处理：

借：固定资产清理　　900 000
　　累计折旧　　300 000
　　贷：固定资产　　1 200 000
借：银行存款　　1 200 000
　　贷：固定资产清理　　900 000
　　　　递延收益——未实现售后租回损益　　300 000

②20×2年12月31日计提租回设备折旧的会计处理：

借：管理费用　　240 000
　　贷：累计折旧　　240 000

③20×2年12月31日摊销递延收益的会计处理：

借：递延收益　　60 000
　　贷：管理费用　　60 000

(2)

①20×2年1月1日出售办公用房时的会计处理：

借：固定资产清理　　28 000 000
　　贷：固定资产　　28 000 000
借：银行存款　　30 000 000
　　贷：固定资产清理　　28 000 000
　　　　递延收益——未实现售后租回损益　　1 000 000
　　　　营业外收入　　1 000 000

②20×2年12月31日的会计处理：

借：管理费用　　1 000 000
　　贷：银行存款　　1 000 000
借：递延收益　　250 000
　　贷：管理费用　　250 000

(3)

①20×2年1月1日出售办公用房时的会计处理：

借：固定资产清理　　30 000 000
　　贷：固定资产　　30 000 000
借：银行存款　　29 000 000

借：递延收益——未实现售后租回损益　　1 000 000
　　贷：固定资产清理　　30 000 000
②20×2年12月31日的会计处理：
借：管理费用　　1 000 000
　　贷：银行存款　　1 000 000
借：管理费用　　250 000
　　贷：递延收益　　250 000

【第六章章末练习参考答案】

1.【解析】
（1）在合并日的会计处理：
借：长期股权投资　　20 000 000
　　贷：股本　　6 000 000
　　　　资本公积——资本溢价　　14 000 000
（2）合并报表中的抵销分录：
借：股本　　6 000 000
　　资本公积　　2 000 000
　　盈余公积　　4 000 000
　　未分配利润　　8 000 000
　　贷：长期股权投资　　20 000 000
借：资本公积　　12 000 000
　　贷：盈余公积　　4 000 000
　　　　未分配利润　　8 000 000
2.【解析】
（1）借：银行存款（货币资金）　　1 000 000
　　　　应收账款　　3 000 000
　　　　库存商品（存货）　　4 000 000
　　　　长期股权投资　　8 000 000
　　　　固定资产　　6 000 000
　　　　无形资产　　1 000 000
　　　　资本公积　　10 000 000
　　　　贷：短期借款　　3 000 000
　　　　　　应付账款　　1 500 000
　　　　　　其他应付款（其他负债）　　3 500 000
　　　　　　股本　　25 000 000
（2）借：银行存款（货币资金）　　1 000 000

借：应收账款　3 000 000
　　库存商品（存货）　5 000 000
　　长期股权投资　8 000 000
　　固定资产　7 000 000
　　无形资产　2 000 000
　　商誉　257 000 000
　　贷：短期借款　3 000 000
　　　　应付账款　1 500 000
　　　　其他应付款（其他负债）　3 500 000
　　　　股本　25 000 000
　　　　资本公积　250 000 000

3.【解析】

(1)

①20×4年12月1日

借：可供出售金融资产——成本　23 000 000
　　贷：银行存款　23 000 000

②20×4年12月31日

借：可供出售金融资产——公允价值变动　500 000
　　贷：其他综合收益　500 000

③20×5年1月31日

该合并为同一控制下分步实现的企业合并。

合并日长期股权投资的初始成本=23 000×55%=12 650（万元）

借：长期股权投资　126 500 000
　　贷：股本　20 000 000
　　　　可供出售金融资产——成本　23 000 000
　　　　　　　　　　　　——公允价值变动　500 000
　　　　资本公积——资本溢价　83 000 000

借：资本公积——资本溢价　500 000
　　贷：银行存款　500 000

(2)

①20×5年1月31日合并报表中的调整分录

借：其他综合收益　500 000
　　贷：资本公积——资本溢价　500 000

②20×5年1月31日合并报表中的抵销分录

借：股本　100 000 000
　　资本公积　40 000 000

借：盈余公积　9 600 000
　　未分配利润　80 400 000
　　贷：长期股权投资　126 500 000
　　　　少数股东权益　103 500 000
借：资本公积——资本溢价　49 500 000
　　贷：盈余公积（9 600 000×55%）　5 280 000
　　　　未分配利润（80 400 000×55%）　44 220 000

【第七章章末练习参考答案】

1.【解析】

（1）对乙公司的投资从成本法调整为权益法

借：长期股权投资　4 500 000
　　贷：投资收益　4 500 000
借：投资收益　1 200 000
　　贷：长期股权投资　1 200 000

（2）投资业务抵销

借：股本　20 000 000
　　资本公积　5 000 000
　　盈余公积　1 250 000
　　未分配利润　9 250 000
　　商誉　2 000 000
　　贷：长期股权投资　23 300 000
　　　　少数股东权益　14 200 000
借：未分配利润——年初　4 500 000
　　投资收益　4 500 000
　　少数股东损益　3 000 000
　　贷：提取盈余公积　750 000
　　　　对所有者（或股东）的分配　2 000 000
　　　　未分配利润　9 250 000

2.【解析】

（1）购买日乙公司可辨认净资产公允价值=3 000+（1 100−800）=3 300（万元）

借：固定资产——原价　1 000 000
　　存货　2 000 000
　　贷：资本公积　3 000 000
借：管理费用　200 000
　　贷：固定资产——累计折旧　200 000

借：营业成本　1 600 000
　　贷：存货　1 600 000
借：盈余公积　180 000
　　贷：提取盈余公积　180 000
（2）乙公司经调整后的净利润 = 1 000−20−160=820（万元）
借：长期股权投资　6 560 000
　　贷：投资收益　6 560 000
借：应收股利　800 000
　　贷：长期股权投资　800 000
（3）投资业务抵销
借：股本　20 000 000
　　资本公积（8 000 000+3 000 000）　11 000 000
　　盈余公积　1 320 000
　　未分配利润（150 000+8 200 000−820 000−1 000 000）　7 880 000
　　商誉　1 600 000
　　贷：长期股权投资　33 760 000
　　　　少数股东权益　8 040 000
借：未分配利润——年初　1 500 000
　　投资收益（8 200 000×80%）　6 560 000
　　少数股东损益（8 200 000×20%）　1 640 000
　　贷：提取盈余公积　820 000
　　　　对所有者（或股东）的分配　1 000 000
　　　　未分配利润——年末　7 880 000
3.【解析】
（1）购买日乙公司可辨认净资产公允价值=3 000+（1 100−800）=3 300（万元）
借：固定资产——原价　1 000 000
　　存货　2 000 000
　　贷：资本公积　3 000 000
借：管理费用　200 000
　　未分配利润——年初　200 000
　　贷：固定资产——累计折旧　400 000
借：营业成本　400 000
　　未分配利润——年初　1 600 000
　　贷：存货　2 000 000
借：盈余公积——年初　180 000
　　盈余公积——本年　60 000

贷：提取盈余公积 240 000

（2）乙公司经调整后的净利润 =1 200−20−40=1 140（万元）

借：长期股权投资	5 760 000	
应收股利	800 000	
贷：未分配利润——年初		6 560 000
借：长期股权投资	9 120 000	
贷：投资收益（11 400 000×80%）		9 120 000
借：应收股利	4 000 000	
贷：长期股权投资		4 000 000

（3）投资业务抵销

借：股本	20 000 000	
资本公积	11 000 000	
盈余公积	2 460 000	
未分配利润	13 140 000	
商誉	1 600 000	
贷：长期股权投资		38 880 000
少数股东权益		9 320 000
借：未分配利润——年初	7 880 000	
投资收益（11 400 000×80%）	9 120 000	
少数股东损益（11 400 000×20%）	2 280 000	
贷：提取盈余公积		1 140 000
对所有者（或股东）的分配		5 000 000
未分配利润——年末		13 140 000

【第八章章末练习参考答案】

1.【解析】

（1）借：营业收入	6 000 000	
贷：营业成本		4 000 000
固定资产——原价		2 000 000
借：固定资产——累计折旧（2 000 000/10/2）	100 000	
贷：管理费用		100 000
（2）借：固定资产——原价	200 000	
贷：营业外支出		200 000
借：管理费用	12 500	
贷：固定资产——累计折旧（2 000 000/4×3/12）		12 500

2.【解析】

(1) 借：营业收入　　500 000

　　贷：营业成本　　500 000

借：营业成本　　100 000

　　贷：存货　　100 000

(2) 借：应付账款　　500 000

　　贷：应收账款　　500 000

借：应收账款——坏账准备　　5 000

　　贷：资产减值损失　　5 000

3.【解析】

(1) 2013年将内部应收账款与应付账款相互抵销：

借：应付账款　　20 000 000

　　贷：应收账款　　20 000 000

将内部应收账款计提的坏账准备予以抵销：

借：应收账款——坏账准备（20 000 000×1%）　　200 000

　　贷：资产减值损失　　200 000

抵销递延所得税资产：

借：所得税费用（200 000×25%）　　50 000

　　贷：递延所得税资产　　50 000

(2) 2014年将内部应收账款与应付账款相互抵销：

借：应付账款　　50 000 000

　　贷：应收账款　　50 000 000

将内部应收账款计提的坏账准备予以抵销：

借：应收账款——坏账准备　　200 000

　　贷：期初未分配利润　　200 000

借：应收账款——坏账准备（50 000 000×1%－20 000 000×1%）　　300 000

　　贷：资产减值损失　　300 000

抵销递延所得税资产：

借：期初未分配利润　　50 000

　　贷：递延所得税资产　　50 000

借：所得税费用（300 000×25%）　　75 000

　　贷：递延所得税资产　　75 000

附录二

模拟试卷及参考答案

模拟试卷A

一、单项选择题（在每小题的四个备选答案中，选出一个正确答案，并将正确答案的序号填在题干的括号内。每小题1分，共15分）

1.甲公司外币业务采用业务发生时的即期汇率进行折算，按月计算汇兑损益。5月20日对外销售产品发生应收账款500万欧元，当日的即期汇率为1欧元=10.30元人民币。5月31日的即期汇率为1欧元=10.28元人民币；6月30日的市场汇率为1欧元=10.35元人民币。该应收账款6月份应当确认的汇兑差额为（　　）万元人民币。

A.−10　　B.15　　C.2　　D.35

2.甲企业是一家大型机床制造企业，2014年12月1日与乙公司签订了一项不可撤销销售合同，约定于2015年4月1日以300万元的价格向乙公司销售大型机床一台。若不能按期交货，甲企业需按照总价款的10%支付违约金。至2014年12月31日，甲企业尚未开始生产该机床。由于原料上涨等因素，甲企业预计生产该机床成本不可避免地升至320万元。假定不考虑其他因素。2014年12月31日，甲企业的下列处理中，正确的是（　　）。

A.确认预计负债20万元　　B.确认预计负债30万元

C.确认存货跌价准备20万元　　D.确认存货跌价准备30万元

3.下列各项关于预计负债的表述中，正确的是（　　）。

A.预计负债是企业承担的潜在义务

B.与预计负债相关支出的时间或金额具有一定的不确定性

C.与预计负债相关支出的时间或金额具有较大的不确定性

D.预计负债应按相关支出的最佳估计数减去基本确定能够收到的补偿后的净额计量

4.关于会计估计变更的会计处理方法，下列说法中正确的是（　　）。

A.企业对会计估计变更应当采用追溯调整法处理

B.企业对会计估计变更，既不能采用追溯调整法处理，也不能采用未来适用法处理

C.企业对会计估计变更应当采用未来适用法处理

D.企业对会计估计变更，既可以采用追溯调整法处理，也可以采用未来适用法处理

5.某上市公司发生的下列交易或事项中，属于会计政策变更的是（　　）。

A.期末对原按交易发生日的即期汇率折算的外币长期借款余额按期末市场汇率进行调整

B.固定资产预计使用年限由6年延长至9年

C.对不重要的交易或事项采用新的会计政策

D.发出存货的计价方法由先进先出法改为加权平均法

6.2010年12月31日，某公司发现了2009年度的一项重大差错。该公司正确的做法是（　　）。

A.调整2009年度财务报表的年末数和本年数

B.调整2009年度财务报表的年初数和上年数

C.调整2010年度财务报表的年初数和上年数

D.调整2010年度财务报表的年末数和本年数

7.甲公司2013年度财务会计报告批准报出日为2014年4月1日。公司在2014年1月1日至4月1日发生的下列事项中，属于资产负债表日后调整事项的是（　　）。

A.公司在一起历时一年的诉讼中败诉支付赔偿金40万元，上年年末已确认预计负债35万元

B.因遭受火灾上年购入的存货发生毁损80万元

C.公司董事会提出2013年度利润分配方案为每10股送2股股票股利

D.公司支付2013年度财务会计报告审计费20万元

8.某项融资租赁合同，租赁期为8年，每年年末支付租金200万元，承租人担保的资产余值为100万元，与承租人有关的A公司担保余值为40万元，租赁期间，履约成本共100万元，或有租金40万元。就承租人而言，最低租赁付款额为（　　）万元。

A.1 740　　B.1 880　　C.1 700　　D.1 840

9.某项融资租赁，起租日为20×3年12月31日，最低租赁付款额现值为700万元，当日的租赁资产公允价值为800万元，承租人担保余值为40万元，未担保余值为30万元，租赁期为5年，设备尚可使用年限为6年。承租人对租入的设备采用年限平均法计提折旧。该设备在20×4年度应计提的折旧额为（　　）万元。

A.140　　B.132　　C.116.67　　D.110

10.A公司和B公司为同一集团的两家子公司。20×3年3月31日，A公司以一项土地使用权以及增发本公司普通股股票的方式取得B公司60%的股权，能够对B公司生产经营决策实施控制。该项土地使用权的账面价值为4 500万元，公允价值为5 000万元；定向增发普通股股票500万股，每股面值1元，每股市价10元，A公司向证券承销机构等支付了150万元的佣金和手续费。当日B公司所有者权益的账面价值为15 000万元，公允价值为17 000万元。不考虑其他因素，则取得该投资时A公司应确认的资本公积为（　　）万元。

A.4 350　　B.4 500　　C.3 850　　D.4 000

11.甲公司与乙公司跟A公司之间不存在关联方关系，20×7年1月1日，甲公司以所

持有的部分非流动资产为对价，自乙公司购入A公司70%的普通股股权，作为合并对价的非流动资产的账面价值为7 800万元，其目前市场价格为9 000万元。A公司20×7年1月1日可辨认净资产的账面价值为10 000万元，公允价值为12 000万元。不考虑相关税费。甲公司应确认的长期股权投资的初始投资成本为（　　）万元。

A.7 000　　B.7 800　　C.8 400　　D.9 000

12.甲公司所得税税率25%，20×7年12月以500万元购入乙上市公司的股票作为交易性金融资产，期末市价550万元，20×8年1月1日首次执行新准则，对期末交易性金融资产由成本与市价孰低法计价改为公允价值计价。该企业20×8年会计政策变更时的累积影响数是（　　）。

A.增加留存收益50万元　　B.减少留存收益37.5万元

C.对留存收益没有影响　　D.增加留存收益12.5万元

13.下列子公司中，要纳入母公司合并财务报表范围之内的是（　　）。

A.持续经营的所有者权益为负数的子公司

B.宣告破产的原子公司

C.母公司不能控制的其他单位

D.已宣告被清理整顿的原子公司

14.甲公司2014年1月1日投资500万元购入乙公司100%股权，乙公司可辨认净资产为500万元。当年年末乙公司未分配利润为−50万元，所有者权益其他项目不变，当年年末甲公司编制合并抵销分录时，应该（　　）。

A.调整成权益法，减少长期股权投资账面价值和投资收益50万元

B.调整成权益法，增加长期股权投资账面价值和投资收益50万元

C.调整成权益法，减少长期股权投资账面价值和未分配利润50万元

D.未分配利润为负数不合并

15.甲公司拥有乙和丙两家子公司。20×7年6月15日，乙公司将其产品以市场价格销售给丙公司，售价为100万元（不考虑相关税费），销售成本为76万元。丙公司购入后作为固定资产使用，按4年的期限采用直线法对该项资产计提折旧，预计净残值为零。甲公司在20×8年年末编制合并资产负债表时，应调减“固定资产——累计折旧”项目金额（　　）万元。

A.3　　B.6　　C.9　　D.24

二、多项选择题（在每小题的五个备选答案中，选出二至五个正确的答案，并将正确答案的序号分别填在题干的括号内。每小题2分，共20分）

1.下列关于外币资产负债表折算的表述中，不符合企业会计准则规定的有（　　）。

A.实收资本项目按交易发生日的即期汇率折算

B.未分配利润项目按交易发生日的即期汇率折算

C.资产项目按交易发生日的即期汇率折算

D.负债项目按资产负债表日的即期汇率折算

E.资本公积按资产负债表日的即期汇率折算

2.下列会计事项中应采用未来适用法处理的有（　　）。

A.当期期初确定会计政策变更对以前各期累积影响数不切实可行

B.无形资产摊销方法发生变更

C.固定资产预计使用年限发生变更

D.难以对某项变更区分为会计政策变更或会计估计变更

E.当期期初确定会计政策变更对以前各期累积影响数能够合理确定

3.企业发生的下列事项中，不应作为重要差错更正的有（　　）。

A.由于地震使厂房使用寿命受到影响，调减了厂房的预计使用年限

B.委托代销方式销售商品，在发出商品时确认了收入

C.由于出现新技术，将专利权的摊销年限由8年改为5年

D.鉴于当期利润完成状况不佳，将固定资产的折旧方法由双倍余额递减法改为直线法

E.审计人员发现企业去年将固定资产减值准备进行了转回，金额较大

4.确定非同一控制下企业合并的购买日，必须同时满足的条件有（　　）。

A.合并合同或协议已获股东大会等内部权力机构通过

B.已获得国家有关主管部门审批

C.已办理了必要的财产权交接手续

D.购买方已支付了购买价款的大部分（一般应超过50%），并且有能力支付剩余款项

E.合并方或购买方已经控制被合并方或被购买方的财务政策和经营政策

5.2015年1月1日，某项融资租赁合同，租赁期为3年，每年年末支付租金100万元。预计租赁期满资产的余值为80万元，承租人担保的资产余值为30万元，与承租人有关的A公司担保余值为10万元，与承租人和出租人均无关的第三方担保的资产余值为5万元。下列说法中正确的有（　　）。

A.承租人在最后一次支付租金后，应付本金的余额为30万元

B.承租人在最后一次支付租金后，应付本金的余额为40万元

C.出租人在最后一次收到租金后，未收回本金的余额为45万元

D.出租人在最后一次收到租金后，未收回本金的余额为80万元

E.出租人在最后一次收到租金后，未收回本金的余额为35万元

6.下列关于非同一控制下企业合并的表述中正确的有（　　）。

A.对于购买方在企业合并时可能需要代被购买方承担的或有负债，在其公允价值能够可靠计量的情况下，应作为合并中取得的负债单独确认

B.企业合并中取得的无形资产在其公允价值能够可靠计量的情况下应单独予以确认

C.企业合并成本大于合并中取得的被购买方可辨认净资产公允价值份额的差额应确认为商誉

D.吸收合并的情况下，商誉在个别财务报表中确认

E.控股合并的情况下，商誉在合并财务报表中确认

7.关于初始直接费用，下列说法中正确的有（　　）。

A.承租人融资租赁业务发生的初始直接费用应计入租入资产的价值

B.承租人融资租赁业务发生的初始直接费用应计入管理费用

C.承租人经营租赁业务发生的初始直接费用应计入当期损益

D.出租人经营租赁业务发生的初始直接费用应计入当期损益

E.出租人融资租赁业务发生的初始直接费用应计入管理费用

8.非同一控制下企业合并中发生的与企业合并直接相关的费用，包括（　　）。

A.为进行合并而发生的会计审计费用

B.为进行合并而发生的法律服务费用

C.为进行企业合并发行的权益性证券相关的手续费、佣金

D.为进行企业合并发行的债券相关的手续费、佣金

E.为进行合并而发生的咨询费等

9.下列事项中，属于会计政策变更的有（　　）。

A.交易性金融资产由成本与市价孰低法计价改为公允价值计价

B.固定资产预计使用年限由8年改为5年

C.无形资产研发支出由费用化转为资本化

D.估计坏账准备金额由应收账款余额百分比改为账龄分析法

E.对投资性房地产由成本计价改为公允价值计价

10.前期差错在财务报表附注中应披露的内容有（　　）。

A.前期差错的性质

B.各个列报前期财务报表中受影响的项目名称和更正金额

C.无法进行追溯重述的，说明该事实和原因

D.无法进行追溯重述的，说明对前期差错开始进行更正的时点

E.无法进行追溯重述的，说明具体更正情况

三、判断题（每小题1分，共10分）

1.同一控制下企业合并也可能会产生商誉。（　　）

2.对非同一控制下企业合并中取得的子公司，在合并日按购买法进行会计处理。（　　）

3.非同一控制下企业合并中，合并日的合并资产负债表中的商誉一般应与合并日后编制的合并资产负债表中的商誉一致。（　　）

4.在融资租赁中，承租人应当按照公允价值对租入的资产进行计量。（　　）

5.或有负债是指企业承担的潜在义务，不包括现时义务。（　　）

6.资产负债表日后事项包括调整事项与非调整事项。（　　）

7.企业发现重大会计差错，无论是本期差错还是前期差错，均应调整期初留存收益和其他相关项目。（　　）

8.资产负债表日后调整事项，对报告期的现金流量表的正表也要调整。 （ ）

9.会计政策变更一定采用追溯调整法进行会计处理。 （ ）

10.会计估计变更采用未来适用法进行会计处理。 （ ）

四、会计分录题（第1题12分，第2题14分，共26分）

1.A股份有限公司的记账本位币为人民币，对外币交易采用交易日的即期汇率折算。

（1）2015年1月15日，向B公司购买商品10 000件，销售合同规定的购买价格为每件100美元，当日的即期汇率为1美元=7.60元人民币。假设不考虑增值税，货款尚未支付，A股份有限公司将购入的商品作为库存商品核算。

（2）至2015年1月31日编制报表时，该货款仍未支付，当日的即期汇率为1美元=7.50元人民币。

（3）2015年2月18日，A股份有限公司用美元偿还B公司的全部货款，当日的即期汇率为1美元=7.70元人民币。

要求：（1）编制A股份有限公司1月15日外币交易发生时的会计分录。（4分）

（2）编制A股份有限公司1月31日该外币应付账款产生的汇总差额的会计分录。（4分）

（3）编制A股份有限公司2月18日结算该外币应付账款时的会计分录。（4分）

2.2014年12月31日，A公司与B公司签订了一份融资租赁合同，合同条款如下：

（1）A公司从B公司租入设备一台，租赁期为3年，每年年末支付租金100万元。

（2）预计租赁期满资产的余值为10万元，合同规定，租赁期满时，A公司以1万元的价格购买该设备。

（3）租赁期开始日，租赁资产的公允价值为270万元，账面原值为260万元。

（4）合同规定的利率为10%，且P/A（10%，3）=2.486，P/F（10%，3）=0.751。

要求：（1）编制A公司在租赁期开始日的会计分录。（4分）

（2）编制A公司第一年年末支付租金及摊销未确认融资费用的会计分录。（4分）

（3）编制租赁期满时A公司购买该设备的会计分录。（2分）

（4）编制B公司在租赁期开始日的会计分录。（4分）

（答案中的金额用万元表示，保留两位小数）

五、综合题（第1题16分，第2题13分，共29分）

1.2014年1月1日，A公司发行普通股100万股（面值1元，市价10元）取得B公司60%的股权。取得该投资时，B公司净资产的公允价值与其账面价值相等，为1 500万元，其中：股本为750万元，资本公积为250万元，盈余公积为300万元，未分配利润为200万元。A公司与B公司的会计政策一致，且无关联方关系，即该合并为非同一控制下的控股合并。2014年度，B公司实现净利润300万元，宣告分配现金股利100万元。两个公司均按10%提取盈余公积。2014年度A公司和B公司发生如下内部交易：

（1）A公司将其产品（成本60万元）以100万元的价格销售给B公司，B公司购入后作为存货管理，至2014年年末时该存货有40%尚未对外销售。

（2）在上述销售业务中，B公司没有立即付款，至2014年年末时，上述货款100万元（不考虑增值税）A公司仍然没收到，为此A公司对该笔应收账款计提了5万元坏账准备。

要求：（1）编写A公司2014年1月1日取得B公司60%股权的会计分录。（4分）

（2）编写2014年年末编制合并财务报表时，对A公司个别财务报表的调整分录。（2分）

（3）编写2014年年末编制合并财务报表时，A公司的长期股权投资与B公司所有者权益抵销的分录。（2分）

（4）根据内部交易（1），编写2014年年末编制合并财务报表时，上述内部存货购销业务的抵销分录。（4分）

（5）根据内部交易（2），编写2014年年末编制合并财务报表时，上述内部债权债务以及坏账准备的抵销分录。（4分）

（答案中的金额用万元表示）

2.甲公司为一般纳税企业，适用的增值税税率为17%，所得税采用资产负债表债务法核算，适用的所得税税率为25%，甲公司按净利润的10%提取盈余公积，假定该企业计提的各种资产减值准备和因或有事项确认的负债均作为暂时性差异处理。甲公司2014年度的财务会计报告于2015年3月30日批准报出，所得税汇算清缴日为3月30日。自2015年1月1日至3月30日会计报表批准报出日前发生了如下事项：

甲公司与丁公司签订供销合同，合同规定甲公司在2014年11月供应给丁公司一批货物，由于甲公司未能按照合同发货，致使丁公司发生重大经济损失。丁公司通过法律程序要求甲公司赔偿经济损失100万元，该诉讼案在12月31日尚未判决，甲公司已确认预计负债40万元。2015年2月25日，经法院一审判决，甲公司需要赔偿丁公司经济损失80万元，甲公司不再上诉，但赔偿款尚未支付。假定此项支出可以在计算应纳税所得额时扣除。

要求：（1）对该资产负债表日后调整事项，编制相关调整会计分录。（10分）

（2）说明报告期的资产负债表和利润表该如何调整。（3分）

（答案中的金额用万元表示）

模拟试卷A参考答案

一、单项选择题

1.D　2.A　3.B　4.C　5.D　6.C　7.A　8.A　9.B　10.C　11.D　12.C　13.A　14.A　15.C

二、多项选择题

1.BCE　2.ABCD　3.AC　4.ABCDE　5.BD　6.ABCDE　7.ACD　8.ABE　9.ACE　10.ABCDE

三、判断题

1.×　2.√　3.√　4.×　5.×　6.√　7.×　8.×　9.×　10.√

四、会计分录题

1.（1）借：库存商品　7 600 000
　　贷：应付账款——美元　7 600 000
（2）借：应付账款——美元　100 000
　　贷：财务费用——汇兑差额　100 000
（3）借：应付账款——美元　7 500 000
　　财务费用——汇兑差额　200 000
　　贷：银行存款——美元　7 700 000

2.（1）最低租赁付款额现值=100×2.486 + 1×0.751=249.351（万元）
借：固定资产——融资租入固定资产　249.35
　　未确认融资费用　51.65
　　贷：长期应付款　301
（2）借：长期应付款　100
　　贷：银行存款　100
由于租入固定资产按最低租赁付款额的现值入账，故实际利率等于合同规定的利率。
借：财务费用　24.94
　　贷：未确认融资费用　24.94
（3）借：长期应付款　1
　　贷：银行存款　1
（4）借：长期应收款　301
　　贷：融资租赁资产　260
　　　　营业外收入　10
　　　　未实现融资收益　31

五、综合题

1.（1）借：长期股权投资　1 000
　　贷：股本　100
　　　　资本公积　900
（2）借：长期股权投资　120
　　贷：投资收益　120
（3）借：股本　750
　　资本公积　250
　　盈余公积　330
　　未分配利润　370
　　商誉　100
　　贷：长期股权投资　1 120
　　　　少数股东权益　680

(4) 借：营业收入 100
　　贷：营业成本 100
　借：营业成本 16
　　贷：存货 16
(5) 借：应付账款 100
　　贷：应收账款 100
　借：应收账款——坏账准备 5
　　贷：资产减值损失 5
2.(1) 借：以前年度损益调整 40
　　预计负债 40
　　贷：其他应付款 80
借：以前年度损益调整 10
　贷：递延所得税资产 10
借：应交税费——应交所得税 20
　贷：以前年度损益调整 20
借：利润分配——未分配利润 30
　贷：以前年度损益调整 30
借：盈余公积 3
　贷：利润分配——未分配利润 3

(2) 2014年12月31日资产负债表年末数的调整：调减预计负债项目40万元，调增其他应付款项目80万元，调减递延所得税资产项目10万元，调减应交税费项目20万元，调减未分配利润项目27万元，调减盈余公积3万元。

2014年度利润表本年数的调整：调增营业外支出项目40万元，调减所得税费用项目10万元，调减净利润项目30万元。

模拟试卷B

一、单项选择题（在每小题的四个备选答案中，选出一个正确答案，并将正确答案的序号填在题干的括号内。每小题1分，共15分）

1.会计政策是指（　　）。

A.企业在会计确认、计量和报告中所采用的原则.基础和会计处理方法

B.企业在会计确认中所采用的原则、基础和会计处理方法

C.企业在会计计量中所采用的原则、基础和会计处理方法

D.企业在会计报告中所采用的原则、基础和会计处理方法

2.下列有关或有事项的表述中，错误的是（　　）。

A.或有负债不包括或有事项产生的现时义务

B.对未决诉讼、仲裁的披露至少应包括其形成的原因

C.很可能导致经济利益流入企业的或有资产应予以披露

D.或有事项的结果只能由未来不确定事件的发生或不发生加以证实

3.某公司于11月10日收到法院通知，被告知A公司状告其侵权，要求赔偿100万元。该公司在应诉中发现B公司应当承担连带责任，该公司应向其索赔。该公司在年末编制财务报表时，根据法律诉讼的进展情况以及专业人士的意见，认为对原告进行赔偿的可能性在50%以上，最有可能发生的赔偿金额为60万元，从第三方得到的补偿基本可以确定，最有可能获得的补偿金额为80万元。则A公司可以将可能获得的补偿单独确认为一项（　　）万元的资产。

A.60　　B.80　　C.0　　D.70

4.资产负债表日后事项是指（　　）。

A.资产负债表日后事项涵盖期间所发生的全部事项

B.资产负债表日后事项涵盖期间所发生的有利于资产负债表日财务状况的事项

C.资产负债表日后事项涵盖期间所发生的不利于资产负债表日财务状况的事项

D.资产负债表日后事项涵盖期间所发生的与资产负债表日存在状况有关的事项，或虽与资产负债表日存在状况无关，但对企业财务状况具有重大影响的事项

5.甲公司和乙公司无关联方关系，20×7年1月1日，甲公司发行股票取得乙公司所有者权益的80%，该股票面值1 000万元，市价5 000万元。同日乙公司所有者权益的账面价值为2 000万元，可辨认净资产公允价值为4 000万元。20×7年1月1日，甲公司确认的长期股权投资的初始成本为（　　）万元。

A.3 200　　B.1 000　　C.3 000　　D.5 000

6.以下项目不应计入最低租赁付款额的是（　　）。

A.或有租金和履约成本

B.租金总额

C.承租人担保的资产余值

D.与承租人有关的第三方担保的资产余值

7.甲公司和乙公司同为A集团的子公司，20×7年1月1日，甲公司以银行存款810万元取得乙公司所有者权益的80%。同日乙公司所有者权益的账面价值为1 000万元，可辨认净资产公允价值为1 100万元。20×7年1月1日，甲公司应确认的资本公积为（　　）万元。

A.10（借方）　　B.10（贷方）　　C.70（借方）　　D.70（贷方）

8.同一控制下吸收合并，合并方在合并中取得的净资产的入账价值与为进行企业合并而支付的对价的账面价值之间的差额（　　）。

A.取得的净资产的入账价值大于合并对价的账面价值的金额计入所有者权益相关项目，取得的净资产的入账价值小于合并对价的账面价值的金额计入当期损益

B.作为资产的处置损益，计入合并当期利润表

C.调整所有者权益相关项目

D.取得的净资产的入账价值大于合并对价账面价值的金额计入当期损益，取得的净资产的入账价值小于合并对价的账面价值的金额计入所有者权益相关项目

9.甲股份有限公司2014年实现净利润500万元，该公司2014年发生和发现的下列交易或事项中，会影响其年初未分配利润的是（　　）。

A.发现2013年少计财务费用100万元

B.发现2013年少提折旧费用0.10万元

C.2014年将2013年购入的一台设备的使用年限由10年改为8年

D.因客户资信状况明显改善将应收账款坏账准备计提比例由10%改为3%

10.资产负债表日至财务会计报告批准报出日之间发生的调整事项在进行调整处理时，下列不能调整的项目是（　　）。

A.货币资金收支项目　　B.涉及应收账款的事项

C.涉及所有者权益的事项　　D.涉及损益调整的事项

11.乙公司和丙公司均为纳入甲公司合并范围的子公司。20×2年 5月2日，乙公司将其生产的一件产品销售给丙公司作为管理用固定资产使用，售价25万元（不含增值税），销售成本13万元。丙公司购入后按4年的期限，采用直线法计提折旧，预计净残值为零。甲公司在编制20×3年度合并财务报表时，应调减“固定资产——累计折旧”项目的金额是（　　）万元。

A.1.5　　B.1.75　　C.3　　D.4.5

12.甲公司所得税税率25%， 2006年12月以400万元购入乙上市公司的股票作为交易性金融资产，期末市价500万元，2008年1月1日首次执行新准则，对期末交易性金融资产由成本与市价孰低法计价改为公允价值计价。该公司2008年会计政策变更时的累积影响数是（　　）。

A.增加留存收益25万元　　B.减少留存收益75万元

C.对留存收益没有影响　　D.增加留存收益75万元

13.我国会计准则规定，外币报表的折算差额应列示于（　　）。

A.利润表

B.在资产负债表的所有者权益项目下单独列示

C.合并财务报表

D.现金流量表

14.甲公司采用融资租赁方式租入一台大型设备，该设备的入账价值为1200万元，租赁期为10年，与承租人有关的第三方提供的租赁资产担保余值为200万元，预计清理费用为50万元。该设备的预计使用年限为10年，预计净残值为120万元。甲公司采用年限平均法对该租入设备计提折旧。甲公司每年对该租入设备计提的折旧额为（　　）。

A.105万元　　B.108万元　　C.113万元　　D.120万元

15.下列项目中在“以前年度损益调整”科目的贷方反映的是（　　）。

A.调整以前年度损益而需调增的管理费用

B.调整以前年度损益而相应减少的所得税费用

C.调整以前年度损益而相应减少的主营业务收入

D.调增本期管理费用

二、多项选择题（在每小题的五个备选答案中，选出二至五个正确的答案，并将正确答案的序号分别填在题干的括号内。每小题2分，共20分）

1.同一控制下的企业合并形成母子公司关系的，下列关于合并方在合并日的会计处理的说法中正确的有（　　）。

A.合并中取得的各项资产、负债，应按其账面价值计量

B.合并中取得的各项资产、负债，应按其公允价值计量

C.合并对价与取得的净资产的账面价值之间的差额，应确认为当期损益

D.合并对价与取得的净资产的账面价值之间的差额，应调整资本公积，资本公积不足冲减的，调整留存收益

E.合并中发生的直接费用，应当计入当期损益

2.2000年1月1日，某项融资租赁合同，租赁期为3年，每年年末支付租金200万元。预计租赁期满资产的余值为100万元，承租人担保的资产余值为40万元，与承租人有关的A公司担保余值为20万元，与承租人和出租人均无关的第三方担保的资产余值为10万元。下列说法中正确的有（　　）。

A.承租人在最后一次分摊未确认融资费用后，应付本金的余额为0万元

B.承租人在最后一次分摊未确认融资费用后，应付本金的余额为60万元

C.出租人在最后一次分摊未实现融资收益后，未收回本金的余额为90万元

D.出租人在最后一次分摊未实现融资收益后，未收回本金的余额为0万元

E.出租人在最后一次分摊未实现融资收益后，未收回本金的余额为100万元

3.对下列交易进行会计处理时，不应调整期初未分配利润的有（　　）。

A.对以前年度重大差错进行更正

B.对不重要的交易或事项采用新的会计政策

C.累积影响数无法合理确定的会计政策变更

D.因出现相关新技术而变更无形资产的摊销年限

E.因出现新技术而对固定资产采用加速折旧法

4.关于或有事项，下列说法中正确的有（　　）。

A.或有事项是过去的交易或事项形成的一种状况，其结果须通过未来不确定事项的发生或不发生予以证实

B.企业不应确认或有资产和或有负债

C.待执行合同变成亏损合同时，企业拥有合同标的资产的，应当先对标的资产进行减值测试并按规定确认减值损失

D.与或有事项有关的义务的履行很可能导致经济利益流出企业，就应将其确认为一项负债

E.企业只要有重组义务就应当确认预计负债

5.企业对会计估计进行变更时，应当在财务报表附注中披露的信息有（　　）。

A.会计估计变更的内容

B.会计估计变更的原因和日期

C.会计估计变更对当期损益的影响金额

D.会计估计变更影响数不能合理确定的理由

E.会计估计变更对年初未分配利润的累积影响数

6.下列资产中属于非货币性资产的有（　　）。

A.存货　　B.固定资产

C.可供出售金融资产　　D.持有至到期投资

E.长期股权投资

7.下列会计处理中应采用未来适用法处理的有（　　）。

A.存货发出的计价方法由先进先出法改为移动加权平均法，会计资料保存完整

B.固定资产折旧方法发生变更

C.对原确认的预计负债进行复核，发现金额发生变化

D.企业发现去年漏记500元管理费用

E.企业对投资性房地产的后续计量由成本模式改为公允价值模式，会计资料完整

8.企业对境外经营的财务报表进行折算时，下列项目中可用资产负债表日的即期汇率折算的有（　　）。

A.应收及预付款项　　B.交易性金融资产

C.持有至到期投资　　D.盈余公积

E.资本公积

9.非同一控制下企业合并成本小于合并中取得的被购买方可辨认净资产公允价值份额的部分，正确的会计处理有（　　）。

A.在吸收合并的情况下，应计入购买方合并当期的个别利润表

B.在控股合并的情况下，应体现在合并当期的合并利润表中

C.在吸收合并的情况下，应体现在合并当期的合并利润表中

D.在控股合并的情况下，应计入购买方合并当期的个别利润表

E.不需要进行相应的会计处理

10.下列事项中，不属于准则所定义的会计政策变更的有（　　）。

A.对与以前相比具有本质差别的事项采用新政策

B.对初次发生的事项采用新政策

C.对不重要的事项采用新政策

D.按照会计准则的要求采用新的会计政策

E.为提供更可靠、更相关的信息采用新的会计政策

三、判断题（每小题1分，共10分）

1.资产负债表日后发生的所有事项均属于资产负债表日后事项。（ ）

2.同一控制下的企业合并，在合并日采用购买法进行会计处理。（ ）

3.融资租赁是指资产所有权发生转移的租赁。（ ）

4.在经营租赁中，承租人在免租期内不需要确认费用。（ ）

5.对于或有资产企业均不得确认和披露。（ ）

6.企业发现重大的前期会计差错，都用追溯重述法进行会计处理。（ ）

7.根据我国目前的企业会计准则规定，只有非同一控制下的企业合并才可能产生商誉。（ ）

8.在中国境内的企业一定都采用人民币为记账本位币。（ ）

9.会计政策变更的累积影响数反映在所有者权益变动表中。（ ）

10.无论是控股合并还是吸收合并，均需要编制合并财务报表。（ ）

四、会计分录题（第1题12分，第2题13分，共25分）

1.国内甲公司的记账本位币为人民币，外币交易发生时采用交易发生时的即期汇率折算。

（1）2012年12月10日以每股1.5美元的价格购入乙公司B股10 000股作为交易性金融资产，当日汇率为1美元=7.6元人民币，款项已付。

（2）2012年12月31日，由于市价变动，当月购入的乙公司B股的市价变为每股1美元，当日汇率为1美元=7.65元人民币，假定不考虑相关税费的影响。

（3）2013年1月10日，甲公司将所购乙公司B股股票按当日市价每股1.2美元全部售出，所得价款为12 000美元，当日汇率为1美元=7.7元人民币。

要求：（1）编制2012年12月10日交易发生时的会计分录。（6分）

（2）编制2012年12月31日的会计分录。（3分）

（3）编制2013年1月10日的会计分录。（3分）

2.2012年1月1日，嘉缘公司与世纪公司签订了一份融资租赁合同，合同条款如下：

（1）嘉缘公司从世纪公司租入设备一台，租赁期为3年，每年年末支付租金100万元。

（2）预计租赁期满资产的余值为10万元，合同规定，租赁期满时，嘉缘公司以1万元的价格购买该设备。

（3）租赁期开始日，租赁资产的公允价值为300万元，账面原值为200万元。

（4）经计算租赁内含利率为0.17%（世纪公司的实际利率）。

要求：（1）计算世纪公司的最低租赁收款额。（5分）

（2）编制世纪公司在租赁期开始日的会计分录。（3分）

（3）编制世纪公司第一年年末收到租金及摊销未实现融资收益的会计分录。（5分）

（答案中的金额用万元表示）

五、综合题（第1题14分，第2题16分，共30分）

1.A公司和B公司为同一母公司控制下的子公司，两公司发生以下内部交易：

（1）2014年A公司出售库存商品给B公司，售价（不含增值税）2 000万元，成本1 500万元。至2014年12月31日，B公司从A公司购买的上述存货中尚有40%未出售给集团外部单位。

（2）B公司2014年从A公司购入存货所剩余的部分，至2015年12月31日尚未出售给集团外部单位。

（3）2015年A公司出售库存商品给B公司，售价（不含增值税）3 000万元，成本2 000万元。

B公司2015年从A公司购入的存货，至2015年12月31日全部未出售给集团外部单位。

要求：（1）编制2014年度内部存货交易的抵销分录。（8分）

（2）编制2015年度内部存货交易的抵销分录。（6分）

（答案中的金额用万元表示）

2.甲公司为增值税一般纳税企业，所得税采用资产负债表债务法核算，适用的所得税税率为25%，按净利润的10%提取盈余公积。2014年12月20日，甲公司发现2013年12月31日在确定A库存商品的可变现净值时发生差错，该库存商品的成本为1 000万元，预计可变现净值应为700万元。2013年12月31日，甲公司误将A库存商品的可变现净值预计为900万元。

要求：（1）编制该重大前期差错的调整分录。（12分）

（2）说明发现该重大前期差错当年，财务报表项目该如何调整。（4分）

（答案中的金额用万元表示）

模拟试卷B参考答案

一、单项选择题

1.A　2.A　3.A　4.D　5.D　6.A　7.A　8.C　9.A　10.A　11.D　12.D　13.B　14.A　15.B

二、多项选择题

1.ADE　2.BE　3.BCDE　4.ABC　5.ABCD　6.ABCE　7.BCD　8.ABC　9.AB　10.ABC

三、判断题

1.×　2.×　3.×　4.×　5.×　6.×　7.√　8.×　9.√　10.×

四、会计分录题

1.

（1）借：交易性金融资产　　114 000

　　贷：银行存款——美元　　114 000

（2）借：公允价值变动损益　37 500
　　贷：交易性金融资产　37 500
（3）借：银行存款——美元　92 400
　　贷：交易性金融资产　76 500
　　　　投资收益　15 900
借：投资收益　37 500
　　贷：公允价值变动损益　37 500

2.

（1）最低租赁收款额=100×3+1=301（万元）
（2）借：长期应收款　3 010 000
　　贷：融资租赁资产　2 000 000
　　　　营业外收入　1 000 000
　　　　未实现融资收益　10 000
（3）借：银行存款　1 000 000
　　贷：长期应收款　1 000 000
借：未实现融资收益　4 989
　　贷：租赁收入　4 989

五、综合题

1.

（1）借：营业收入　20 000 000
　　贷：营业成本　18 000 000
　　　　存货　2 000 000
（2）借：期初未分配利润　2 000 000
　　贷：营业成本　2 000 000
借：营业收入　30 000 000
　　贷：营业成本　30 000 000
借：营业成本　12 000 000
　　贷：存货　12 000 000

2.

（1）借：以前年度损益调整　2 000 000
　　贷：存货跌价准备　2 000 000
借：递延所得税资产　500 000
　　贷：以前年度损益调整　500 000
借：利润分配——未分配利润　1 500 000
　　贷：以前年度损益调整　1 500 000
借：盈余公积　150 000

贷：利润分配——未分配利润　150 000

（2）2014年12月31日资产负债表年初数的调整：存货项目调减200万元，递延所得税资产项目调增50万元，盈余公积项目调减15万元，未分配利润项目调减135万元。

2014年度利润表上年数的调整：资产减值损失项目调增200万元，所得税费用项目调减50万元，净利润项目调减150万元。

主要参考文献

[1]韩传模.高级财务会计[M].厦门：厦门大学出版社，2015.

[2]刘颖斐，余国杰，许新霞.高级财务会计理论与实务[M].北京：清华大学出版社，2015.

[3]刘永泽，傅荣.高级财务会计[M].4版.大连：东北财经大学出版社，2014.

[4]罗金明，张兴亮，黄苏华.高级财务会计[M].北京：科学出版社，2011.

[5]石本仁.高级财务会计[M].3版.北京：中国人民大学出版社，2015.

[6]汤湘希.高级财务会计[M].2版.北京：经济科学出版社，2013.

[7]企业会计准则编审委员会.企业会计准则案例讲解[M].上海：立信会计出版社，2014.

[8]企业会计准则编审委员会.企业会计准则[M].上海：立信会计出版社，2015.

[9]中国注册会计师协会.会计[M].北京：中国财政经济出版社，2015.

[10]张兴亮.基于商誉会计确认的非同一控制下相关业务解析[J].财会月刊，2015（19）.

[11]张兴亮.合并报表中存货的盘存制度、流转假设与抵销[J].会计之友，2010（12）.

[12]张兴亮，蒋雪清.程序理性教学法在会计教学中的应用[J].财会月刊，2010（5）.

[13]张兴亮.融资租赁中实际利率法运用[J].财会通讯：综合，2009（6）.

[14]张兴亮.浅析会计政策变更追溯调整法的会计处理[J].财会通讯：综合，2009（4）.

[15]张兴亮.企业所得税会计核算政策选择的理论分析[J].财会月刊：理论，2008（11）.

[16]张兴亮.权益法核算长期股权投资的具体应用[J].商业会计，2008（1）.